体育教学与健康教育融合路径研究

任妮妮 著

北方文艺出版社
哈尔滨

图书在版编目(CIP)数据

体育教学与健康教育融合路径研究 / 任妮妮著. --
哈尔滨 : 北方文艺出版社, 2023.4
ISBN 978-7-5317-5893-8

Ⅰ. ①体… Ⅱ. ①任… Ⅲ. ①体育教学 - 教学研究②
健康教育 - 教学研究 Ⅳ. ①G807②G479

中国国家版本馆CIP数据核字(2023)第069259号

体育教学与健康教育融合路径研究
TIYU JIAOXUE YU JIANKANG JIAOYU RONGHE LUJING YANJIU

作　者 / 任妮妮
责任编辑 / 周洪峰
封面设计 / 左图右书

出版发行 / 北方文艺出版社
邮　编 / 150008
发行电话 / (0451)86825533
经　销 / 新华书店
地　址 / 哈尔滨市南岗区宣庆小区1号楼
网　址 / www.bfwy.com
印　刷 / 廊坊市海涛印刷有限公司
开　本 / 787mm × 1092mm　1/16
字　数 / 200千
印　张 / 14.25
版　次 / 2023年4月第1版
印　次 / 2023年4月第1次印刷
书　号 / ISBN 978-7-5317-5893-8
定　价 / 57.00元

作者简介
AUTHOR

任妮妮（1979.08—），女，汉族，河北石家庄人，本科学历，学士学位。职称是副教授，研究方向是体育教学与运动训练。2000年毕业于沈阳体育学院体育教育专业和体育管理专业，现任教于大连财经学院，担任辽宁省青少年健美操运动技能等级标准推广办委员会副主任，主讲健美操、瑜伽、体育经济。

前 言
PREFACE

近年来，在我国的体育教学工作中，健康教育受到广泛重视，将体育教学与健康教育融合在一起不仅能够充分发挥二者之间相互契合的重要作用，还能为体育教学改革提供帮助，改善体育课程的教学现状，不断增强教育工作效果，具有重要意义。体育融合健康教育教学是指体育教师将健康知识和健康行为渗透到体育教学中，有计划、有针对性、有组织地对学生开展健康教育活动的过程。因此，在体育教学的过程中应该重视和健康教育之间的融合，创建科学化与合理化的教学模式，确保在体育教学中充分发挥健康教育的积极作用，使得学生身心健康良好发展，确保二者之间的融合效果。

随着我国教育体制的改革和逐步完善，健康教育作为学校体育工作的一个重要组成部分，以其独特的作用影响和指导着体育教学，对体育教学提出了更高的标准。体育教学中积极推进健康教育是新课程改革的一个必然趋势。

健康教育是体育教学的重要内容，而体育教学则是实现健康教育的有效途径和手段。目前我国体育教学中的健康教育，学生健康状况和健康意识仍较差，学校和教师的健康教育观念及措施滞后，目前体育教学中健康教育实施的现状不容乐观，与体育课程改革要求差距很大。体育与健康教育相结合缺乏系统性、示范性教学。应转变观念和提高认识，加强体育教师的健康教育培训，努力使教学内容与健康接轨，改变一体化的教学组织形式，建立一套合理的教学评价机制。基于此，笔者首先对于体育教学的基础理论进行概述，介绍体育教学的目标、规律和原则，通过对体育教学方法的论述，进而揭示体育教学方法的改革与发展的特点、趋势等；其次对于体育与健康课程理论和课程标准以及教学模式的构建进行了相关分析，从而探究体育与健康的教学方法。最后从体育与健康的运动技能、体育与健康的安全保障、体育教学评价等方面，探讨了体育与健康的运动技能有哪些，评价标准和内容如何，同时针对目前体育教学存在的问题提出体育与健康的安全保障应该如何构建，对于其方法以及未来发展趋势进行了合理分析。以期为体育教学与健康教育融合路径研究提供更多借鉴与参考。

目 录
CONTENTS

第一章 体育教学基础理论 ……001
第一节 体育教学的目标与过程……001
第二节 体育教学的规律……010
第三节 体育教学的原则……015
第二章 体育教学方法 ……024
第一节 体育教学方法概述……024
第二节 体育教学的基本方法……031
第三节 体育教学方法的选择与应用 ……043
第四节 体育教学方法的改革与发展的特点与趋势 ……047
第三章 体育与健康课程理论和课程标准 ……052
第一节 体育与健康课程概述……052
第二节 体育与健康课程标准……056
第三节 体育与健康课程目标……061
第四章 体育与健康的教学模式构建 ……069
第一节 体育与健康教学的概念和特点 ……069
第二节 体育与健康的教学模式……070
第三节 体育与健康的教学过程……074
第四节 体育与健康的教学方法……086
第五章 体育与健康的运动技能 ……109
第一节 田径运动 ……109
第二节 球类运动 ……127
第三节 健美操 ……146
第四节 游泳 ……164

第六章 体育与健康的安全保障 ……………………………………175
第一节 身心健康必要保障……………………………………175
第二节 科学合理的体育锻炼……………………………………180
第三节 体育运动的首要前提……………………………………185
第四节 科学锻炼与营养健康……………………………………203
第七章 体育教育评价 ……………………………………208
第一节 体育教学评价概述……………………………………208
第二节 评价标准与方法……………………………………211
第三节 评价内容与组织……………………………………213
第四节 评价实践及发展趋势……………………………………215
参考文献 ……………………………………219

第一章 体育教学基础理论

第一节 体育教学的目标与过程

一、体育教学目标

（一）体育教学目标的概念

体育教学目标是指在一定时期内通过体育教学活动后要达到的预期结果和标准。在实际工作中，有时把学校体育目标与体育教学目标混为一谈。学校体育目标应该是体育教学目标的上位目标，体育教学目标服从于学校体育目标，学校体育目标包含体育教学目标、课外体育锻炼目标和课余体育训练目标。另外比较容易混淆的是体育课程目标与体育教学目标。体育课程是学校整个课程的一个重要部分，其服务于学校教育目标和学校体育目标。教学目标与课程目标是不可分割的。课程目标是指导整个课程开发和编制过程的最为关键的准则，是整个体育课程的总体规划目标，体育教学目标是体育课程的亚目标；体育教学目标则是在实施体育课程过程中依据体育课程目标，通过体育教学活动所要实现的结果。根据体育教学过程的时间跨度的长短，又分为学段教学目标、学期教学目标、单元教学目标和课时教学目标。

（二）体育教学目标的特点

1.预期性

体育教学目标是师生在体育教学活动中预期达到的教学结果，也就是说，在教学活动之前，即预见到体育教学活动可能促使学生在体育知识、技术、技能及身心发展方面发生哪些变化。体育教学目标是以学生发展现状为基础，但又超越其发展现状，是经过努力可以达到的要求。预期要达到的教学目标是否明确、具体、科学，直接影响体育教师的教学效果。

2.层次性

体育教学目标是一个多层次的体系，这个体系的最高层次是总目标，最低层次是具体的行动目标，其中又包含若干中间层次目标，构成一个多级层次的目标体系。只有通过实现较低层次的目标，才能进而实现较高层次的目标，这主要表现在时间序列上。在实现低层次的目标中，应紧紧围绕高一级层次的目标要求，也就是为高层次目标服务。越过较低层次教学目标而直接实现较高层次的目标，是难以取得理想效果的。

3.系统性

体育教学目标是一个由若干具体目标组成的系统整体，具体教学目标之间是有机联系的，因此必须以系统联系的观点来看待体育教学目标。组成体育教学目标系统整体的各具体教学目标，都不是孤立的，在实现各具体教学目标时，应该将其放到整个体育教学目标系统中来衡量地位和价值，即体育教学目标中的各项目标是具有整体性的，要求诸目标有分工有合作，相互联系，相互促进，相互加强，其中某一目标的存在和实现，都是以其他目标的存在和实现为条件的，只有这样才能体现和提高系统的整体功能。

4.灵活性

体育教学目标可以因校、因班制宜，由教师根据体育教学的实际情况制订，内容和要求可以有一定的弹性，以便灵活掌握，获得最佳的教学效果。体育教学目标的灵活性是由体育教学活动的复杂性决定的。具有灵活性的教学目标，对于更好地适应学生的实际情况，使其通过体育教学目标的实现而获得身心方面的协调发展有着极其重要的意义。

5.可行性

所谓可行性，就是可达成性，即教师和学生经过一定的努力可以达到的目标。一般来讲，体育教学目标清晰、明确具体、可行，有利于在教学实践中顺利达成；如果目标笼统而且难度大，教学目标本身就失去其应有的价值。所以，制订体育教学目标必须切合实际，既不能过低，也不能过高，要使师生都可接受。

（三）体育教学目标设计的基本要求

1.设计体育教学目标要系统把握

设计体育教学目标要系统把握，体育教学目标应具有整体性，注意不同层次和序列的体育教学目标的协调与衔接。不仅要设立各类各层具体体育教学目标，而且要使各层各类体育教学目标纵贯横联，形成一个完整和谐的系统，使之较好地体现体育教学目标的系统性、层次性、递阶性和联系性的特点，如小学体育教学目标制订得是否合理，将影响到中学乃至大学。体育教学目标只有形成一个纵横连接的网络系统，才能充分发挥体育教学目标的系统功能。

2.体育教学目标的表述

语言要力求明确、具体，尽可能量化，避免一些模糊不清的语言。体育教学目标设计是为了解决教和学要"达成什么"的问题，如果体育教学目标的表述含糊不清，不便理解把握，势必会影响体育教学内容的选择和体育教学方法的运用，以及体育教学策略的制订和体育教学评价。这样，体育教学目标作用的发挥就受到了限制①，从而影响体育教学效果。正因如此，西方发起了克服教学目标含糊性的运动，出现了一些有助于教学目标具体明确的方法，如 ABCD 模式（A：audience，B：behavior，C：condition，D：degree）和内部过程与外显行为相结合的目标表述等，对我们改进体育教学目标的表述有很好的借鉴作用。

3.体育教学目标必须分解成细致的操作目标

体育教学目标必须分解成细致的操作目标，才可使教学目标的要求落到实处。具体的体育教学目标包括学习目标（母目标）、依据学习目标界定和编写行为目标（子目标）。行为目标是衡量学习目标达成与否的具体目标，学习目标的达成有赖于行为目标的逐一实现。所以，体育教学目标的细目分解直接关系到体育教学效果的优化和体育教学质量的提高，每个体育教师都应该具备细目分解的能力。

4.体育教学目标要有一定的弹性

体育教学目标受多种因素的影响，而诸多因素都在不断变化。保持体育教学目标的稳定性是相对的，体育教学目标的发展、变化是绝对的。这就要求我们在制订体育教学目标时，要保持一定的弹性，以便依据实际情况进行必要的修改或调整。

（四）教学目标设计的步骤和方法

体育教学目标实际上有学校体育目标、课程目标、教学目标、单元教学

①金俊．体育教学方法及教学技能探究[M]．北京：研究出版社，2020.

目标和课时教学目标5个层次,它们“由上而下”,通过不断具体化,从而形成一个完整的体系。学校体育目标、课程目标,都已由国家的教育方针、课程计划、课程标准规定下来,对于广大体育教育工作者来说,主要是设计单元教学目标和课时教学目标,又考虑到单元教学目标设计的步骤方法与课时教学目标设计大致相同,下面主要讨论课时教学目标设计的步骤和方法。

1.目标分解

任何下一级教学目标的确定必须以其上位目标为依据,下位目标是为实现上位目标服务的,教学目标自上而下的分解过程就是一个不断具体化的过程。课时教学目标是教学目标体系中最为具体的目标,要设计课时教学目标,就必须明确其上位目标——单元目标及其相互关系,这就涉及一个教学目标的分解过程。从国家的教育目的到培养目标、课程目标和学段体育教学目标的分解,广大教师不必考虑,通过查阅课程计划、课程标准即可了解到学校的学段课程教学目标。这里的教学目标分解,实际上只是将学段课程教学目标再分解为单元教学目标,以便为课时教学目标的设计提供依据。

2.任务分析

单元目标确定后,就可以根据单元目标进行任务分析。这里的任务分析实际上就是指对学习者为了达到单元目标的规定而所需学习的从属知识(技能、能力、态度、情感)以及它们的相互关系进行具体的剖析。

根据单元目标来确定课时教学目标时,这种任务分析往往是与单元教学内容结合进行的,所以有的人又把这种任务分析称为教学内容分析。通常的做法是:从已确定的教学目标开始提问和分析,如果要求学习者获得教学目标规定的能力,他们必须具备哪些次一级的从属能力?而要培养这些次一级的从属能力,又需具备哪些再次一级的从属能力?这种提问和分析一直进行到教学起点为止。单元教学目标可分为认知的、情感的、动作技能的几种类型。单元教学目标的类型不同,据其进行任务分析就具有不同的特点,也就形成了任务分析的多种方法,如归类分析法、图解分析法、层级分析法等。然后对任务分析的结果进行评价,即对所剖析的从属知识与技能及其相互的联系进行评价,删除与实现单元目标无关的部分,补充可能遗漏的内容。

3.起点确定

教学目标不是对教师的教学行为的描述，而是指学习者的学习结果。既然如此，要设计出合适的教学目标，就不能忽视对学习者的分析，对学习者的起点能力进行分析，即确定教学的起点。

教学起点的确定，直接关系到教学目标的作用发挥和教学的有效性。教学起点定得太高，则可能导致课时教学目标过高，使教学脱离大多数学生的实际需要，教学目标不但不能发挥其作用，反而有可能带来副作用；教学起点定得太低，则会在学生已掌握的内容上或教学活动上浪费时间和精力。

4.目标表述

进行教学目标设计时，必须对学习者通过每一项从属知识和技能的学习后应达到的行为状态作出具体、明确的表述，再将这些表述进行类别化和层次化处理。课时教学目标的表述除前面要求的需要非常具体、可操作、可测量和必须陈述学生的学习结果而不是教师打算做什么这几点外，还应反映学习结果的类型。

（五）体育教学目标的实施

1.认真备课，定标导向

课时计划是体育教学目标的实施方案，每一位体育教师在备课时应严格按照教学目标的指向进行，脑中要有大纲、教材，心中要有目标、学生，进行教学活动时要有方法程序，力求做到单元、课时目标明确、适当，课堂教学设计科学合理，课时计划达到规范化。教学目标既是教师教的目标，也是学生学的目标，明确教学目标，使体育教学活动紧紧围绕教学目标的达成来进行，以有效减少和控制体育教学过程中的干扰因素和无效劳动。良好的定标导向，有助于学生在学习之前形成正确的学习定势，提高体育教学质量和效率。

2.围绕目标，指导转化

教学目标只有转化成学生的学习目标，才能真正为学生所掌握，因此体育教师要在指导学生学习方面多做工作，促使教学目标转化为学生的学习要求。一是教师要最大限度地调动学生的学习积极性，让学生主动地参与教学活动；二是根据不同的教学目标采用不同的教学策略，使体育教学符合现代教育思想，符合学生身心发展的特点和认知、技能、情感发展的规律;三是教学方法、手段要多样化,抓住教学重点、难点,增强教学的针对性和适应性;四是从实际出发,因材施教,分类指导,循序渐进地实现教学目标,使学生获得成功的体验,发展学习能力并提高学习的效率。

3.反馈矫正,达标整合

教学目标在实施过程中,教师应及时获得反馈信息,及时发现教学中存在的问题,矫正失误,弥补不足,这对教学活动能否顺利达成预期目标具有调节和控制作用。既要重视学对教的反馈,又要重视教对学的反馈,把教学同学生的需要联系起来,取得更好的协同效应,保证反馈矫正的准确、及时、充分。实现教学的全面达标,并使达标所获得的新知识与原有旧知识重组整合,形成新的知识结构和能力结构。

4.总结评价,矫正补救

教学目标成为评价标准,被用来反映整个目标的实施过程,对体育教学目标的达成程度,教学目标本身的合理程度、教学目标实施过程中存在的问题等作出全面的总结性评价。总结评价可采用多种方式结合的形式进行,使所获得的结果尽可能客观、准确、全面,为今后调整教学目标提供依据,使下一个教学目标的实施更富有成效。

二、体育教学过程

(一)体育教学过程的概念

体育教学过程是指体育教学实施运行的时空连续过程。它是指学生在体育教师有目的、有计划地指导下,锻炼身体,增强体质,积极主动地掌握系统的体育卫生保健知识、体育基本技术和基本技能,发展运动能力,形成良好的个性和思想品德的过程。体育教学过程存在于体育教学实践活动中,它可以通过一部分教材或一个单元教材的教学活动来体现,也可以通过一节课或连续的多节课来实现。它是在一个学期,一个学年,或小学、中学、大学的整个阶段内呈螺旋式连续发展的。

(二)体育教学过程的基本因素

按照系统论的观点,任何事物都自成系统,都是作为系统而存在的。体育教学过程是相互作用的若干要素的结合体,它们包括教师、学生、教材和传播媒介(物质条件和手段、方法等)四大构成因素。

1.体育教师

教师是人类社会文明(包括体育文明)的两种载体之一(另一种为文字载体),教师是有情、有意、活的知识载体,他们在教学过程中起着“导向”和“助产”的作用。引导和转化作用是教师主导作用的实质。体育教师在教学中的主导作用是由其职业地位所决定的。体育教师是受社会的委托,以育人为己任,工作方向和目标明确,他们的职责是对学生“教之导之”“春雨化之”。体育教师是受过职业训练的人,他们“闻道在先”“术业有专攻”,成为人类体育进步的开路先锋。体育教师对每一个教学活动总是准备在先,胸有成竹。体育教师是体育教学过程的组织者和领导者。不同的体育教师有不同的教学风格,这是他们在教学思想、教学技艺方面的创造和个人特色。所以,教师在教学系统中起关键作用。

2.学生

学生是教学的对象。学校体育的目标和体育教学的全部设计都是指向学生的。我国教育的“四个面向”都要落实在培养学生身上,学生在教学过程中起主体作用。所谓主体作用可表现为如下四个方面:第一,自我完成作用。学生在体育教学过程中,对客观事物的认识和锻炼身体,虽有教师(外因)的指引和启迪,但必须亲自参与整个教学过程,不可由他人代替。第二,完成认识活动的能动作用。学生在体育教学过程中,认识客体和参与锻炼身体的实践,虽有教师、教材和学校的各种条件制约,但他们不是消极、被动地接受教育,而是主动进取,刻苦攻坚,创造性地学习,能动地发展自己。第三,制约作用。制约作用是指学校体育管理和体育教师的主导作用要以学生的主体作用能否充分发挥为出发点。第四,反馈评价作用。反馈评价作用是指学校的各项教育措施能否使学生的主体能动作用得到充分保护。

3.体育教材

体育教材是指在体育教学过程中,传授给学生的体育与健康知识和各种身体练习等。体育教学内容直接影响着体育教学目标的达成和培养人才的质量。它是完成体育教学目标的主要凭借和重要保证,是构成体育教学过程和决定体育教学质量的重要因素之一,也是体育教师组织教学活动的基本依据。体育教材是体育教学的原材料,会影响到体育教学的预期效益,因此选择教材要遵循科学性、思想性、实用性、娱乐性、民族性等基本要求，充分挖掘地方和学校的体育课程内容资源，选择符合本校及学生体育实际的教材。

4.传播媒介

体育教学过程的传播媒介主要是指教学的环境和教学方法。它是沟通师生信息、联系师生各种活动并使其同步进行，保证教学在一定时空范围内有序进行的桥梁。体育教学中的传播媒介有语言、文字、动作、教学方法、组织措施、场地、器材、设备等。

上述四种因素，可以根据不同的教学任务组合成不同的教学结构模式，从而反映出体育教学过程的动态结构状况。在这四种基本因素中，教师和学生始终是最积极、最活跃的因素。教师的创造性劳动和教学艺术，学生的积极主动参与，使体育教学成为一个有声有色、节奏鲜明、活泼有序的教学过程。

（三）体育教学过程的教学方式

体育教学过程是一个发展的过程，有它的阶段性与规律性。在体育教学过程中，应该在不同的发展阶段根据学生的特点采取不同的教学方式，而不能千篇一律、一成不变。

1.第一种教学方式

第一种教学方式的基本形式是："示范""模仿""练习"，即体育教师先示范某一体育动作，然后学生跟着教师模仿这个动作，最后学生练习此动作。这种教学方式适合在学生完全依靠教师阶段使用。因为此阶段的学生的时空感觉、本体感觉以及抽象思维能力都较差，但其形象思维能力较强，能准确地模仿教师所做的动作。

2.第二种教学方式

第二种教学方式的基本形式是："讲解""示范""启发思维""练习"，亦即通常所说的"启发式"教学，这种教学方式适用于学生基本依靠教师阶段，其与第一种教学方式相比，发生了"质"的改变。学生由过去被动模仿教师的动作到主动想象和思考动作，这中间产生了一个飞跃。正是这种教学方式，才能使学生的学习能力更快提高。

3.第三种教学方式

第三种教学方式的基本形式是："预习""提问""讲解示范""练习"。这种教学方式首先把一个未学过的体育动作交给学生预习，使他们通过预习(包括从课本中了解该动作的结构、要领、方法和对照图表进行练习等)发现问题,然后体育教师根据学生提出的问题有针对性地采用合理的教学方法、步骤进行教学。此教学方式适合于学生已能相对独立学习阶段,因为在此阶段,学生分析解决问题的能力大大增强了,他们有能力在预习过程中发现和解决一些具体的实际问题。

在采用这种教学方式进行教学时,要注意以下四个问题:第一,教师在布置预习时应对学生提出明确具体的要求。第二,对学生预习的效果应采取必要的检查,以督促学生自觉地完成预习作业。第三,一定要针对学生在预习过程中提出和存在的问题进行教学。第四,在解决问题的过程中,一定要继续发挥学生的学习能力,凡是学生自己能解决的问题应尽量让其自己去解决。

4.第四种教学方式

第四种教学方式是学生在教师的指导下自学,它适合于学生已基本上能独立学习的阶段。一旦学生具备了自学体育动作的能力,教师就应该采取这种教学方式。但值得提出的是,由于我国大多数学校体育教学条件较差,相当一部分学校的场地器材条件不能达到教学的要求,在采用这种教学方式时,应从各个学校具体实际出发。

5.第五种教学方式

第五种教学方式是完全由学生自学,它适合于学生已经有了完全独立学习能力的阶段。但从我国目前的体育教学实际来看,要采用这种教学方式,即使是对大学生,困难也较大。

以上表明,在体育教学过程中,由于学生的学习能力在不断变化,因此不能采用某种固定的教学方式。教学方式应适合学生的学习能力,并能充分发挥和发展学生的学习能力。遗憾的是,我国的体育教学现状表明,我们并未做到这一点。这也是今后进一步深化体育教学改革所必须解决的一个重要问题。

第二节 体育教学的规律

一、体育教学规律的定义

规律是揭示事物之间联系和关系的本质与内涵。体育教学规律同其他事物的规律一样,是体育教学活动内部的本质的东西的反映,是体育教学及其组成成分发展变化过程中的本质联系和必然趋势;它是内在的东西,是人的感官不能把握的,只有思维才能把握。它不以人的认识和作用而转移,是一种纯粹的客观存在。我们对体育教学规律的研究,实际上就是在试图对这样的规律进行正确的反映,人们常说的体育教学规律一般指的是这种反映的结果,实质上仅仅是对存在性规律的一种带有人的认识能力局限的摹写、解释和反映,并不能等同于存在性规律,而是一种反映性规律。

二、体育教学过程的一般规律

(一)社会制约性规律

体育教学的使命在于培养全面发展的社会所需要的人才,这些人才必须适合社会的需要。体育人才培养的规格和质量要受到本国教育目标及其内容的制约。同时,体育教学的条件和手段(教师、场地器材、设备等)对一定社会经济发展水平、文化教育和科学技术发展状况具有依赖性,体育教学条件要与经济发展水平相适应,体育教学观念、思想方法手段也应与当时社会的教育思想相适应。

(二)认识规律

教学过程以辩证唯物主义的认识论作为它的方法论基础。人们认识任何事物,首先是从对事物存在现象的感性知觉开始的。人们靠感觉器官,建立了与外部环境的联系,然后通过抽象思维,从感性认识提高到理性认识,找出事物的本质,提出事物发展的规律,最后形成科学的概念,并通过实践去验证这些概念。教学过程是学生的一种特殊认识过程。学生在学习和掌握体育知识、技术与技能的过程中,必须遵循认识活动的规律。在体育教学过程中，教师要引导学生将感知、思维、实践三个环节紧密结合起来，缺一不可。感知是认识事物的开始，是形成表象的基础；思维是形成理性认识、掌握动作的关键；实践是巩固和运用知识、改进和提高运动技术，发展身体，增强体质，促进健康，培养良好思想品德的途径。

（三）学生身心发展规律

体育教学的对象是学生，学生的身心发展具有一定的规律。在体育教学中，制订教学目标，安排教学内容，采用相应的教学组织形式、教学方法和措施等，都必须从不同年龄，不同性别学生的身心发展的特点出发，符合他们的接受能力和体质状况，因材施教，才能促进学生身心发展水平的不断提高。

（四）教与学辩证统一的规律

教学过程是教与学的矛盾运动过程。为实现教学目标，必须正确认识和处理教与学的关系，既要充分发挥教师的主导作用，又要十分重视调动学生学习的积极主动性。教学过程的实质，是教师采取有效措施，引导学生学习，由不知到知之，由知之到运用的转化过程。在这一过程中，教师起着主导作用。但是，教师的主导作用只是教与学关系的一个方面，学生是学习的主体，只有教师的主导作用，而没有学生学习的积极性、主动性相配合，教师的主导作用也不能发挥。教师是否发挥了主导作用①，其程度如何，主要看学生的学习积极性和主动性是否被调动起来，只有教师的努力与学生的积极配合协调一致，才能取得好的教学效果。

（五）教育、教养和发展相统一的规律

教学过程是学生受教育的过程，教师结合对学生所进行的知识、技术、技能的传授，同时对学生进行思想品德教育，使他们的思想感情、精神面貌道德情操和意志品质都得到一定程度的培养，这是体育教学的教育目标；以一定的、系统的知识技术、技能武装学生，这是体育教学的教养目标；在向学生传授知识、技术、技能的同时，还必须充分发展学生的体力和智力，这是体育教学的发展目标。教育、教养和发展是密切相关的统一整体。教学实践表明，三者相互联系，相互促进，相互渗透，互为因果，统一于教学目标之中。

---

①邹继磊．基于运动迁移规律下体育教育专业体操普修课技术动作教学设计[D]．聊城：聊城大学，2020.

（六）教学内容和教学过程相统一的规律

任何一门课程都是教学内容和过程的总和。在教学过程中，内容决定形式，如根据哪些原则、采用何种教法、运用哪种组织形式等都要考虑教学内容。教学内容也影响着教学的过程。这些说明教学内容在很大程度上支配着教学过程，而教学过程的其他规律也制约着教学内容的选择和体系的形成。

（七）教学效果取决于教学基本要素合力的规律

在体育教学过程基本要素中已指出体育教学的基本要素在教学过程中的作用和相互关系，并且各要素又都对教学效果有着直接或间接的影响，但它们不是孤立、简单地产生的，而是各要素相互制约、互相联系和相互作用下产生的，也就是说在体育教学过程中，每个要素都在产生一定的力，但导致教学效果的力并非各要素之力的简单相加，而是各要素之间在实际关系中形成的一种“合力”。因此，在体育教学中，起主导作用的教师如何把握和处理好与其他要素的关系，选用适当的方法，手段与组织形式，精选教学内容，创造良好的教学环境和明确教学目标等，都应充分考虑学生的年龄、个性、心理生理特征以及已有知识，经验基础、动机、兴趣、态度与学习方法等，从而组成一个动态的综合的“合力”，这是决定教学效果的关键，可见本规律是获得最佳教学效果的规律。

（八）体育教学过程的控制反馈规律

体育教学过程实质是师生双向交流信息的一个有序、动态、可控的反馈过程。体育教学过程就是教师先充分准备有关教学内容（钻研教材、编写教案和布置场地器材等），在开始课堂教学后，教师通过各种传播媒介向学生发出各种信息，以指导学生的学习，学生接收信息，经“内化”后会做出相应的反应，并产生效果反馈给教师。教师在接收到反馈信息后（主要是学生的学习态度、纪律状况、动作掌握与练习的情况、学习情绪和完成动作的质量等），经分析并按现状与教学目标的差距，及时调整教学部署、方法与手段，再向学生发出新的信息。体育教学过程就是在这样的控制、反馈中完成的。体育教学过程的反馈是多层次的，可分为即时反馈和延时反馈两种。延时反馈又可分为中时反馈和长时反馈。学生在课堂中的纪律，学习情绪。练习情况、课堂提问、随堂测验等均属即时反馈，单元阶段考核属中时反馈，学期考试，毕业会考属长时反馈。在体育教学中，应特别注意和处理好即时反馈，以保证产生良好的教学效果。

三、体育教学过程的特殊规律

（一）动作技能形成的规律

1.粗略掌握动作阶段

这一阶段的特点是大脑皮层兴奋过程扩散，处于泛化阶段，内抑制不够，表现出动作吃力，紧张不协调，缺乏控制力，并伴随多余动作。这一阶段的教学任务是帮助学生建立正确的动作概念，并防止和排除一些多余的动作。

2.改进与提高动作阶段

这一阶段的特点是大脑皮层兴奋与抑制过程处于分化阶段，兴奋相对集中，内抑制逐步发展巩固，初步建立起动力定型，能较精确地分析和完成动作，逐步消除了动作的牵强。紧张，使动作变得准确，协调，但不够熟练。这一阶段的教学任务是积极引导学生加深理解动作结构的内在联系，注意改进动作细节，不断提高动作质量，建立动作的动力定型。

3.动作的巩固与运用自如阶段

这一阶段的特点是大脑皮层的兴奋和抑制高度集中，内抑制相当牢固，形成了牢固的动力定型。动作表现准确、熟练省力、轻快，并能灵活自如地运用，达到了熟练化的程度。同时，随着动作的不断练习，细节不断改造，动作熟练化程度会不断提高，但如果长期停止练习，已形成的动力定型也会逐渐消退。这一阶段的教学任务是巩固和发展已形成的动力定型，使学生能逐渐达到在各种变化的条件下灵活自如地运用动作。动作达到这一阶段时，通常把它称为动作技巧。

（二）人体机能适应性规律

人体进行运动时，体内产生一系列的变化。机体功能对这些变化有一个适应过程，产生这种阶段性的适应性规律。

当人体开始运动时，身体承受运动负荷，吸氧量增加，人体其他器官和系统功能也发生剧烈变化，体内能源储备逐渐被消耗，这一时期，称之为工作阶段。经过休息或运动内容变化，使运动负荷下降，体内能源物质及各种功能指标等，逐渐恢复到或接近工作前的水平，这时称之为相对恢复阶段。然后再经过合理休息,物质和能量储备,可超过原来水平,从而提高了机体工作能力,这时称之为超量恢复阶段。

运动后,如休息间隔时间过长,失去了超量恢复阶段时的效果,机体工作能力降到原来水平,这时称之为复原阶段。因此,机体适应活动所产生的体内一系列变化的过程,是由工作阶段进入相对恢复阶段和超量恢复阶段,最后到复原阶段,这就是人体机能适应性规律。

(三)人体生理机能活动能力变化的规律

在体育教学过程中,学生的身心同时参加活动,在反复练习和休息的交替过程中,学生的生理功能变化有一定的规律性,从一节体育课来看,呈“上升—稳定—下降”的趋势。由于学生的年龄特点,健康状况及训练水平的不同,教师选择的教材和采用的组织教法的不同以及气候变化等差别,机能活动能力提高阶段所需要的时间也不同,功能活动曲线一般是上升的时间短而快,但维持高峰阶段的时间较短。身体训练水平越高的学生,机能活动能力提高的时间越短,达到人体体质最高阶段的时间延长,并能承受较大的生理负荷。

(四)青少儿生理和心理的发展规律

人的有机体的生长发育以及心理的变化,有它一定的规律。在体育教学中,必须遵循身心发展的规律,有计划有组织地进行教学,才能取得增强体质的实效。如果违背身心发展规律,不但不能引起学生的学习兴趣,反而会造成危害学生身心健康的不良后果。

儿童时期,由于大脑和神经系统发展较快,对身体活动能力、灵敏、速度、柔韧等身体素质的发展也有较大的影响。但骨骼和肌肉生长缓慢,心血管系统的生长发育还远未完成,过大的力量性和耐力性练习,超过了骨骼、肌肉心脏功能的承受能力,不仅会使骨骼受伤,甚至可能造成过早完成骨化或骨骼畸形,影响正常的生长发育。少年、儿童的大脑皮层中,兴奋过程占优势,易扩散。因此,容易学会动作,但也容易出现多余动作,动作准确性差;注意力集中时间较短,易分散和转移;学习的情绪时而高涨,时而低落,极不稳定。少儿时期的神经系统工作持久力差,容易疲劳,但由于神经中枢的物质代谢旺盛,所以疲劳(非过度疲劳)也比较易于消除。

根据上述特点,教学内容和方法要多种多样,多采用集中注意力的练习。通过各种有趣的游戏、优美的体操、简易的田径内容、生动的球类项目,引导学生更有效、全面地锻炼身体。

青春期是身体生长发育的高峰时期。由于身体的迅速增长,需要大量的营养,这时体育锻炼的运动负荷要适当,否则会影响身体的正常发育和健康。青春期开始后,性别差异日益显著,体育活动的内容、练习方法和要求,也应随之有所区别。这时,一方面要适当减轻运动负荷,另一方面要注意改进教学和练习方法,增加活动的趣味性,并鼓励学生经常锻炼身体。15岁以后,身体进入稳定生长时期。到17岁时,身体的发展已达到成年的80%以上。这是人的一生中生命力最旺盛的时期,骨组织内的水分和有机物减少,无机盐(钙)增多,骨骼较巩固,但关节的灵活性不如少年和儿童;肌肉中水分减少,蛋白质、无机盐增加,肌肉的弹性和伸展性增强;心血管系统和呼吸器官已渐趋完善。这时,骨骼、肌肉和心肺系统发育基本成熟,承受能力增强。因此可以适当增加发展力量、耐久力的练习和提高动作技术上的要求。

这一时期,男生由于身高体重的迅速增长,出现希望表现自己力量和勇敢精神的心理状态,因此对学习对抗性练习特别感兴趣,往往过高估计自己的力量,要求承担那些力所不及的任务;女生则对动作优美、韵律性较强的练习,表现出特别喜好,而对动作难度大的练习又往往有害羞,缺乏信心的心理状态。因此,教师应针对不同情况,提出不同要求,引导和鼓励他们去完成作业。高等学校的学生,身体的发育已接近完成,这时应进一步加强锻炼和提高要求。

第三节　体育教学的原则

一、体育教学原则的构建

体育教学原则具有历史具体性(时代性)、历史继承性、主客观统一性、理论和实践的统一性、多样性和互补性的特点。在确立体育教学原则时,必须以辩证唯物主义为理论基础,以体育教育教学目的为指针,依据体育教学过程的客观规律,充分反映体育教学发展的时代精神,采用概括的形式表达准确丰富的内涵。

（一）体育教学原则必须是体育教学规律的反映

科学的体育教学原则是体育教学规律的反映。任何一条体育教学原则都是对某一或某些体育教学规律的反映，同时通过对体育教学过程矛盾运动的规律性认识能推演出体育教学原则。体育教学规律是客观存在的，不能把反映体育教学规律的体育教学原则等同于体育教学规律本身。人们对体自教学规律的认识在不断深入和发展，从而也就决定了体育教学原则的制定和发展。

（二）体育教学原则具有抽象概括性

因此，不能把体育教学原则简单地看作体育教学实践经验的总结，把一时、一地或某一学科教学的经验提升为具有普遍指导意义的教学原则，只有对这些经验和教训反复认识，不断深化，由感性认识上升为理性认识，经过抽象概括，对体育教学规律有所认识，才能制定教学原则。教学实践经验对体育教学原则的制定永远具有重要意义，教学实践经验不仅是制定教学原则的依据，而且是检验教学原则的标准。

（三）体育教学原则要符合体育教学的目的性

体育教学目的是体育教学工作的出发点和归宿，它规定了体育教学活动的发展方向和预定结果，指导和支配着体育教学活动的各个方面。任何体育教学原则的确定都必须遵循体育教学目的。需要注意的是，在确立体育教学原则时，不能把体育教学目的直接演绎为体育教学原则。在不同的历史时期、不同的社会里，由于体育教学目的的不同，人们提出了不同的体育教学原则。

（四）体育教学原则具有规范性，但它并非具体的体育教学规则或体育教学方法

体育教学原则主要是针对体育教学活动中的根本性问题指明最基本的解决方式。这些根本问题是教学过程中的基本矛盾，既相互否定又相互依存，因此必须全面审视和分析矛盾的双方，并站在较高的视点来建构体育教学原则。不能认为给教学规则，策略和方法冠以“原则”的名称就能与教学原则等量齐观，因为前者只能为教学过程中局部矛盾或个别矛盾的解决提供方案、方式和策略，而不能为教学活动中基本矛盾的解决提供有

效而全面的指导[①]。

(五)体育教学原则具有鲜活的时代特色

因此,在建构体育教学原则时必须充分考虑并吸收体育教学理论研究的新思想、新成果,关注深刻影响和决定着体育教学原则建构的条件、要求和认识,要关注其他相关科学的研究进展并借鉴吸收其研究成果。

针对体育教学的实际情况和社会发展的需要,可以强调某些原则或提出一些新原则。在体育教学原则的制定与研究中,应当处理好以下三个方面的关系。

第一,处理好科学与人文的关系。我们要改变过去那种只重科学性而忽视人文性的偏颇,就必须对二者进行合理的整合。以人文精神统合科学精神,树立人文精神也是科学精神的观点,纠正体育教学原则研究中的唯科学主义倾向。体育教学论是一门人文性极强的学科,它研究的对象是人的教学世界,它的目的是不断实现人的自我超越。体育教学原则是为实现教学目的服务的,是为改进体育教学活动提供指导的,它更要渗透和体现人文精神。

第二,要处理好继承与发展的关系。我们应当依据当今体育教学改革的需要,并着眼于未来的可能性前景,对传统的教学原则予以开放的继承,具体说来,有三个方面的继承:一是批判性继承,即对我国以往的体育教学原则进行深刻的剖析,去其糟粕,取其精华;二是发展性继承,即在对原有的体育教学原则进行合理性分析的基础上进一步变革,使其在适用范围上、时间延续性上、日的针对性上得到发展;三是创新性继承,即对原有的教学原则作出符合时代要求的新理解,赋予其新内涵,使其更富指导性和人文性。

第三,处理好引进与吸收的关系。我们要创造性地运用马克思主义的方法论武器来对待和处理国外的体育教学原则。我们的体育教学理论要想赶上世界发达国家的水平,我国体育教学工作者就应该广泛地借鉴其他流派的方法论,改造和完善现有的体育教学原则。建构体育教学原则体系,并不在于原则的内容或条目越多越好,也不在于越具体越好,其关键在于能从指导原理的层次概括出能涵盖教学活动全过程的,能有序、有效

①凌军,张振华. 论体育教学原则的现代重建[J]. 安徽师范大学学报(自然科学版),2017,40(01):99-102.

进行教学活动的参照性标准和尺度，对于丰富多彩、现实具体的教学生活，不必再制定限制性的指令。因为教学原则毕竟是外在于教师和学生的东西，要真正使之内化，还需要在师生交往中通过主体的体验、学习、领会。理解而逐步习得和养成。我们应该树立这样的观念：教学原则不是律令，而是指导；不是限制，而是解放；不是累赘，而是助手。

二、体育教学原则体系

体育教学原则是长期体育教学实践经验的科学总结和概括，是体育教学客观规律的正确反映，是体育教学工作必须遵循的基本要求和准则。正确地理解和贯彻体育教学原则，可使体育教师进一步掌握和运用体育教学的客观规律，对优化教学过程、提高教学效果、完成体育教学任务，具有重要的指导意义。

（一）身心全面发展原则

身心全面发展原则是指在体育教学过程中，教学的重点不仅指向学生的身体发展与运动技能的掌握，而且更要指向学生的心理发展与完善，促进学生的身心健康。过去对体育教学的认识偏重于生物观，现在更要从心理的、教育的、社会的、生物的多元观念去全面认识体育教学。在体育教学中，不仅要注重全面发展身体机能，更要注意在体育教学过程中学生德育、美育、智育的协调发展。提出这一原则的依据是体育与健康课程教学目标的要求以及人体是一个完整有机体的观念和体育教学的多功能性。

人体是一个完整的有机体，不仅具有生物性，而且还有社会性。人体各器官系统的机能是相互协调、相互影响的，只有各器官系统全面协调发展，才能促进学生的身心健康。体育教学活动对学生的兴趣态度、运动技能、身体健康、心理健康和社会适应等具有不同的重要作用。运用这一原则的基本要求有以下三点。

教师在指导学生的体育学习时，要注意学习内容的全面性，避免仅从兴趣出发，喜欢什么就只学（练）什么的倾向，要使学生了解身体健康成长与全面发展的需要，为下一阶段的体育学习打基础、做准备的重要性。

教师在选择内容和方法时，要注意多样化，在教学实践中要充分开发教学内容的德育、智育、美育的多种价值，使学生在愉快的体育学习中得到全面发展。

教学评价的多元性。在体育教学评价时，教师和学生应从身心发展的多维角度去评价教与学的质量。

（二）健康性原则

健康性原则是指在体育教学中必须围绕增进学生健康这一目标来开展教学。从教学内容的确定到体育教材的选编，从教学方法的选择到教学手段的运用，都将渗透这一原则。在体育教学中，教学的重点不仅指向学生的身体发展，而且更要指向学生的心理发展与完善，促进学生身心协调健康发展。过去的体育教学偏重于生物观，现在更要从心理的、社会的、生物的观念去全面认识体育教学。

健康性原则提出的依据包括：①健康的内涵是随着社会的发展、人们自身对健康认识的逐步提高而不断扩大的。②人与社会协调发展的客观要求。③素质教育的基本要求。素质教育以促进人的身心和谐发展、提高人的综合素质为目的，素质教育的提出，进一步肯定了学校体育的作用。④学校体育目的所在。健康性原则既是学校体育的出发点，也是学校体育的归宿，是衡量学校体育成败与否的基本标准。⑤在新的体育课程标准中，根据三维健康观和体育本身的特点，将不同性质的学习内容划分为运动参与、运动技能、身体健康、心理健康和社会适应五个方面，规定了体育学习领域目标。

贯彻健康性原则的基本要求：①重构学校体育内容。学校体育的重心应由体育教学或运动训练转向课外体育锻炼，各级教育（体育）行政主管部门应加大这方面的引导和管理力度，从教材选编、组织管理评价等多方面加以指导。②改变传统的教学模式。要使教学变成“学生要学什么，教师就教什么”这样一种教学模式，学生学会1～2项可终身享用的体育项目就可以了。③面向全体学生。健康性原则要求学校体育的对象是全体学生。

（三）直观性、启发性、练习性相结合的原则

这条原则是以教学与学生身心发展相适应，教学与学生认识规律和掌握动作技能规律相适应以及教学方法依存于教学任务和内容等规律为依据的。

在体育舞蹈教学中，教师的示范动作是主要的直观教学手段，要求教

师动作示范准确，优美，规范，有表现力。这对建立正确的动作形象起重要作用。在学习动作及动作练习过程中，教师要不断进行动作示范，同时结合录像教学，通过观摩技术教学片，使学生对动作技术有更深刻的形象感性认识，更加有利于动作的掌握和水平的提高。此外，教师生动形象的讲解，对技术进行分析，使学生明确技术要领及动作要求，在课堂中要积极启发学生进行思维，使其善于独立思考，发挥学生的想象力和创造力，要求学生善于观察，用心听讲，能对动作的正确与错误进行比较分析，建立正确的技术动作。使感性认识上升到理性认识，从而举一反三，灵活运用。

在教学中离不开一种很重要的教学方法，那就是反复练习，通过不断地巩固和提高练习，促使大脑皮层建立牢固的动力定型，达到运用自如。要求精讲多练，但要防止由于单一重复练习使学生产生厌烦情绪，可以各类舞步动作交替练习，可组合练习，也可加强队形变化。经常进行一些教学比赛和表演，有利于技术的巩固提高。

(四)区别对待与因材施教原则

区别对待与因材施教原则是指在体育教学过程中，要根据学生的年龄、性别、体育基础、体能水平等确定教学目标，选择教学内容和组织教法，使教学取得实效。提出这一原则的依据是学生身心发展的规律。不同年龄，不同性别学生的身心发展有不同的特点，同一年龄、同一性别的学生有共同点，但又存在明显的个体差异，因此要想取得教学的实效必须注意区别对待，因材施教。贯彻运用这一原则的基本要求有以下三条。

1.深入了解与掌握学生情况

区别对待与因材施教的前提是了解与掌握学生情况。教师要通过多种途径与方法，全面了解所教班级学生的知识技能基础，并对他们的情况进行认真的分析，找出他们的共同点与差异所在。

2.合理安排教学过程

对学生情况与教学目标进行比较分析，确定大多数学生经过努力可以达到的目标，选择合适的教法。对于体育基础好的学生可以适当提高要求；对于体育基础差的学生要热情帮助，鼓励他们努力提高。

3.适当增加选择性和针对性

在达到同一年级统一基本要求的基础上，教师在教学目标、教学内容的安排上，要注意依据学生的不同情况，适当增加教学内容的选择性和针对性，指导学生树立适合个人的学习目标，以使学生各尽所能，各得其所。

（五）合理安排运动负荷原则

合理安排运动负荷原则是指在体育教学过程中，必须体现体育教学的本质特点——身体活动性，要使学生身体所承受的运动负荷有效、合理，以满足学生锻炼身体和掌握运动技能的需要。

合理安排运动负荷原则是依据体自教学的本质特点和体育教学需要适宜的运动负荷的规律而提出的。在体育教学中，无论是锻炼学生的身体还是使学生掌握运动技能，都依赖于一定的身体大肌肉群的活动。科学的身体活动过程是学生锻炼身体和掌握运动技能的基本过程。因此，必须在体育教学中保证学生有足够的身体活动量。

但是，体育教学中，学生身体活动的运动负荷也不是越大越好，而是要适宜。这个适宜是指运动量要与体育教学目标，体育教学内容和学生的身体发展需要相适宜。过大的运动负荷不仅不能增强学生的体质，反而会给学生的健康造成损害；而过小的运动负荷，则难以起到锻炼学生身体和促使学生掌握运动技能的作用。贯彻合理安排运动负荷原则的基本要求有以下五点。

1.运动负荷的安排要服从体育教学目标

说到底，合理安排运动负荷为的是实现特定的身体锻炼和技能掌握的体育教学目标，运动负荷是否科学也关系着教学目标能否很好地实现。教师既不能忽略运动量对实现体育教学目标的决定性作用，也不能忽略各种特殊课型的需要，而一味地追求统一的运动量或大运动量。

2.运动负荷的安排要服从学生的身体发展状况与发展需要

运动负荷的科学性既体现在对学生身体发展性的作用上，也体现在对学生身体的无伤害性上，而这些都取决于学生的身体发展情况。教师要合理安排运动负荷，就必须了解学生身体发展各个阶段的特点，了解学生身体发展的科学原理和各个运动的特点等，就是我们常说的备课时要“备好学生”。

3.要通过科学的教程、教材和教法设计来合理地安排身体活动量

体育运动项目及其中的身体练习多种多样，有的运动量大，有的运动量小，有的运动强度大，有的运动强度小，因此在设计体自教学内容时，要

考虑到运动量的问题，要进行合理的搭配和必要的教材改造。因为教学过程是“学习—练习—发展”的过程，教程的各个阶段有着不同的任务和特点，所以还要根据教学过程不同阶段的特点来合理地安排运动量。

4. 要因人而异地安排运动量

在体育教学中考虑运动量，首先要从学生的整体情况来考虑，然后还要进行因人而异的调整，教师要根据所了解的学生身体的强弱等具体情况来因材施教地安排运动量，把整体要求和区别对待结合起来。

5. 要逐步提高学生自我控制运动量和进行自主运动的能力

体育教师在体育教学中要加强锻炼原理和运动负荷以及运动处方等有关知识的教育，教会学生自我判断运动量和调整运动量，以便他们在自主运动中能够把握好自身的运动量，并逐步学会锻炼身体的方法。

（六）创新性原则

创新性教学原则是指在体育教学过程中，教师应注意调动学生学习的主动性和积极性，激活学生创新动机，树立创新意识。教师在奠定学生综合素质的基础上，注重学生创造思维和创新精神的培养，使学生能主动、愉快、创造性地获得知识和能力，个性得到自由发展，潜能得到最大程度的释放。

1. 创新性原则提出的依据

创新教育是从学生心智发展规律出发，培养学生的创新意识、创新精神、创新能力，帮助学生形成创新个性品质的教育。

体育学科实施创新教育有着特有的实践性、交叉性、社会性学科性质，在培养学生的创新性上有独特的优势。

新体育课程标准提出，体育课程要使学生在不断体验进步和成功的过程中，增强自尊心和自信心，培养创新精神和创新能力，形成积极向上、乐观开朗的生活态度，使创新性原则成为体育课程改革中一个新的价值取向。

2. 贯彻创新性原则的基本要求

更新教育观念，转变教育思想，充分认识学校体育教学在创新教育中的特殊使命；体育教师要注重自身创新能力的培养与提高。要想在体育教学中培养学生的创新素质，体育教师就必须是一个创新者；创造良好的校园体育创新环境，为创新人才的脱颖而出创造条件；构建创新教学模式，改变传统的教学模式，这是学校实施创新教育的关键所在；改革体育成绩考核方法和考核制度，建立创新评估体系。

以上几个体育教学原则不是孤立的，它们是互相联系，互相制约的，任何一项原则都不可能离开其他原则而完全实现。当前体育教学原则体系尚未完善，体育教师应创造性地运用这些原则，结合体育教学实践对其进一步检验，探讨新的教学原则，逐步建立体育教学原则的完整体系。

第二章 体育教学方法

第一节 体育教学方法概述

一、体育教学方法概念

教学方法是教学论的重要组成部分,也是教学论中实践性很强的部分。教学方法在教育教学实践活动中产生,并服务于教育教学,是影响教学活动顺利进行,提高教学质量的主要因素。近几十年来,教学方法的理论和实践的研究得到了广泛重视,取得了很大发展,形成了较为科学的方法体系。这都是教育领域取得的成就。

然而,有关教学方法的概念的界定,即教学方法本质的问题却并没有统一。下面列举几种教学方法的定义。

教学方法是教师为完成教学任务所采用的手段;教学方法是指教师在教学过程中,为了完成教学任务所采用的工作方式,和在教师的指导下学生的学习方式;教学方法是旨在达到学生的教养、教育和发展目的,对师生相互联系的活动进行调整的方式;教学方法是为了完成一定的教学任务,师生在共同活动中采取的手段。既包括教师教的方法,也包括学生学的方法;教学方法是为了达到教学目的,实现教学内容,运用科学手段而进行的,由教学原则指导的、一整套方式组成的、师生相互作用的活动;教学方法是在教学过程中,教师和学生为实现教学目的、完成教学任务而采取的教与学相互作用的活动方式的总称。

由于受母学科对教学方法的定义的影响,体育教学方法的概念在不同时期甚至同一时期的定义也有很大差异。

苏联体育教学方法的定义为:“在体育教育中,运用身体练习的方式。”我国学者金钦昌在其编著《学校体育理论》中认为:“体育教学方法是指在体育教学过程中完成教学任务所实施的工作方法。它包括教师教的方法和学生学的方法。”吴志超、刘绍曾等在《现代教学论与体育教学》中认为：“体育教学方法是实现体育教学任务或目标的方式、途径、手段的总称，属于体育教学法的范畴。”吴锦毅、李祥主编的《学校体育学》认为：“体育教学方法，是指在体育教学过程中，教师和学生为完成体育教学任务，实现体育教学目的所采用的工作方式。”

从上面可以看出，对体育教学方法的本质的科学认识是有一个过程的，而且这个过程仍在继续，我们对教学方法的认识由比较笼统，比较模糊到逐渐明确，从只注重体育教学过程中教师的作用，到开始关注学生主体地位和主体性的发挥，以及师生的相互作用，一步一步地接近于教学方法的本质属性。为了体育教学理论研究和指导实践交流的方便，综合各种对教学方法的定义和认识，以及体育领域近年对教学方法的研究成果，我们认为，体育教学方法是在体育教学过程中，师生为了完成教学任务，实现教学内容的有效传递、学习而运用的一系列活动方式的总称。

二、体育教学方法的构成要素

教学方法是在教学实践中发生和发展的，在体育教学中，教学方法的选用是否正确，直接影响教学目标和任务的完成质量。通常构成体育教学方法的因素有三个。

（一）语言

语言是人们沟通的工具，也是人们认识和理解客观世界的媒介。在体育教学中，无论是教师的教，还是学生的学，都离不开语言。因此，语言是构成体育教学方法的第一因素。

（二）身体练习

体育教学的最大特点是以身体练习的实践为基础，学生在教学中通过反复的练习，掌握体育的基本技术，技能并使机体得以锻炼。要使学生的机体得到合理的锻炼，必须在教学中合理地安排负荷与休息的时间间隔，而这又取决于教学中身体实际练习的安排。所以，身体练习就构成了体育教学方法的第二因素。

（三）器材设备

正如其他学科的教学离不开课本、黑板一样，体育教学离不开一定的器材设备，这是进行身体练习的物质条件。在教学实践中，器材设备的变化往往决定着教学方法的改变。因为器材设备的安排影响着教学的组织方法,器材设备的数量又与教学中的密度特别是练习密度有直接的关系。可见,器材设备构成了体育教学方法的第三个因素。

语言、身体练习、器材设备构成了体育教学方法的三个主要因素。这三个因素有机地结合,构成了一个不可分割的教学方法整体。所以,我们只有全面考虑这三个因素,统筹安排,方可充分发挥体育教学方法的效能。

三、教学方法与教学方式、教学手段以及教学法的关系

教学方式是教学方法活动的细节,也就是说,教学方法是由若干个相互联系的教学方式组合而成的,它是一系列的教学活动,能独立地完成某项教学任务,而教学方式本身不能独立地完成教学任务。比如,语言法的讲解、口令和指示、口头评定成绩、口头汇报和自我暗示等,练习法中的重复练习、变换练习等,就是教学方式,而不是教学方法。

教学手段是指为了提高教学方法的效果而采用的各种器具和设备,主要指教学传递信息和情感的媒介物,以及发展能力的操作物(包括事物和模型、图表等),也有人称为教学辅助手段。教学手段所指的是某种物体、工具,而教学方法是对教学手段的运用。所以,教学方法不能等同于教学手段。

教学法是教学方法的上位概念,它包括教学的原理、原则和方法。赫尔巴特是传统教学论的代表,它的明了(清楚)、联合(联想)、系统、方法被称为传统教学论的“四段教学法”。他的学生成勒又把它发展为“五段教学法”。杜威把教学过程分为五个不同阶段,即困难、问题、假设、验证、结论,这就是现代教学论的“五步教学法”,这里的教学法就是教学论。

体育教学法也就是体育教学论。体育教学方法是体育教学法或体育教学论中的一个专门讨论体育教学方式、途径和手段的范畴,它们是不同层次的概念。

四、体育教学方法的作用

体育教学方法是体育教学过程整体结构中的一个重要组成部分,是体育教学的基本要素之一。它直接关系着体育教学工作的成败,以及体育教学效率的高低。体育教学方法的作用主要体现在以下几个方面:体育教学

方法能有效地实现体育教学目的，完成体育教学任务。

合理、正确的体育教学方法的选择，能提高体育教学效率，有效实现体育知识、技术、技能的传授和学习。适当的体育教学方法能够调动师生的互动，活跃体育课堂气氛，发挥学生积极性，培养学生良好的体育兴趣。重视体育教学方法的实践应用，能够提高体育教师理论水平和教学能力。体育教学方法的深入研究，能有效推动学校体育改革的进程。

可见，教学方法问题解决得好坏，就成为能否实现教学目的、完成教学任务的关键。教学实践证明，教师如果不能科学地选择和运用教学方法，会导致师生消耗精力大、学生负担重、教学效果差，给工作造成不应有的损失。因此，正确理解、选择和运用教学方法，对于学校体育教学具有十分重要的意义。

五、体育教学方法的特点

体育教学方法遵循教学过程的规律和原则，同时又与体育教学活动紧密联系，它与其他学科教学方法既有共同的特点，又有自身独特的特点。体育教学方法的特点主要表现为以下几个方面。

（一）操作性

体育教学方法是在体育教学过程中，师生为了完成体育教学任务，实现体育教学内容的有效传递，进行学习及运用的途径和手段，它起着一种桥梁中介作用。体育教学方法与体育教学实践紧密相连，教师和学生将教学方法作用于教学内容，学习体育知识、技术，体育教学方法的作用方式、具体步骤、适用对象的具体要求等，都应是可以操作的，操作性是体育教学方法的基本特点。评价教学方法好坏的一个重要方面，就是看它是否具有良好的操作性。体育教学方法的操作性特点有利于教学方法作用的有效发挥，也有利于优秀教学方法的推广。

（二）实效性

体育教学的目的、任务确定之后，需要借助一定的教学手段，运用教学方法予以实现。也就是说，教学方法的选择和运用不是随意的，在教学过程中所运用的教学方法，要有利于体育教学目的、任务的实现，有利于教学效率的提高，调动学生的积极性，保证体育教学的质量。例如，如果为了让学生了解人体运动时所参与的肌肉群，可以运用挂图等直观法，也可以运用多媒体技术把人体运动时所参与的肌肉演示出来。如果想加大体育课的练习密度,可以运用循环练习法。这就是体育教学的实效性特点。如果机械地运用一种教学方法,学生的学习效果也较差,那么就该考虑是否需要运用其他教学方法或创造新的体育教学方法。运用新的体育教学方法或创造新的体育教学方法时,也要突出考虑教学方法的实效性。

(三)针对性

体育教学方法的运用是针对不同的教学任务、不同的教学对象、不同的教学过程和为了实现不同的教学内容而进行选择的。甚至新的教学方法的产生,往往也是为了解决体育教学实践中存在的问题。因此,不同的教学方法有自己独特的功能和使用范围,实现着不同的教学目的、任务。比如,针对体育知识和体育技术的教授和学习有不同的教法和学法;新授课、复习课、综合课也有不同的教法与学法;所谓"因材施教",是针对不同基础和兴趣的学生有不同的教学方法;对于发展学生的体能和技能,亦有体能类教材的教学方法和技能类教学方法;还有娱乐类教学方法等。因此,针对不同的对象和教学过程,要灵活选择不同的教学方法。

(四)整体性

体育教学的目的和任务是多方面的,教学过程是由许多教学环节组成的,既不能用一种体育教学方法完成多方面的教学任务,也不能在教学过程中自始至终都使用一种体育教学方法。而且不同的体育教学方法有其不同的使用范围和特点,这些不同的教学方法共同构成一个完整的方法体系。各种具体方法彼此联系、密切配合、互相补充、不可分割,综合地发挥着整体效能。

一般来说,"任何方法,不管哪一种方法,如果我们把它离开其他的方法,离开整个体系,离开整个综合影响来单独分析的话,那就既不能认为是好的方法,也不能认为是坏的方法"。因此,体育教师在运用教学方法时,比如,对完整法与分解法、讲解法、示范法、预防与纠正错误法,间歇练习法与循环练习法等方法的运用时,应看到各种体育教学方法的相互作用,根据体育教学的需要,相互配合地运用各种教学方法,使每一种教学方法的运用都成为体育教学过程的有机整体。

（五）时空性

体育教学方法存在于不同的教学过程当中，甚至在同一教学过程的不同阶段也有不同的教学方法。相对于同一教学过程，有开始、发展和结束阶段。在教学的不同发展阶段，师生之间的地位在发生着规律性的变化，教法和学法也随之起着不同的作用。在教学方法的开始阶段，教师主导地位与作用较明显，随着时间的推移，学生的主体地位与作用也逐渐加强。

这个过程首先要通过一定的教学方法，诱发学生内在的动力，引起学习的欲望与兴趣；然后组织学生参与多种适当的学习活动，达到感知、理解与掌握教材；最后，对学生学习结果给予评定。反过来对照教学目标的完成程度，制订新的教学计划，开始一个新的教学过程，如此循环往复。这样的时空交替往复的教学过程，都伴随着体育教学方法的时空特征，都是体育教学方法在发挥着作用。

（六）时代性

教学方法有其自己产生、发展的历史，体育教学方法亦是如此。从体育史上我们可以发现，不同的历史时期有不同的体育教学方法，这些体育教学方法受不同的历史时期中不同的哲学思想、教育理念影响，也有当时人们对体育价值认识的痕迹。尤其近几十年来，随着科学技术的发展，多媒体技术开始进入体育教学领域，这突出体现了体育教学方法的时代特征。

体育教学方法随着社会的变化和体育教学的发展而不断发展，它体现着社会的发展与时代的要求，以及体育学科发展的要求。同时，体育教学目标、任务与教学内容也在影响着体育教学方法的产生和发展。所以说，体育教学方法不是一劳永逸的，在体育教学实践中，教师必须根据变化的时代精神和体育学科的发展需要，勇于开拓，推陈出新，使体育教学方法更能适应体育教学的实际需求。①

六、体育教学方法的分类

（一）体育教学方法分类的意义

教学方法的分类，就是建立教学方法的次序和系统。具体地讲，就是

①宋博．创新体育教学方法，提高人才培养质量—评《新时期体育教育理论与实践新探》[J]．山西财经大学学报，2021，43(11)：133.

把众多的教学方法，按照一定的标准归属到一起，按照某些不同特点，把它们区分开来，以便更好地分析、认识它们，掌握它们各自的特点、作用和条件，以及它们发展运动的规律。

从体育教学方法的发展历史看，教学上继承和创造的体育教学方法是非常丰富的，由于体育教材内容的多样性，教学对象的差异性，决定了体育教学方法的复杂性，而且各教学方法又有各自的特点和特殊作用。因此，对各种体育教学方法进行分类和分析，便于分清一般的方法和特殊的方法，理论的方法和实际的方法，这样就便于体育教师从理论上加深对体育教学方法的理解，也就便于结合具体的情况，正确选择和运用体育教学方法，提高体育教学质量。

（二）几种体育教学方法分类简介

全国体院通用教材《体育理论》一书中，列出的体育教学方法有：语言法（含讲解、口令和指示、口头汇报、口头评定成绩、默念和自我暗示）；直观法（含动作示范、教具和模型演示、电视录像、阻力和助力、定向直观、领先直观）；完整法与分解法；练习法（含重复练习法、变换练习法、综合练习法和循环练习法）；游戏法和比赛法；预防与纠正错误法。直到后来第六次再版时，仍然是这样对体育教学方法进行分类的。这种分类只能看作是将体育教学方法罗列出来，没有按一定标准进行分类，显得重复交叉。例如游戏法和比赛法，也可以归纳到练习法中；而完整法与分解法，既可以列入练习法中，又可以列入直观法中。

《学校体育学》中，将上述各种体育教学方法重新组合，分如下几类：练习法（含完整练习法、分段练习法、重复练习法、变换练习法、综合练习法，以及游戏法和比赛法）；语言法（含讲解、口令和指示、口头评定成绩、口头汇报、默念与自我暗示）；直观法（含动作示范、教具和模型的演示、电影和电视录像、阻力和助力，以及定向和领先等）；预防与纠正错误法。这种分类是沿用教育学中的教学方法分类，只是将练习法提到第一类，又加上预防和纠正错误法。教育学上原是按照学生获得知识、技能的主要来源进行分类。这种分类方法相比以前的分类是进步的，但把预防和纠正错误法单作一类，又显得标准不一致。

《体育理论》一书中，又将上面各种方法划分为三类：语言法和直观法，练习法，预防与纠正错误法。这种分类法基本上与上述相同，没有什么新的创见。

《学校体育学》没有集中讨论体育教学方法，只是在三个不同的部分分别阐述了一些体育教学方法，即发展体能的方法（含重复练习法、变换练习法、综合练习法、循环练习法）；运动技能的基本教学方法（含语言法、直观法、练习法、预防法和纠正错误法）；思想品德教育的具体方法（含说服劝告法、典型榜样法、规范指导法、评比竞赛法、表扬与批评法）。

（三）体育教学方法的分类

我们对体育教学方法的分类体系中，根据体育教学方法分类的发展历史，参考体育工作者对体育教学方法的研究，考虑到体育教学实践中应用教学方法的方便和实用，我们把体育教学方法的运用领域大致分为四个大的部分，即体育基础知识类教材的教学方法，体育技能类教材的教学方法，体能类教材的教学方法，娱乐类教材的教学方法。同时为了方便教师选择和应用，我们把体育教学方法在纵向上分为体育教学的指导法、体育教学的学习法、体育教学的教育法。

第二节　体育教学的基本方法

一、体育教学中的指导法

体育教学中的指导法，是指教师对学生的学习进行指导的一种方法，教师对学习的指导，主要是通过语言法、直观法、完整法和分解法、预防和纠正错误法来实现。

（一）语言法

语言法是教师在教学中运用各种形式的语言指导学生学习的方法。在体育教学中，教师正确地运用语言法对顺利完成教学目标，提高教学效能有重要的意义。它一方面能使学生明确学习目标、激发学习动机；另一方面，又可启发学生学习的积极思维，加深对教材的理解；同时，还有利于培养其分析问题和解决问题的能力。体育教学中语言法的形式主要有：讲解、口令和指示、口头评定成绩、口头汇报和自我暗示等。

1.讲解

讲解是指在体育教学中,体育教师用语言向学生说明教学目标、动作名称、作用、要领、方法、要求,以指导学生进行学习的一种方法。讲解是体育教学中运用语言法的一种最主要、最普遍的形式。体育教学中常用的讲解法有以下几种。

(1)直陈法

用简明扼要的语言直接陈述。多用于对简单动作的讲解,以及宣布课程的目标、内容和要求等。

(2)分段法

把教学的动作分成若干段落,逐段解决。多用于较复杂动作新授阶段的教学。

(3)概要法

按完成动作技术的要领归纳出要点进行概括讲解。多用于动作技术复习阶段的讲解。

(4)侧重法

是在分段讲或概要讲时,突出重点、难点和存在的主要问题。此法有利于学生有重点地进行学练和掌握动作技术。

(5)对比法

是把相对的两个方面加以比较,指出其中的异同。此法可以加深学生对问题的理解。

(6)提问法

是向学生提出问题后再进行讲解。此法能强化学生记忆,启发其积极思维。

(7)联系法

是根据教学需要联系实际的讲述。多用于一节课的导入或一项教材教学的开始或结束时,亦可用于启发学生改正错误。

此外,还有比喻法、复述法、引证法、鼓动法、收敛法等多种讲解方式。在体育教学中教师可根据实际需要分别或综合运用。体育教学中对讲解的要求如下。

讲解要目的明确并具有教育性。在体育教育中,教师讲什么,讲多少,怎样讲,都要根据教学的具体目标、内容、要求。教学进程,以及学生的实际，有的放矢地进行讲解。讲解要生动形象、简明易懂，体育教师要使用体育专业术语，广泛采用比喻、口诀、概要等生动形象的形式进行讲解。讲解时要注意突出教学的重点、难点、关键，要口齿清楚、用词贴切、层次分明并符合学生的程度。讲解要富有启发性。讲解时教师要善于设问质疑。可通过提问、引导、联想等方式使学生积极思维，使学生看、听、想、练有机地结合起来，以取得良好的讲解效果。

讲解要注意时机和效果。不同的教学阶段、不同的学生、不同的教材，其讲解的方式和时机有所不同。例如教师宣布本课的教学目标、内容时，语言要精练、果断；讲解分析动作要领时，对技术的重点、难点可通过手势、语气，以及语调的变化，加以强化；通常在组织调队、教师背向学生，以及学生正在做练习时（特别是静止用力或做较危险的动作），除了适当采用简短提示和评价外，一般不做具体讲解。

2. 口令和指示

口令和指示是教师以最简明的语言、命令的方式指导学生学练的一种语言法形式。如队伍的调动、队形的变换，基本体操、武术、舞蹈、韵律操的练习等。教师在运用口令指示时，要声音洪亮、节奏分明、发音准确有力。

3. 口头评定成绩

口头评定成绩是指体育教师根据教学目标和要求，以简明的语言评价学生学练成绩和行为的一种语言法形式。例如，学生在练习过程中或练习之后，教师用“很好”“注意低头含胸”“用力推手”等一句话评价。教师的这种评价有利于激发学生的学习兴趣，使学生及时了解自己的不足，提高学习效率。教师在运用此法评价学生时，要以鼓励为主，并注意指出学生的主要缺点和不足。

4. 口头汇报

口头汇报是指体育教师要求学生根据教学的要求和自己对动作学习的体验，简要分析说明自己见解的一种语言法形式。这也是促使师生信息交流，启迪学生积极思维，培养和提高学生语言表达能力、自我分析和评价能力的一种有效的方法。

5. 默念和自我暗示

默念和自我暗示是指学生在练习中，通过指示性的默念字句，暗示自己努力做好动作的一种无声的语言法形式。默念和自我暗示可以在头脑中激起有意识地活动，提高对动作技术的深入理解，并可针对自己存在的问题，抓住关键，有助于纠正错误动作，回忆教学进程。

（二）直观法

直观法是指在体育教学中，借助于各种感觉器官，利用各种直观方式和学生的原有经验，来感知动作的教学方法。体育教学中常用的直观方式主要有动作示范、教具和模型的演示、电影和电视录像、助力和阻力、定向和领先，以及一些条件诱导等。

1.动作示范

动作示范是以具体动作为范例，指导学生进行学习的一种方法。在体育教学中，教师的每一次示范都要有明确的教学目的，做什么示范，怎样示范，均要依据课程的目标、教学的进程、学生的水平等，有针对性地安排。通常在教学初期，为了使学生了解学什么并建立完整的动作概念，可选用常速示范。为了使学生进一步了解动作的结构、时空特征，掌握学习的方法，可采用慢速示范。而为了突出教学的重点和难点，纠正学生的错误动作，则可采用分解示范或静止示范，以突出错误所在，引起学生的注意。

示范要正确、熟练并具有感染力。对于动作示范的正确性的理解，应从两个方面入手。一是示范动作要符合动作的技术规格和技术要求等动作规范。二是动作示范的难易程度、达到的标准、展示的重点，以及示范的表示方法等，要以学生的实际需要为依据，低于或高于学生的需要是错误的。此外，示范要做得轻松、优美、具有感染力，这能够激发学生的学习热情。示范的方向和位置要利于学生观察。为了使动作示范便于学生观察，教师在体育教学中要正确地选择示范的位置和方向。示范的位置要根据学生的队形、动作性质及安全等因素决定示范的方向，要根据动作结构和要求学生观察的动作部位而定。因此，示范时要讲究各种示范的“面”。

实践中经常采用的示范有正面示范、侧面示范、背面示范和镜面示范。为了显示动作的左右距离，可采用正面示范；为了显示动作的前后部位，可采用侧面示范；对方向、路线变化比较复杂的动作，可采用背面示范。镜面示范是指示范者面向学生，动作的方向应与学生保持一致，而示范者自身肢体的左侧或右侧则与学生相反（好似照镜子做动作一样）。对于动作技术结构简单、学生易于模仿的练习，如徒手操等，可采用镜面示范。总之，要使所要观察的动作面与学生的排面成平等的部位，以使每个学生都能看清楚为原则。

示范要与讲解相结合。在教学实践中，根据教学目标、练习的内容及学生的身心特点，采用先讲解后示范、先示范后讲解、边讲解边示范地讲解与示范相结合的不同方式，可充分发挥学生的视觉、听觉等感知觉的能力，有利于使直观和思维紧密结合，提高教学效果。

2.教具和模型的演示

教具和模型的演示是通过挂图、图表、照片、模型等直观教具所进行的一种直观再现动作的方式。当动作技术较复杂，动作示范难以充分显示动作的结构、过程、细节、时间与特征时，就可以借助教具和模型的演示。教师要根据教学的实际需要选择、使用教具、模型，并注意演示的程序、时机，以提高教具模型演示的直观效果。

3.电影和电视录像

电影和电视录像是利用现代化的电化教学手段，进行直观教学的一种方法。借助于电化教学的视听工具，可以完整地、准确地再现和重复动作，对一些复杂的动作还可调控速度或停止画面进行分析。这对于激发学生的兴趣，启发其思维并加深对问题的理解，具有显著功效。

4.条件诱导

条件诱导是以某种条件为诱因，与体育动作相联系，以达到直观目的的一种方法。体育教学中的条件诱导有助力和阻力、定向和领先等形式。助力和阻力是借助外力的帮助和对抗的阻碍，使学生通过触觉和肌肉本体感觉，直接体会动作的要领，辨别动作的时间、空间特点，以形成正确的动作概念；定向是以具体的或形象的方向标志物，给学生指示动作的方向、幅度、轨迹和用力点等；领先主要是利用超前的信号和某种视听手段，对学生进行刺激或引导，以利于完成某一动作的直观方法。

（三）完整法

完整法是指从动作开始到结束，不分部分和段落，完整地、连续地进行教学的一种方法。完整法的优点是能使学生完整地掌握动作，不至于破坏动作结构和动作脱节现象。其缺点是不易于较快地掌握动作技术中较为复杂的要素和环节。完整法一般在动作技术较简单，或动作技术复杂却又无法进行分解教学，以及对动作分解教学后又连接起来完整掌握时采用。运用完整法时，对于较简单的动作，教师讲解、示范后，即可让学生完整地进行练习。对于较复杂的动作教学，为降低教学难度，可采用如下几种做法。

1.突出教学重点

教学中可先要求学生掌握技术基础部分，再逐步掌握技术细节，或首先强调动作的方向、路线等要求，然后再要求动作的幅度和节奏等要素。

2.简化动作要求

例如，跑可缩短跑的距离或降低跑速；跳高可降低横杆的高度；投掷可减轻器械的重量；球类战术配合可采用先去掉防守队员的徒手练习等。

3.采用各种辅助和诱导性练习

在对不能分解的复杂动作进行完整的教学时，可事先或随时选择基础性的或者动作性质和结构相似的简单动作，作为辅助和诱导练习进行教学，利用“迁移”的规律，达到尽快掌握复杂动作的目的。

（四）分解法

分解法是把一个完整的动作合理地分成几个部分（或段落），按部分逐次进行学习，最后达到全部掌握的一种教学方法。分解法教学的优点是，可简化教学过程，缩短教学时间，提高学生学习的信心，较快地掌握动作。其缺点是易使动作割裂，破坏身体练习的技术结构，影响动作技能的表现形式。分解法适用于动作较复杂而用完整法学习又不易掌握动作的情况，或动作的某部分需要加强或细致地学习等情况。

分解法通常可采用纵向分解和横向分解两种方法。纵向分解是按动作技术的结构，把教学内容分成若干部分。如把侧向滑步推铅球的动作分为三个部分。第一部分为准备部分，第二部分是滑步动作，第三部分是最后用力。这种纵向的分解练习又有以下四种形式。

单纯分解法：即先学第一部分，再学第二部分，然后再学第三部分。各部分逐一学会后，最后结合起来进行完整练习。

递进分解法：即先学第一部分，再教第二部分，然后一、二部分合起来教学，掌握后再教第三部分，最后再将一、二、三部分进行完整学习。再教第三部分，最后完整掌握。

逆进分解法：即先学最后一部分，逐次向前学到最前一部分，直至完整掌握。

横向分解是将动作按身体部位分为上肢动作、下肢动作、躯干动作等若干部分，分别或有侧重地进行教学，最后完整掌握动作。在复杂动作的教学中，为使学生较快地掌握动作，纵向分解和横向分解往往是结合使用的。无论采用哪种分解方法，都要注意下列事项：首先，对动作技术分解时，要考虑其内部联系，使部分的划分不致改变动作的结构；其次，使学生明白所划分的部分在完整动作中的位置及作用；最后，分解教学时间不宜过长，要与完整法结合运用。

（五）预防与矫正法

预防与矫正法是指教师针对学生练习中产生错误动作的原因，有针对性地选择有效的手段，及时矫正错误动作的一种方法。学生在学习掌握动作技术时，出现这样或那样的错误动作是一种正常现象，体育教师要采取有效的措施，及时加以预防和矫正。否则，极易形成错误的动力定型，这不仅不利于学生掌握正确的知识、技能，甚至会产生伤害事故，影响健康。因此，教学中必须采取有效的措施，预防和矫正学生出现的各种错误。

为了有效地预防和矫正错误，首先要分析产生错误的原因。通常情况下，错误动作产生的原因是多种多样的，概括起来有如下几个方面。

1.思想方面的原因

学生学习目标不明确，积极性不高，怕苦、怕累、怕受伤、缺乏信心、有畏难情绪。

2.技能方面的原因

学生对所学动作技术的概念、要领和方法不清楚，或因受旧技能的干扰等。

3.体质、素质方面的原因

学生的身体素质和运动能力达不到相应的水平。

4.教学法方面的原因

教师所选教材不符合学生的程度，教法步骤的安排缺乏系统性、科学性，组织教法不当等。

5.环境方面的原因

主要是受场地、器材设备等教学条件和周围环境与季节气候的影响等。针对上述产生错误的主要原因，教学中，教师要分别采用相应的方法进行预防和矫正:加强思想教育及安全保护措施。通过多种教法手段,使学生建立正确的动作概念。通过分解练习、诱导性练习,以及转移性练习等手段,消除学生的紧张情绪。加强基本技术的教学,全面发展学生的身体素质。教师要努力提高授课质量、科学选配教材,合理安排教学过程。优化教学环境,设法创造良好的教学条件。

学生的错误动作虽然要靠自己的努力才能得以预防和矫正,但是,由于教师在教学过程中居于主导地位,所以,学生错误动作矫正的快慢往往与教师的指导有密切联系。因此,教师要慎重对待。具体在预防与矫正学生错误动作时,要注意三点:①对症下药,有的放矢;②抓住主要错误,各个击破;③矫正时要耐心细致。

二、体育教学中的学习法

体育教学中的学习法又称体育教学的练习法,在本书中我们更关注学生的主动性、积极性的学习方式,重点强调学生的学法。体育教学的学习法是根据完成目标的需要,通过身体和思维活动对动作进行学习的方法。

体育教学中,学生掌握动作技术,锻炼身体,增强体质,以及培养良好的道德意志品质和调节心理活动等,都需要对动作反复学、练,并运用思维活动来实现目的。所以,学习法对实现体育教学的任务具有重要的意义。[①]

学习法是体育教学中特有的基本方法,包括学法和练法。体育教学中常用的学法有观察法、阅读法、参观法、实习法。练法主要有重复法、变换法、持续法、间歇法、游戏法、比赛法与循环练习法等。

(一)重复法

重复法是指根据练习的需要,在相对固定的条件下,反复进行练习的一种方法。相对固定的条件有动作的结构、场地、器材、运动负荷的表面数据等。如用同一速度跑五个100米。在一定高度上(如1.50米)用同一姿势(如背越式)反复进行跳高练习等。重复法的特点是,练习的条件固定,并反复进行练习,且每次练习的间歇时间没有严格规定。重复法的主要作用是,有利于教师观察,帮助学生改进动作技术。有利于学生在反复

①黄杰,马冬花. 论制订体育单元教学计划的基本方法和步骤[J]. 运动,2015(18):112-113.

的练习中掌握和巩固动作技术，发展体能，培养意志品质。因此，重复法通常在掌握动作技术，技能和发展各种身体素质时采用。

重复法又分为单一重复练习、连续重复练习和间歇重复练习三种不同的形式。

1.单一重复练习

单一重复练习是对同一动作的每一次练习后，都进行休息的重复练习法。此法的特点是练习持续的时间短，练习数量少，运动负荷较小。因此，单一重复练习多用于动作的初学阶段。其主要作用是，有利于学生集中精力学习，以及教师可以对学生完成动作进行细致观察。

2.连续重复练习

连续重复练习是对某动作连续多次的重复之后再进行休息，然后再连续重复练习的一种方法。该练习的主要特点是练习持续时间较长，练习的重复次数较多、练习密度和运动负荷较大。连续重复练习多用于具有周期性特点的动作教学，如跑的练习；用于非周期项目动作教学时，可根据教学需要人为地赋予周期性特点，连续地进行重复练习，如连续做乒乓球的挥拍练习等。该方法既可以加速学生动作技能的形成和巩固，又可提高其神经系统和心肺功能，还能够提高练习者的身体素质和意志品质。连续重复练习在教学初期运用时，要注意控制好连续重复的次数。用于发展学生体能时，要注意负荷与休息的合理安排。

3.间歇重复练习

间歇重复练习是练习后安排相对固定的间歇时间，再重复进行练习的一种方法。间歇练习的主要特点是对练习施以适当的控制，以加强对身体锻炼的影响。该方法对提高学生的心肺功能、身体素质、掌握运用动作技术的适应能力、负荷强度的承受能力，以及培养学生的意志品质，均具有重要作用。运用间歇的重复练习关键是要根据教学、锻炼的需要和学生的负荷能力，安排好间歇时间。因此，教学时要注意加强医务监督。

（二）变换法

变换法是指根据练习的需要，在变换的条件下进行练习的方法。变换的条件通常有动作形式及组合结构、运动负荷的表面数据、环境、场地、器材等。例如越野跑、沙滩跑、听音乐节奏的跑、跳练习等。变换法的特点是练习条件的变换。因此，它可以有效地提高学生中枢神经系统和身体各器官系统间的协调能力、对环境和负荷的适应能力，以及练习的积极性和运动技术水平。变换法有连续变换和间歇变换两种形式。

第一种形式是连续变换法，连续变换法是指在练习条件不断变化的过程中进行练习的方法，如越野跑中环境的不断改变等。

第二种形式是间歇变换法，间歇变换法是指在间歇后改变运动负荷的表面数据或动作形式、组令，再进行练习的方法。例如，某种距离的重复跑间歇后增大或减小跑速。再如，体操、武术套路练习中动作组合的改变等。在体育教学中，无论是采用连续变换法还是间歇变换法，均要注意以下几点要求。

要选择安排好变换的条件和间歇后的运动负荷；用于改进提高动作技术时，要对变换的条件做出明确的限定；用于发展学生体能时，要使运动负荷符合练习的要求，以及学生的负荷能力。

（三）持续法

持续法是指在相对较长的时间内，用较稳定的强度，不间歇地连续进行练习的一种方法。持续法的特点是练习时间相对较长，一次练习的量较大，但强度相对较稳定，一般在60%～70%。因此，运用持续法可使学生心血管系统和呼吸系统的功能得到稳步的提高。持续法用于周期性项目中发展一般耐力的教学，以及球类项目的教学。

（四）间歇法

间歇法是指在一次（组）练习之后，严格控制间歇时间，在机体未完全恢复的情况下又进行下一次练习的方法。间歇法由每次练习的时间和距离、练习重复的次数和组数、每次练习的负荷强度、每次（组）练习的间歇时间，以及间歇时的休息方式等五大要素构成。根据这五个要素，可组成无数不同的间歇练习方案。

间歇法的主要特点是每次练习时有间歇，但必须控制间歇时间和休息方式，即机体不能恢复，就要进行练习，且要采用积极性的休息方式。因此，间歇法能有效地提高练习者呼吸系统和心血管系统的功能。

（五）游戏法

游戏法是指在体育教学中以游戏组织学生进行练习的一种方法。游戏法的主要特点是有一定的情节性、思想性、竞争性和娱乐性，且有一定的规则限定，常有较大的运动负荷。因此，游戏法能有效地调动学生练习的积极性，发展体能，培养学生的创造性和集体主义精神，以及勇敢、顽强、机智、果断的意志品质。游戏法适用于动作技术的初学阶段和发展身体基本活动能力的练习，也适用于在复杂条件下，综合提高学生的活动能力的练习等情况。

（六）比赛法

比赛法是指在比赛条件下组织学生进行练习的一种方法。比赛法的主要特点是，具有“竞争”因素，参加者的情绪高涨，影响心理状态的因素要比游戏法多，能促使参加者最大限度地表现出机体的功能。因而，加强了身体练习对机体所起的作用。体育教学中采用比赛法的形式是多种多样的，可以是游戏比赛，也可以是教学比赛或专门组织的测验比赛；可以是个人与个人之间的比赛，也可以是小组与小组之间的比赛；此外，按教学的具体目标和动作性质，既可以比快、比高、比远，也可以比完成动作的质量或比教学的组织纪律性。

（七）循环法

循环法是指在体育教学中，教师根据教学要求，选择若干练习或动作，分设若干作业点，要求学生在每个作业点上完成指定的练习内容和任务，然后再转到下一个作业点去。做完一轮可再重复下一轮练习。循环法的练习方式很多，最基本的有流水式循环和分组轮换式循环两种。流水式循环是按练习顺序、路线、要求排成一路纵队，依次循环练习。

循环法，既是一种练习方法，又是一种教学组织形式。它的主要特点是能有效地增大练习密度和运动负荷。同时，循环法采用的大多是学生已基本掌握的、简单易行的，并具有一定针对性地练习。循环法的作用主要是用于发展学生的身体素质和机体功能，也可用来巩固提高某项主要教材的学习。循环法可为提高身体素质的教材单独专门组织，也可与主教材结合运用。既可用流水作业的形式，也可用分组轮换的形式进行。既可连续进行练习，也可间歇地进行练习。

三、体育教学中的教育法

培养德、智、体全面发展的人才，是我国的教育目标，体育是学校教育的重要组成部分，发展学生个性，对其进行良好的思想品德教育是体育教学的基本任务之一。在体育教学中,有计划、有意识地对学生实施思想教育,有利于树立学生正确的世界观、人生观,培养他们积极进取、团结互助、坚忍不拔的优良品质。从而为迎接现代社会的挑战打下良好的思想基础。在体育教学中,对学生实施思想教育发展个性的方法很多。其中,最基本的方法有说服法、榜样法、评比法、表扬法与批评法。

(一)说服法

说服法是通过摆事实、讲道理等说教形式影响学生言行的一种方法。体育教学中的说服法通常采用讲解、座谈、讨论、谈话等方式。

(二)榜样法

榜样法是以英雄事迹、模范行为、先进事例等,来对学生进行鼓励、教育的一种方法。榜样的力量是无穷的。因青少年学生的人生观、世界观正在形成时期,可塑性大、模仿性强,所以,榜样对其有很大的感召力。

(三)评比法

评比法是利用竞赛、检查、评估等方式对学生在体育教学中的思想行为进行比较评价,以鼓励先进、激励后进的一种教育方法。青少年学生好胜心较强,运用评比法可在学生中形成一种你追我赶的竞争氛围,对学生能起到良好的激励作用。

在体育教学中可进行竞赛评比的内容很多,既可在班与班之间进行,也可在小组或个人之间进行,既可进行组织纪律性评比,也可进行贯彻执行教学常规的评比,又可进行爱护场地器材的评比等。此外,还可根据情况,进行优秀体育班级、优秀体育小组、优秀体育骨干和体育积极分子的评比活动。

(四)表扬法

表扬法是对学生的优良思想行为作出肯定评价,以达到强化教育效果的一种教育方法。表扬能增强学生的自信心和自尊心,能鼓励学生不断上进,并创设一种蓬勃向上的良好氛围。体育教学中的表扬法可通过口头称赞、点头、微笑、鼓掌等方式表达。

(五)批评法

批评法是对学生的不良思想行为作出否定的评价,用以克服和改正其缺点错误的一种教育方法。批评能使学生认识到自己存在的不足,产生一种耻辱感，从而刺激其尽快地改正错误。体育教学中的批评法可通过当众批评、个别批评、表情、眼神、手势等方式表达。

体育教学的方法是不断发展和完善的。近年来，随着体育科学的发展和体育教学改革的深入，国内外的体育教育者在教学实践中研究总结了一些新的方法。诸如情境教学法、发现式教学法、分级式教学法、“插秧”教学法等。这些方法的出现和运用，必将对我国的体育教学方法的丰富和完善起到积极的推动作用。

“教学有法，但无定法”，体育教学的各种教学方法，在教学实践中常常是结合运用，共同完成体育教学目标。任何一种教学方法都不可能是万能的，体育教师应不断地总结教学实践经验，注意吸取国内外先进的教学思想与方法精华，依据客观事实，从实际出发，灵活地、创造性地运用各种教学方法。

第三节 体育教学方法的选择与应用

一、体育教学方法的选择

（一）正确选择体育教学方法的意义

在体育教学实践中产生了大量的体育教学方法，随着教学改革的不断深入，又会有新的体育教学方法产生。因而，在体育教学中，体育教师能否正确选择教学方法，就成为影响体育教学质量的关键因素之一。

实践证明，只有按照一定的科学依据，综合考虑教学的各有关因素，选取适当的教学方法，并能合理地加以组合，才可能使教学效果达到最优化的境地。反之，如果毫无根据地使用体育教学方法或错误选用教学方法，都会给体育教学活动造成不利的影响。正是从这个意义上来说，“教学的成败在很大程度上取决于教师是否能妥善地选择教学方法。指示的明确性、具体性、根据性、有效性、可信性，有赖于对教学方法的有效使用”。所以，每个教师都必须学会科学地、恰当地选择教学方法。①

---

①韩飞．网球教学中的体育教学方法选择及应用分析[J]．当代体育科技，2016，6(14)：34+36.

（二）体育教学方法选择的依据

1.根据具体的体育教学目标、任务进行选择

当前，我国体育教学目标是通过体育教学向学生进行体育卫生、保健知识教育，增强学生体质，促进身心发展，培养德、智、体全面发展的社会主义建设者。这是我国各级各类学校的共性目标。体育教学目标又分学期的、单元的、课时的目标。不同的教学目标和任务要选择不同的教学方法。例如，如果教学目标强调对学生个性的培养，可以选用发现法、启发式教学法或学导式教学方法等。教学目标是在授课过程中帮助学生建立初步的动作定型，可以运用讲解法、动作示范法以及完整与分解法等体育教学方法。如果教学目标只是强调对体育卫生、保健知识的传授，只需要选用讲解法等。因此，教师在选择教学方法时，首先明确要达成的教学目标，根据不同的教学目标和任务，选择不同的教学方法。

2.根据体育教材内容的性质和特点进行选择

体育教材是实现国家和各地学校完成培养学生意图的载体，体育教学方法的选择，要有效地实现体育教材内容的传递，同时，不同的体育教材内容需要选择不同的体育教学方法。有人把体育教材内容分为田径、球类、体操、民族传统体育等不同的教材，对这些教材内容的“教”和“学”就会有不同的教学方法。根据适用的不同教学领域，把体育教学方法分为基础知识的教学方法、技能类的教学方法、体能类的教学方法，以及娱乐类的教学方法。这几类教材中不同的教材内容的教学方法也是不同的，甚至不同的动作教学过程中也有不同的教学方法。所以，教师应该根据不同的教材内容特点的教学需要，选择所需要的教学方法。

3.根据学生的实际情况选择教学方法

体育教学方法要体现实效性特点，归根结底，是要看学生学习、掌握体育知识与技术的情况。因此，教学方法要适应学生的基础条件和个性特征，在选择体育教学方法时，要根据学生现有的体育知识水平、智力发展水平、年龄特征、心理特点等方面来综合考虑。考虑到学生的这些实际情况，要从学生的实际出发，尊重学生的差别，更好地调动学生的学习积极性，提高教学效果。体育教师在“备教材”“备课堂”“备学生”时，一定要对学生的实际情况心中有数，正确选择和运用体育教学方法。

4.根据体育教师自身的素质选择教学方法

体育教学中的教学方法都需要经过体育教师的理解和掌握,才能发挥体育教学方法的有效作用。有的教学方法虽好,但如果教师掌握不了,驾驭不了,仍然不能在体育教学实践中产生良好的效果。因此,体育教师的特长、弱点都应成为选择体育教学方法的重要依据。例如,发现法不错,却不适合不善于设置问题的教师。循环练习法能全面协调、发展学生的基本活动能力和身体素质,加大体育课的练习密度,但有些教师对各练习站点的练习情况却驾驭不了,这种练习方法相对来说效果就显得差了。因此,教师在选择教学方法时,应当根据自己的实际优势,扬长避短,选择与自己最适应的教学方法。同时,体育教学改革要加强师资队伍建设,不断提高体育教师的自身素质和水平,丰富适合自己的教学方法,并根据实际情况改造现有的教学方法,形成自己的教学风格。

5.根据教学条件选择体育教学方法

体育教学方法的运用需要借助一定的媒介进行,体育教学方法的选择要考虑学校体育的教学条件。比如学校的教学器材、场地设施等。这些教学条件的满足,为教学方法的运用提供了必要的物质条件,是体育教学方法发挥作用的基础。因此,体育教师应合理地开发利用这些教学资源,特别是充分使用电化教学、多媒体技术等现代化教学手段,进一步开拓教学方法的功能和范围,以提高体育教学方法的效果。

二、体育教学方法的应用

(一)运用体育教学方法要树立最优化的整体观点

实践证明,合理地运用多种体育教学方法能更好地完成教学任务,实现教学目标,达到有效的体育教学目标。在体育教学过程中,体育教学目标的实现、体育知识的传授和学习、体育学科能力的培养和发展,不可能只依靠一种教学方法,必须把多种教学方法合理地结合起来。每一种教学方法或每一类教学方法,都有各自的功能、特点及应用范围和具体条件。

同时,体育教学内容不同,教学对象、条件不同,所选择的教学方法也不同。为了有效地完成教学任务,教师必须坚持完整的观点,用最优化观点统筹多样化的教学方法,注意各种教学方法之间的有机配合,充分发挥体育教学方法体系的整体功能。例如,对于简单的体育技术动作和复杂的体育技术动作要灵活运用完整法和分解法。如果既要提高学生的体能，又要提高学生的技能，就应该把体能类教材的教学方法和技能类的教学方法合理结合起来，使体育教学方法的作用发挥达到最优化。

（二）运用体育教学方法必须坚持以启发式为指导思想

体育教学中的具体方法很多，但不论采用什么教学方法，都必须坚持以启发式为总的指导思想。启发式是相对于注入式而言的，它不是一种具体的教学方法，而是运用教学方法的指导思想。

所谓注入式，是指教师从主观出发，把学生看成是单纯接受知识的容器，无视学生在学习中的能动作用。而启发式则相反，它是指教师从学生实际出发，采取各种有效的形式去调动学生学习的积极性、主动性和独立性，引导学生通过自己积极的身体活动和体验，掌握体育基础的知识、技术。启发式作为体育教学方法运用的指导思想，能够培养学生思考问题、分析问题、解决问题的能力，能有效地培养学生的体育学习能力。

（三）运用体育教学方法要随时注意学生的外部表现和心理活动变化

在运用体育教学方法的过程中，教师既要考虑到学生的外部活动和表现，又要考虑到学生的心理活动的变化。学生的外部活动主要表现在注意力变化、情绪变化、动作质量、出汗程度、脸色变化等方面。而最难观察的就是学生的心理活动变化。这些活动和变化如果是良性的，则对提高体育教学质量起着积极促进作用；相反，如果处于不良状况时，则会严重影响体育教学的质量和效果。因此，教师在运用体育教学方法时，要把指导学生外部活动的方法与激发学生内部活动的方法结合起来，根据学生内外活动的变化不断调节这两者之间的关系，组织、控制影响学生的内部因素和外部因素，使学生生动活泼、积极主动地学习。

（四）要根据学生掌握知识、技能程度的不同运用不同的体育教学方法

学生对体育基础知识、技术的学习和掌握是有一个过程的。在这个过程中，学生对体育知识、技术掌握的程度也是不一样的。对于体育基础知识的掌握和运用，往往要经历一个由不懂到半懂再到全懂，由不会运用到基本上会用再到能比较熟练地运用的过程。这是一个由量变到质变的循

序渐进的过程。而对于运动技能的学习和运用,则经历了粗略掌握动作的阶段、改进和提高动作的阶段,以及巩固运用自如的阶段。

学生在开始的阶段,往往以模仿教师或者同学的动作为主,对动作技能的掌握比较生疏,经过多次反复的练习,学生在形成动作技巧以后,就可以完全摆脱模仿动作的模式,逐渐地熟练,并达到动作运用的自动化。因此,体育教学方法的运用要注意到学生对运动技能掌握程度的变化,在掌握比较生疏的时候,要灵活地运用教学方法激发学生学习和练习的兴趣,并进行保护和帮助,然后再逐渐过渡到大胆地放手让学生自己练习,运用一些培养学生独立运用体育技术的方法。

第四节 体育教学方法的改革与发展的特点与趋势

一、体育教学方法改革的意义

20世纪中叶以来,科学技术突飞猛进,知识日新月异,传统教学中的教学方法已不能满足时代的要求。学校体育教学方法的改革一直是广大体育教师十分关注的问题,也是体育教学论中非常重要的理论问题。体育教学方法具有沟通或联结教与学、对体育教学内容加工、对知识技能和品德转化、激发学习动机等重要作用。从体育教学方法的理论研究和实践应用来看,体育教学方法还存在许多问题,教学方法体系过于重视教法,忽视学法。方法体系上仍以传统的教学方法为主,缺少对新的教学方法的大胆借鉴和应用,缺少对体育学科特色的教学方法的创新。而且,对于现代化的教学手段还没有积极地进行应用和研究。这些问题,都是在学校体育改革中出现的问题,也是需要广大体育工作者进行思考、研究的问题。

这就要求对学校体育教学方法积极进行改革、求新求变、注重实效、努力探索,创造新的体育教学方法,形成与体育教学实际相适应的教学方法体系,有效完成体育教学任务,促进学生全面健康地发展。体育教学方法的改革,要改变传统的教育理念,解放思想,大胆创新,树立素质教育、终身体育的指导思想,在继承传统体育教学方法的基础上,实现教学法、锻炼法,教育法等体育教学方法的有机结合,把体育教学方法的改革推向深入。

二、体育教学方法改革的特点

(一)体育教学方法个性化

重视个性化是现代体育教学方法改革的一个重要特点,它有别于划一、呆板和僵化的传统体育教学方法。传统的体育教学方法强调以教师为中心,学生在教学过程中处于被动接受的地位,压抑了学生的个性发展。在现代社会中,生产力和科学技术的迅猛发展,对教育提出了更高的要求,要求教育培养出众多高质量的人才。

当今世界教育发展潮流是普遍重视人的发展,重视发展学生的个性,把个性发展看作是创造力的源泉。为了适应教育改革对体育教学的新要求,体育教学方法的改革,也就必然重视个别差异,发展学生个性,这是现代体育教学方法改革的必然选择,也是体育教学方法改革呈现出的重要特点。体育教学方法改革的个性化要求,是以现代教育心理学关于人的心理个别差异理论为依据而提出的。所谓个别差异,是指人们在共同的心理活动中所表现出来的彼此不同的心理特点。它构成了人们心理活动的差别性和丰富性。这些特点表现在认识、情感和意志过程中,就形成了各种心理品质,而每个人区别于他人的最重要的特点就是构成了个性心理特征,包括能力、气质和个性等。体育教学方法个性化,就是根据学生个性差异的水平,改革和创造体育教学方法,恰当地选择和运用使学生得到最充分发展的体育教学方法。

(二)体育教学方法的开放性

体育教学方法改革所呈现出的开放性特点,强调把现代体育教学方法作为一个开放系统,加强吸收现代化的教育理论,贯彻现代教育思想、观念,重视知识的更新,提高体育教学方法的理论深度和品位。同时,要不断与其他学科的教学方法进行交流和借鉴,扬百家之长,改自身之短。体育教学方法改革的开放性,不仅要继承和发展原有的体育教学方法,还要不断地创新体育教学方法。体育教学方法的开放性,决定着体育教学方法会随着社会的进步、教育科学的发展,而不断趋于合理化、科学化,从而不断地更新、发展。

（三）体育教学方法的现代化

科学技术的飞速发展使我们逐渐走向一个学习化的社会，体育教师仅仅依赖于讲解、示范以及单一的教学设施已经无法适应这种社会变革了。只有依靠现代科学技术尤其是信息技术，改革传统的体育教学方法使之更现代化，才能提高体育教学效果，大大提高体育教学的有效性，才能满足学习化社会的需要。体育教学现代化特点主要表现在：①现代视听教学设备在体育教学中的广泛应用，体现为教学设备的现代化。从幻灯机、电影到录音机、电视与通信卫星，打破了传统体育教学方法的时空限制。②计算机辅助教学的广泛应用，已成为体育教学方法现代化的显著标志。

三、体育教学方法的发展趋势

（一）日趋重视把心理学的成果作为体育教学方法发展的基础

在20世纪70～80年代，心理科学研究进入了一个崭新的阶段，人类对自身的认识更为全面和深刻。尤其是学习心理学的研究趋于深入，加之教学实践中诸多问题的迫切要求，人们越来越认识到，教学理论要进一步科学化，必须与心理学建立密切联系，二者相互渗透、相互促进。

许多著名的教育家和心理学家，不仅在理论上强调教学理论必须以现代心理学为基础，而且把心理学的理论和研究直接用于教学方法改革与创新的实验研究中。如美国心理学家布鲁纳提倡的“发现教学法”，就是以结构主义认知心理学为基础的。美国心理学家斯金纳提出的程序教学法，则是以行为主义心理学为基础的。苏联心理学家赞科夫更是把发展心理学、个性心理学研究成果引进到教学理论研究领域，在教学如何促进学生发展研究上取得了重大进展。这些建立在心理学基础上的教学方法，正在被体育教学理论吸收。比如，暗示教学法、发现教学法等。对这些教学方法的借鉴和应用，更加注重体育教学方法适合学生的生理和心理发展规律，以有效地调动学生的积极性。①

当前，对体育教学方法的研究，一般把心理学作为自己的学科发展基础。要想创造出优秀的体育教学方法，必须深入研究教育心理学，尤其是学习心理学、体育心理学。

①杨航．论体育教学方法的改革发展方向[J]．当代教育实践与教学研究，2016(02)：192+195.

(二)体育教学方法越来越重视对学生非智力因素的培养

伴随着教学理论发展不断科学化的进程,人们越来越认识到非智力因素作为认识过程中的动力系统,对学习过程起着发动、维持、调节的作用,决定着学习者的积极性水平,促进知识技能的掌握和提高。非智力因素有广义和狭义之分,广义上的非智力因素是指,有利于人们进行各种各样活动的智力因素以外的全部心理因素的总称。狭义上非智力因素是由兴趣、动机、情感、意志、性格组成。体育教学论已经把培养学生非智力因素作为自己的一项重要任务。在教学中十分注重研究和发挥非智力因素的作用,强调激发、利用和发展学生的情感,认为学生的情感和情绪影响学习的效果和质量。

赞科夫在他提出的实验教学法思想中,极力主张教学要选用“能使儿童真正开动脑筋”,产生兴趣的教材和教学方法,重视儿童积极的“情绪体验”,让儿童“在学习过程中有一种生气勃勃的精神生活”,从而通过基础知识、技能和技巧的掌握,促进智力、情感、意志、性格等内部心理特性的全面和谐发展。

(三)体育教学实验成为创造新的体育教学方法的主要途径

自20世纪50年代以来,世界各国教学领域开展了各种各样的科学实验,并以此作为实现教学方法科学化的重要途径。从20世纪80年代初期开始,在体育教学领域也开展了多种多样的教学实验活动,不同规模、不同目标、不同层次、不同方式的体育教学改革实践活动遍布全国各地。一些规模较大、范围较广、类型较多的体育教学实验,不仅促进了体育教学理论与实践的紧密结合,建立了新的体育教学观念,而且克服了传统体育教学方法中的经验主义和空泛化的弊病,大大提高了现代体育教学方法的科学水平和理论水平,保证了体育教学方法的有效性。而且,新构建的体育教学理论和方法的推广,也必须通过教学实验的实践检验过程,一方面,寻求将这些理论或方法具体化,并付诸教学实施的操作程序,另一方面,实验的结果又将进一步检验、充实、完善这些理论和方法的科学性、先进性和可操作性。

(四)用系统的观点研究体育教学方法

现代体育教学方法改革与研究,把教学方法作为体育教学系统中的一个重要因素，在体育教学过程诸要素之间的相互联系中，考查体育教学方法的作用与效果，并把它综合到体育教学过程的整体结构中，探索它如何调整师生活动，如何发挥自身的功能。这大大突破了以往旧教学方法本身研究和评价教学方法的局限性。人们还用系统的观点，把现代教学方法本身看作是一个有机的系统，这个系统是由多种多样的体育教学方法相互作用与联系组成的。每种方法作为一个要素，均有各自的特点、范围和条件，它们在具体的体育教学情境中有机配合，发挥整体功能与作用。用系统的观点研究体育教学方法，有利于人们更全面、更深刻地认识现代体育教学方法的地位和作用，以及这种作用得以发挥的内在机制，从而更好地使教学方法为全面完成体育教学任务、实现体育教学目标服务。

（五）体育教学方法的现代化

体育教学方法的现代化主要是指利用现代化的体育教学手段，尤其是教学设备的现代化。在体育教学领域，幻灯机、录音机已经得到大量的应用，特别是电子计算机技术的应用，为体育教学方法现代化开辟了广阔的天地。例如，电子计算机辅助教学系统（CAI）将计算机用于展示教案，动作环节图等，通过学生与计算机之间的相互作用，实现一定的体育教学功能和任务；计算机开发教学系统（CDI），用计算机作为课堂演示教具，把容易模糊的概念、教学中的重难点逼真地演示给学生。现代化教学技术手段的采用，使得体育教学中信息传导的途径和方式不断增加，传播媒介和手段不断丰富，体育教学方法日益现代化。

第三章 体育与健康课程理论和课程标准

第一节 体育与健康课程概述

1999年，全国第三次教育工作会议开启了我国新一轮的课程改革，提出了以"健康第一"作为学校教育工作的指导思想，构建了适合于21世纪发展的全新的课程结构。体育课改为"体育与健康课"可以说是我国基础教育总体课程改革中的一个重大举措。课程名称改了，其实质有多少变化，如何认识这一变化是当今体育教师必须面对的。

一、我国"体育与健康"课程改革简要历程

1902年，《钦定学堂章程》把体育列入学校教育内容；1904年，《奏定学堂章程》颁布后真正实施，当时叫"体操课"。1923年，在《中小学课程纲要草案》中，正式把"体操课"更名为"体育课"。

中华人民共和国建立以来，国家十分重视学校体育工作，积极推进学校体育课程改革，一共推进8次较大规模的学校体育课程改革。在这8次课程改革中，真正有深刻影响的有两次：一次是1949年至1952年的学校体育课程改革。当时全面学习苏联做法，推翻了沿用多年的《体育课程标准》，全盘学习苏联《教学大纲》的做法。第二次是1999年启动制定的《新课标》，吸收国际上先进国家的经验与做法，结合我国学校体育的实际，增加健康的要求，确定为国家《体育与健康课程标准》。

二、对"体育与健康"课程改革的理性思考

国家《体育与健康课程标准》（简称《新课标》），1999年开始启动，2001年进入38个国家级实验区开展实验，2005年全国义务教育阶段全面实施，到2011年颁布《义务教育体育与健康课程标准（2011年版）》，历时十几年。如何把握本次课程改革的方向，是广大体育工作者及未来的体育教师必须进行的理性思考。

(一)“体育与健康”课程名称的理解

在这次基础教育课程改革之前，各地普遍开设了体育课和健康教育课，而此次课程改革则取消了健康教育课，将体育课命名为“体育与健康”课。2011年又将小学1～6年级的课程名称从“体育”改为“体育与健康”，与7～12年级的课程名称统一起来。是否能认为现在的“体育与健康”课程就是原来的“体育”与“健康教育”两门课程的综合呢？

本次基础教育改革贯彻的“健康第一”的指导思想，是所有课程的指导思想之一。虽然取消了健康教育课，但原来健康教育课的内容被分散到相关的各门课程中。在体育课中，相应增加了一些与体育有关的健康教育内容，例如，运动营养、运动环境、青春期运动保健常识、良好的生活方式等，但这些并不是健康教育的全部。体育课程的最大变化不是增加了这些学习内容，而是更突出了体育课程的健康目的和价值。

新的“体育与健康”课程标准根据多维健康观和体育学科特点，设置了课程目标体系以及运动参与、运动技能、身体健康、心理健康与社会适应四个学习方面，其中身体健康、心理健康与社会适应是一条贯穿整个课程的健康主线，与包括运动参与和运动技能的运动主线共同构成了“体育与健康”课程的内容体系。运动参与、运动技能是学生进行“体育与健康”课程学习，达成课程目标的主要载体，而身体健康、心理健康与社会适应学习方面中有些具有实体的学习内容，有些只有学习目标而没有具体的学习内容，是必须通过运动参与和运动技能的学习载体才能真正得以体现。

这就要求在运动技能的教学中要改变过去只是传授运动技术的倾向，而应成为完成多种教学目标的手段，其中包括身体健康、心理健康与社会适应的目标。教师不能只通过知识教育的方式讲授身体健康、心理健康与社会适应等学习方面的有关内容，还应通过运动技能的教学和鼓励学生积极参与体育活动去实现上述三个学习方面的学习目标，将健康教育寓于运动技能教学之中。我们在理解健康教育时，不要只是用室内的健康理论课来完成，当然，有极少数的健康知识可能会通过室内课学习，但有关健康的更多内容要求教师融汇、穿插到室外的体育实践课中进行。通过体育实践活动建立、提升学生对于健康和健康生活的认识。还有一些内容可以通过学生课外作业、课外阅读教材(中学阶段)等方式学习。

“体育与健康”课程实质上是“健康第一”指导思想下的体育课，涉及的健康教育只是和体育相关的部分，要求学生充分树立体育是获得健康的主要手段、健康是体育活动的重要目的的意识，具有追求健康的意识和能力。

（二）对“体育与健康”课程结构构建的理解

以往的体育课程改革基本上是建立在学科中心理论的课程结构框架内，仅限于教学大纲、教学计划和教材的修订，全国各个地区必须执行统一的教学大纲，使用统一的教材。教学内容、课时安排、评价标准等都是大纲规定的。虽然后来的大纲增加了选修内容，但大一统的局面没有改变。而教学大纲等内容的修订是教育部和少数专家的事，教师只是课程改革的执行者，教师参与的改革只能是教学方面的改革。本次“体育与健康”课程改革改变了传统的按运动项目划分课程内容和安排教学时致的方法，是将学生的学习划分为四级水平，并在运动参与、运动技能、身体健康、心理健康与社会适应四个学习方面分别设置了相应的学习目标。

新的课程标准根据“健康第一”的指导思想，适应社会需求，素质教育和学校、学生的实际情况，结合课程特点构建了四级水平、四个学习方面的课程目标体系，描述了学生通过体育与健康课程的学习在四个学习方面要达到的目标。但是，如何达到这些目标？教师将要教什么？学生学习什么内容？新的课程标准并没有展示课程内容的框架结构，而是针对学习方面不同的水平目标提出相应的内容标准。过去大纲是按运动项目分类，对于教师教什么，大纲中有明确的要求；现在课程标准中没有了内容规定，教师执行课程标准时就产生了困惑，这正是体育教师要思考的问题。

新课程标准是以目标的达成来统领教学内容和教学方法的选择，这样的课程结构体现了课程的适应性、灵活性。我国幅员辽阔，民族众多，经济文化发展的区域性差异很大，用统一的大纲和教学内容显然是不适宜的，事实上也是难以做到的。新课程标准在学习内容的选择和确定上具有充分的变通性，给予各地、各校充分的开发空间。有利于不同地区、不同学校根据各方面的实际情况做出选择，使课程更符合本地、本校的实际情况，这就使课程结构具有了最大的灵活性，以适应不同地区、不同学校的不同需要。这种课程结构还有利于课程资源的开发与利用，课程标准中的“教学建议”部分对此做了充分的说明。各地区、学校可以充分利用一切可以利用的教育资源，让体育课“走出”课堂，与学生的课余活动、家庭和社区生活结合起来。这是现代体育课程发展的必然要求。

新的课程结构更体现了素质教育和以人为本的教育思想，学校、教师、学生不再像过去那样盲目、被动、机械地执行，而是可以积极主动地参与到课程改革和课程内容的建设中。学校和教师可以根据课程标准结合本校实际情况设计课程内容，创建具有自己特色的体育教学。同时，学生可以根据自己的兴趣爱好和特殊要求，选修学习一些运动项目。这样，学校、教师和学生都参与了课程内容的建设，使体育课程更能适应学生的个体差异，使全体学生都从体育课程学习中获得更多的益处。①

（三）“体育与健康”课程理念及教学策略的转变

“发展体育运动，增强人民体质”的口号响遍祖国大地，“更高、更快、更强”的体育精神已深入人心。现代竞技运动高度发展，精彩纷呈，奥运会为国争光等目标影响着学校体育的发展。以学科为中心，以竞技运动项目为主要教学内容，以基本知识、基本技术、基本技能为以往体育教学的主要手段，以教师为中心、以书本为中心、以课堂为中心是以往体育课程主要特征。由此带来的问题是，学生喜欢体育却不喜欢上体育课，学生什么都学，最后什么都学不精。社会上出现这样一种现象：在学校，为祖国锻炼身体；升学前，为分数摧残身体；工作后，拿健康挣钱换事业；退休后，花钱买健康。这难道不应该引起我们的思考吗？

将体育课改为“体育与健康”课，体现体育课程由增强体质为主向“健康第一”的理念转变。学校体育以增强体质为主，对我国学校体育产生过重大影响，重视学生的体能发展，关注体育课的运动负荷，这对改变过于重视技术教学而忽视体质教学有积极意义，但导致了单纯生物观的体育教学。新课程理念将“健康第一”作为体育与健康课程的指导思想，要求我们以全新的健康观来审视体育课程。健康不仅仅是没有疾病，也不仅指身体的强健。健康是指在身体、心理和社会适应各个方面都呈完美的状态。因此，体育课程设计和体育教学过程中要体现多维健康观，不仅关注学生体的变化，还要关注学生心理和社会适应的需求。这就要求体育教师加强课程标准的学习，进一步理解四个学习方面目标的相互关系，将健康的理念贯穿于整个教学之中。

---

①范江江，王宝庆．建设体育强国背景下我国学校体育与健康课程改革研究[J]．青少年体育，2021(08):78-80.

第二节 体育与健康课程标准

《体育与健康课程标准》是21世纪初我国中小学体育课程改革与建设的纲领性文件。1999年6月,《中共中央国务院关于深化教育改革全面推进素质教育的决定》中指出:“健康体魄是青少年为祖国和人民服务的基本前提”,“学校教育要贯彻‘健康第一’的指导思想,切实加强学校的体育工作”。2001年6月,《国务院关于基础教育改革与发展的决定》中进一步明确了“加快构建符合素质教育要求的基础教育课程体系”的任务,教育部制定了《基础教育课程改革纲要(试行)》。2011年12月,教育部印发了义务教育语文等学科19个课程标准(2011年版)。《体育与健康课程标准》在时代的呼唤下诞生了。其规定了“体育与健康”课程的性质,阐述了“体育与健康”课程的基本理念,体现了国家体育与健康课程改革和发展的基本思路,以崭新的教育理念指引中小学体育课程改革的方向。因此,《体育与健康课程标准》是中小学校和体育教师进行课程管理、课程设计和课程评价的依据。加强对《体育与健康课程标准》的学习、理解与认识,把握《体育与健康课程标准》的性质、理念和设计思路显得尤为重要。

一、体现以人为本的课程性质

2011年版《体育与健康课程标准》对课程性质的描述是:“体育与健康”课程是学校课程的重要组成部分,是以身体练习为主要手段,以学习体育与健康知识、技能和方法为主要内容,以增进学生健康,培养学生终身体育意识和能力为主要目标的课程。

(一)两种不同的体育观

自现代教育制度形成以来,体育就成为学校课程体系的重要组成部分,是学校教育的重要手段。在现代体育运动发展的历程中,一直有两种不同的体育观,即体育的“手段论”和体育的“目的论”。

“手段论”体育观认为,运动的目的在运动的本身以外,把运动动作作为一种手段来实现运动以外的社会目标。把重心放在掌握规定的统一要求的技术上,重视技能与合理的负荷,强调体育内容自身的分类体系,强调正规化的学习课程和规范化的课堂结构，是以自然学科范畴内的生理学和生物力学为学科基础，以知识技能为中心或以提高体力为中心的体育课程理论，是“学科中心论”在体育课程领域中的反映。

“目的论”体育规则认为，运动的目的在运动的自身，把目的定位于运动自身和作为运动主体的人的自身。强调人在参与运动过程中达到的自身满足的目的。在体育教学中，把教师和学生作为教学行为的主体，教师应当有执行大纲的灵活性，学生应当有选择教学内容的自主性，重视学生情绪、态度、理想、意志和能力的发展。价值取向主要是满足学生的需要，实现身心素质的全面发展。因此，“目的论”体育观是人本主义课程理论在体育课程领域中的反映。当今，体育课程理论正由学科中心向人本主义课程理论方向发展。

（二）“体育与健康”课程教学的主要手段是以活动形式和各种活动方法构成的身体练习

“体育与健康”主要是技能型课程，也有学者称为技艺性课程。特征之一是，体育学习过程主要是从事身体练习，学生自身既是学习的主体，同时又是学习的对象，体育的学习效果是通过学生自身的身体和行为的变化而表现出来的。在整个体育学习活动中，运动技术的学习、改进、巩固与提高是学习的中心，贯穿体育学习过程的始终。这一学习活动是通过身体练习进行的，同时，人的思维与指挥在身体练习中起着决定性的作用，在感知、操作、体验、思考、发现着各种身体练习。

特征之二是，体育学习具有明显的综合性，体育学习过程中的知识学习、运动技能学习、情感学习、社会学习等各种学习活动是相互联系和相互作用的，是统一在整个体育学习之中的。从体育与健康标准学习来说，结果主要不是体现在认识性知识的积累和净化上，而是表现在体能的增强、技能的掌握和行为态度等方面的改变上。为此，在“体育与健康”教学过程中，应突出“健康第一”观念，以学生发展为中心，根据学生身心发展的客观规律，从保证学生个体接受的前提出发，充分关注学生在身体条件、兴趣爱好和运动技能等方面的个体差异。并根据这些差异性确定适宜的学习目标、学习内容和学习方法，充分利用有益于学生发展的积极因素，创造性地组织教学，让每名学生都能体验到体育学习和成功的乐趣，促进他们身心健康地发展，培养学生的集体主义、爱国主义和社会主义精神。

（三）学校体育的根本目的是促进学生全面发展和健康成长，同时这也是实施素质教育的重要内容和方法

青少年学生正处于成长的关键时期，学生在校学习期间，学校必须对其进行体育与健康及相关教育，以保证和促进学生健康地成长，并为学生形成终身体育的意识奠定基础，这是体育的重要功能之一。学校体育课程的功能和目的不是唯一的，在通过体育课程学习，提高学生健康水平的同时，还能有效地促进学生思想意识、情感意志和道德品质方面的发展。实施素质教育，必须把德育、智育、体育、美育等有机地统一在教育活动的各个环节中，使诸方面的教育相互渗透、协调发展。在素质教育中，体育具有独特的教育功能和促进人的全面发展方面的重要作用，是提高人的生命和生活质量的重要基础和保证。

新体育课程强调以人为本，以学生为主体，从社会人和自然人的角度促进学生的全面发展。因此，我们在教学内容的选择、教学目标的制定、教学方法的确定等都要着眼于素质教育，从学生生活和实践出发，关注和促进学生诸方面的教育相互渗透、协调发展，促进学生的身体健康、心理健康和社会适应能力的同步发展。①

二、鲜明的课程特性

（一）基础性

课程强调培养学生掌握必要的体育与健康知识、技能和方法，养成体育锻炼和健康的生活习惯，为学生终身体育学习和健康生活奠定良好的基础。九年义务教育在于提高学生体育文化和健康素养，根据学生自身的特点，掌握适应终身体育和健康生活需要的基础知识、基本技能和方法，提高自主学习“体育与健康”知识和方法的能力，形成敢于迎接挑战的积极态度和坚强意志品质，具有适应未来发展需要的健康体魄，初步具备规划健康人生的能力。

（二）实践性

课程强调以身体练习为主要手段，通过“体育与健康”学习、体育锻炼以及行为养成，提高学生的“体育与健康”实践能力。关注全面发展学生

---

①“健康第一”以体育人：义务教育体育与健康课程标准（2022年版）解读[J]. 基础教育课程，2022（10）：74-80.

的体能，通过对运动项目的选择和学习，培养运动的爱好和专长，通过身体练习，掌握科学锻炼的方法。提高体育实践能力，从而养成坚持锻炼的习惯，形成健康的生活方式。

（三）健身性

课程强调在学习“体育与健康”知识、技能和方法的过程中，通过适宜的身体练习，提高体能和运动技能水平，促进学生健康成长。“健康第一”的指导思想贯穿课程始终，“体育与健康”知识、技能和方法的学习主要还是要达到增进学生身体健康的目的。

三、坚持以学生发展为中心的基本理念

（一）把“健康第一”理念体现在教学的全过程

新课程改革的根本理念，就是一切为了学生的发展。“体育与健康”课程是对原有的体育课程进行净化改革，确立了“健康第一”的思想，努力构建体育与健康、知识与技能、过程与方法、情感态度与价值观有机统一的课程目标和课程结构，并强调在重视体育学科特点的同时，融合与学生健康成长相关的各种知识。增加了“心理健康与社会适应”这一新的学习方面。这明确地指出了学生的发展既包括全体学生的发展，又包括每名学生知识、技能、情感、价值观方面的全面发展以及个性的充分发展。要落实“健康第一”的指导观和确保这个发展的到位，我们应该将人体生长与发育、体育与生活、生理与心理、营养与卫生、卫生与健康、环境与安全等增进健康方面的知识和方法自然地渗透到教学实践中，让学生在体育健康课程上愉快学习，积极进取，健康成长。

“体育与健康”教学过程是学生认知、练习体验、情感交互发展的过程，也是学生生命整体的活动过程。要使这一整体活动过程真正地提高学生的身体健康水平、心理健康水平和社会适应能力，就必须在“健康第一”观念的指导之下，精心思考与设计教学目标、教学方案以及教学内容的选择、教学方法实施、教学评价等各个方面。在教学中教师要营造民主、和谐、宽松的学习氛围；要心中有学生，关注每一名学生的健康成长，并不失时机地给予关照；要注重选用适应学生的有效学习方式，激发学生对体育活动的兴趣，引导学生主动地参与体育活动；要注意隐含在教材和教学实施中的智力和非智力资源，使学生健康成长。

（二）让“培养学生兴趣”伴随着体育练习的全过程

学校体育是终身体育的基础，运动兴趣和习惯是促使学生自主学习和终身坚持体育锻炼的前提。传统的体育教学过于重视运动技能的系统传授，过于强调学生对运动技术的掌握，因而学生的学习兴趣被忽视，导致学生对参与体育活动缺乏自觉性与热情。运动技能与方法的掌握更是受到很大影响。为了防止教师误解“激发运动兴趣”理念，不重视学生对运动知识和技能的学习，最终导致“放羊课”教学的现象，在强调激发运动兴趣的同时，提出要“重视对学生正确的体育价值观和责任感的教育，培养学生刻苦锻炼的精神”。

兴趣是学习的初始动机，也是有效学习的保证。为此，“体育与健康”课程强调在课程目标的确定、教学内容和教学方法的选择与运用方面，注意与学生的学习和生活经验相联系，引导学生体验运动的乐趣。体育教学的全过程都应充分关注学生的兴趣，挖掘教材的内涵和潜在的兴趣点及育人功能，选择贴近学生生活实际的内容和有效的教学方法，将静态的知识转化为现实生活中动态的问题，改变竞赛规则和场地器材规格，降低难度，使学生真实地感到参与体育创设和学习体育知识技能对自己的生活和发展有着重要关系，以激发学习兴趣，积极探求和勇于实践。

（三）确保每一名学生受益，关注地区差异和个体差异

“体育教学面向全体学生”，这是所有教师都明白的理念。现实中的学生在身体形态、体能、运动技能、爱好、个性等方面存在着较大的差异，这种差异不仅取决于后天的学习，而且往往与先天的因素有关，这是后天难以弥补的。在传统的体育教学中，往往是自觉或不自觉地“关照了”约70%的中间学生，“关注了”10%先天素质好和经后天努力素质好的学生，“忽视了”约20%对体育不敏感或者是反感的弱势群体学生。从而使体育教学只是做到面向大多数学生而非全体学生，让体育尖子生发展得更好，却使体育差的学生没有机会走进体育。

课程标准明确要求，体育教学既确保每名学生接受，更要关注个体差异。在体育教学中充分关注个体差异中20%体育弱势群体学生的转化，是全面提高体育教学质量的重要方面，是素质教育的要求，也是体育教师肩负的重要职责。在确保全体学生发展与充分关注个体的基础上，教师应着重思考与解决以下几个问题。

第一，帮助体育弱势群体学生分析原因，拟定符合自己的“胜己”为目标。教师要为每名学生提供环境，创设“我能行”的逐步“胜己”条件，培养与提高自尊心、自信心。

第二，加强合作学习，培养集体荣誉感和责任心，增强社会适应能力。从教学内容到评价的实施都充分关注学生间个体差异，不强调互相比较，不强调“同质分组”，强调相互关心、优势互补，强调个体的进步与成功体验，促进每名学生在原有的基础上都有所发展。

第三，加强良好的情绪调控。意志品质的培养是在一次次克服困难和战胜自找中形成的心理教育，树立坚定的信念，培养顽强的意志品质，促进学生身心健康和社会适应能力的全面发展。课程标准还强调，各地各校要在保证国家课程基本要求的基础上，充分关注地区、学校和学生之间的差异，根据课程标准提出的课程理念、课程目标、内容标准等，结合实际，因地制宜，合理选择和设计教学内容，创造性地开展教学，形成教学特色，提高教学质量，最终使每一名学生都能接受基本的体育与健康教育。

第三节　体育与健康课程目标

被誉为“课程论之父”的泰勒把课程研究概括为四个步骤：确定目标、选择内容、组织实施、评价结果。其中“确定目标”是最为关键的一步。

“体育与健康”课程目标的确定是教育目的在“体育与健康”课程中的具体体现，集中体现了人们对体育课程开发与教学设计中教育价值的理解，影响和制约着课程编制的方向，决定着课程内容的选择，是课程实施与评价的依据。对课程目标的理解与认识直接关系到“体育与健康”课程的组织与实施。

一、“体育与健康”课程目标的层次结构

（一）课程目标的纵向层次

课程目标的确定应反映不同层次的目标要求。第一层次，所有课程有一个共同目标，即教育目标，反映特定社会对合格成员的基本要求，是从国家或社会的角度确定的总体性、高度概括性的目标，一般被写进国家和

地方法规之中，如我国现行宪法规定："国家培养青年、少年、儿童在品德、智力、体质等方面的全面发展。"这是我国各级各类学校的教育目标。各类课程的编制必须服从教育目标的根本方向，必须保证与教育目标要求相符合。"体育与健康"课程的编制同样是以教育目标为指导思想的。如2001年试行的《体育与健康课程标准》指出，"体育与健康"课程是实施素质教育和培养德智体全面发展人才不可缺少的重要途径。

第二层次，各级各类学校根据国家的教育目标和自己学校的性质和任务对培养对象提出了特定的要求，即培养目标，是课程总体目标在各个教育阶段或不同类型学校中具体化的体现。如基础教育、职业教育、高等教育等培养目标。同样，各个教育阶段和各级各类学校中体育课程也是根据培养目标制定的。

第三层次，是学科领域的课程目标，比培养目标更具体，可以说是培养目标在特定课程领域的表现。学科领域的课程目标的确定首先要明确课程与上述教育目标，培养目标的衔接关系，以便确保这些要求在课程中得到体现。其次，要在对学生的特点、社会的需求、学科的发展等各个方面进行深入研究的基础上，确定行之有效的学科领域课程目标。体育课程目标实际上就是结合体育学科本身的特点、教育目标、学校的培养目标、学生的特点以及社会的需求而制定的。例如，现行《体育与健康课程标准》中的课程目标为：通过课程学习，学生将掌握和应用体育与健康的基本知识和基本技能与方法，增强体能；学会学习和锻炼，增加体育锻炼时间，培养体育与健康创新能力；体验运动的乐趣和成功，养成体育锻炼的习惯，发展良好的心理品质以及合作与交往的能力，提高自觉维护健康的意识，基本形成健康的生活方式和积极进取、乐观开朗的生活态度。

第四层次，是教学目标，是学科领域的课程目标的进一步具体化，是最微观层次的课程目标，通常分析到操作化的程度。体育教学目标是体育课程目标的具体表现形式，是由体育教师根据有关教育法规、体育课程目标和各方面实际情况制定，一般是学校确定体育课程实施方案并制订以单元为基础的全年教学计划以后，由任课教师制定的，是教师制订单元计划和课时计划的根据。过去，我国较重视课时计划，把一堂课看作最基本的教学单位。其实，一堂课不一定是完整的基本教学单位，因为一堂课不能把一个教学系列完整地教给学生，有时只能完成其中的一部分，只有一个教学单元才能把一个完整的教学系列教给学生。在教学改革的新形势下，教学目标的构建主要是指单元目标的构建，每一节具体的课实质上在贯彻单元目标，因此，我们应当更为重视单元计划的构建和单元目标的设计。

（二）课程目标的横向关系

课程目标的横向关系实质上反映了各种目标领域的划分以及相互关系，如在教育目标层次上，我国通常用德、智、体、美、劳来划分目标领域。现行的《体育与健康课程标准》将课程划分为运动参与、运动技能、身体健康、心理健康与社会适应四个学习方面。各个学习方面之间应当具备逻辑上的合理性，既可以是平行并列的，又必须是相互联系的，每个学习方面都不能脱离其他领域而单独实现课程目标。对课程目标领域研究影响最大的是布卢姆的教育目标分类学。布卢姆认为，教育中应当达到的全部目标，可分为三个领域：认知领域、情意领域和动作技能领域。他还揭示了在各自的领域达到最终目标的过程中，应当依次达到的目标系列。布卢姆的目标分类方法是将课程目标具体化、操作化的一个有效途径。[①]

二、制定“体育与健康”课程目标的依据

（一）以现代社会发展的需求为依据

学校课程是社会文化的重要组成部分，体育被认为是改进社会、满足社会需要的重要课程。不同社会时期政治、经济的需求对体育课程目标体系产生了不同的影响。随着社会的发展和科学技术的进步，社会生产方式和人们的生活方式发生了巨大的变化。现在已进入知识经济时代，人们的体力活动减少，脑力活动增加，生活节奏加快，心理压力增大，这些对人类的健康造成了不利的影响，人类的健康已成为21世纪世界各国关注的焦点。人们已经认识到健康状况是国家发展、社会进步和个人幸福的重要物质基础之一，因此，增进青少年一代的身心健康则成为现代社会发展对“体育与健康”课程改革的迫切需求。

（二）以学生身心发展的特征为依据

将学生处于主体地位，依据学生的兴趣和需求、情感与能力以及已有的经验来确定课程目标，反映了人本主义课程观。以1972年联合国教科

①苏新雨，姜宏斌．基于目标评价视域对普通高校体育与健康课程基本目标的解读及思考[J]．体育科技文献通报，2018，26(12)：166-168.

文组织发表《学会生存》为标志,人本主义课程观对世界各国的教育改革产生了促进作用,推动了体育课程的改革。人本主义体育课程主要表现为由学科结构向学习结构的方面转移,由关心技能或体力发展向关心技能、体力、情意协调发展的方向转移。由此建立的体育课程目标体系有:重视通过体育实现教育目的价值的体育教育目标体系;重视体育对大众体育发展和个人进行体育实践能力培养功能的终身体育的目标体系;重视体育对愉悦人的身心功能的快乐体育的目标体系;重视体育对养生、养性,矫正身体功能的保健体育的目标体系。

学生是“体育与健康”课程的主体,“体育与健康”课程的教学实践只有以学生的身心发展特点和规律为依据,同时结合学校的具体情况和学生学习、生活锻炼的具体条件来制定“体育与健康”课程的目标,这样的课程目标才是科学的、可行的。学生的身心特征具有一定的阶段性和个性差异,因此,应根据学生各个年龄阶段的身心特征来确定不同阶段的课程目标。

(三)以学科的特点和功能为依据

起源于20世纪60年代的“学科中心论”课程观的影响是世界性的。我国从20世纪50年代学习俄罗斯体育教育理论之后,“学科中心论”一直占据了主导地位。“学科中心论”强调学科自身的逻辑与规律形成的学科结构,把体育内容变为由多种项目组成的、全体必须学习的、有统一规范要求的课程结构。以“学科中心论”建立的体育课程目标体系的优点主要体现在逻辑结构上被认为是一种系统、高效的教学方式,便于课程的管理和教师的教学。对于体育教师而言,学科知识是他们最熟悉不过的,田径技术、篮球战术、排球规则、体操技巧等竞技体育方面的知识在过去的体育课中一直被许多人视为体育课程目标的主要来源。由此产生了重视体育的生物性改造功能的体质目标体系;重视体育提高人的运动技能功能的技能目标体系;重视通过体育为特定项目的竞争能力打基础的竞技体育的目标体系。而这些课程目标体系存在一些缺陷,表现在将体育课程的教学目标与运动训练的目标混淆起来,将学生当成运动员,而把体育课上成运动训练课。儿童在机械的训练式学习中丧失兴趣,在以冠军运动员为标准的练习中反复体验到失败而失去乐趣。

那么,是否就此放弃对体育学科的研究呢?我们在制定课程目标时应从研究“体育与健康”课程的特点和功能入手,“体育与健康”课程的主要功能有健身功能、教育功能、个体社会化功能、娱乐功能、竞技功能等，其中健身功能和教育功能是“体育与健康”课程的本质功能。如果超出“体育与健康”课程的功能来制定课程目标，是脱离实际的，也是不可行的。

（四）以素质教育为依据

社会、学生、学科这三个因素是交互作用的，过于强调某一因素都会走向极端。课程史上出现过的社会中心课程、学生中心课程、学科中心课程就是典型的例子，基本上都是以失败而告终的。因此，课程目标的制定必须对这三种因素进行统筹考虑，将学生的身心发展特点、社会发展对学生素质提高的要求以及学科的特点和规律密切联系起来，课程目标的构建应以提高学生在身体方面、心理方面和社会适应方面的综合素质为中心，素质教育的理念就是构建我国体育课程目标的重要依据。

1999年6月，《中共中央国务院关于深化教育改革全面推进素质教育的决定》指出：“实施素质教育，必须把德育、智育、体育、美育等有机地统一在教育活动的各环节中”“健康体魄是青少年为祖国和人民服务的基本前提，是中华民族旺盛生命力的体现。学校教育要树立‘健康第一’的思想，切实加强体育工作，使学生掌握基本运动技能，养成坚持锻炼身体的良好习惯”。“体育与健康”课程是中小学的必修课程，因此，课程目标必须全面地贯彻教育方针和素质教育的要求，必须为培养高素质的人才发挥重要的作用。

三、表现“体育与健康”课程目标价值取向的目标模式

（一）行为目标模式

行为目标是将课程目标表述为具体的、可操作性的行为，指明课程与教学过程结束后学生行为上所发生的变化。行为目标模式具有精确性、具体性和可操作性的特点，行为目标的陈述可以使课程的教育意图明确。教师将教学内容以行为目标的形式陈述时，可以使教学任务更加清晰明了，从而能有效地控制教学过程。同时，行为目标便于教师就教学内容准确地给予教育督导，使家长、学生展开交流。由于行为目标是以具体行为的形式呈现的，很容易判断目标是否达成，所以行为目标便于准确地进行评价。

行为目标的出现将目标的制定从经验水平提升到科学化的层次。行

为目标具体、明确,便于操作和评价,能有效地对教育过程进行控制。但课程目标采用这种目标模式也有缺陷,行为目标表明的是课程与教学过程结束后学生行为上将要发生的变化,把学习过程作为预先决定的和可操纵的机械的过程,从而忽视了人的学习主体性和创造性。行为目标采用的是分解思维,把学习领域分解成各个独立的部分,把本来密切联系的认知、情感和动作技能等领域人为地割裂开来,教师在教学实践中按分化了的目标实施,难于对目标进行整合。

(二)生成性目标模式

生成性目标是在教育情境中,随着教育过程的实际进展而提出相应的目标。与行为目标主要表现在教育过程之前和教育情境之外事先提出结果有所不同,生成性目标关注的是教育过程,是在教育情境中随着教学过程的展开而自然生成的教学目标,是问题解决的结果和学生经验生成的内在要求。过程性就成为生成性目标模式最大的特点。生成性目标强调学习者与具体情境的交互作用,主张目标与手段的连续,过程与结果的统一,对学习者和教育者在课程与教学中的主动性与探究性表现出极大的期待,因而对教师提出了非常高的要求。

(三)表现性目标模式

表现性目标是指学生在从事某种活动后所表现出的结果,是美国学者艾斯纳作为教学目标的补充而提出来的。他认为,在课程中存在两种不同的目标,即教学性目标和表现性目标。教学性目标是在课程计划中预先制定好的,类似于行为性目标:表现性目标不是规定学生在完成学习活动后的行为变化,而是描述教学中的机遇,即学生学习活动的情境、将要面临的问题、将要从事的任务。表现性目标重视人的个性释放,强调学生的主体精神和创造性表现,反映出人本主义的追求,旨在培养学生的创造性。表现性目标模式类似于我国教育界的主题教学。

四、"体育与健康"课程目标体系

《体育与健康课程标准》提出的课程目标是:通过课程学习,学生将掌握和应用体育与健康的基本知识和基本技能与方法,增强体能;学会学习和锻炼,发展体育与健康实践和创新能力;体验运动的乐趣和成功,养成体育锻炼的习惯;发展良好的心理品质,合作与交往的能力;提高自觉维护健康的意识，基本形成健康的生活方式和积极进取、乐观开朗的生活态度。

（一）整合不同的学习方面，强调课程目标的完整性

2011年版《体育与健康课程标准》将原来实验稿的心理健康和社会适应两个学习领域合二为一，形成运动参与、运动技能、身体健康、心理健康与社会适应四个学习方面。其次，对于各个学习方面的目标，2011年版的课程标准先是用一段文字描述每个学习方面是什么，然后是描述重点采用什么方法达成这个方面的目标，并设置每个方面要达到的目标。最后，为了防止出现体育教师在教学中将各个学习方面的目标割裂开来进行教学的现象，《体育与健康课程标准》还在“课程目标”这一部分的最后，特别加上一段文字描述，强调四个学习方面的目标是一个有机联系的整体，并且主要通过身体练习的过程来实现。这样做的目的是促进体育教师充分理解与有效开展教学，促进学生更好地达成各个学习方面的目标。

（二）水平目标的划分

“体育与健康”课程目标体系根据学生的身心发展特征和学习内容的可接受程度将义务教育阶段的九个年级划分为四个学习水平，纵向描述了学生通过“体育与健康”课程的学习，在各个水平阶段的四个学习方面所要达到的学习目标，并提出了相应的内容标准。水平目标的划分是一种递进性的目标体系，每一个水平目标都是在低一级水平目标的基础上发展起来的，能达到上一层次目标，必然具备了下面各级水平目标。因此，要求我们必须重视水平目标的纵向联系，在体育学习过程中，将“水平一”至“水平四”的各层次的目标联系起来，使学生发展水平在原有的基础上得到不断的提高。

水平目标的划分还充分考虑到不同地区、学校和学生各方面的差异，满足体育学习成绩优异的学生进一步发展的需要，鼓励他们在达到某一水平目标后继续将高一级的水平目标作为自己的发展目标，使他们能够得到更好的发展。

（三）新课标强调三维目标整体发展，强化课程目标的引领作用

体育与健康课程标准强调要突出知识与技能、过程与方法、情感态度与价值观三维目标，教学方法也要有助于促进学生在三维目标方面的整体

发展。根据教育部多次提出的减负要求,《体育与健康课程标准》根据学生的身心发展规律,保留和增加了适合各水平学生的运动技能和身体活动内容,删去了对该水平学生来说难度过大的学习内容,以帮助学生在学习中通过目标的达成获得成功体验,提高其学习与参与的兴趣。

《体育与健康课程标准》在课程标准部分删去了实验稿的“课程总目标”和“学习领域目标”两个标题,直接提出课程目标以及各个学习方面的目标,并在课程目标中增加了“学会学习和锻炼,发展体育和实践创新能力”“提高自觉维护健康的意识”等目标的描述。《体育与健康课程标准》无论在课程目标层面,还是在水平教学计划和课时教学计划层面,都非常强调“目标引领内容和方法,内容和方法促进目标达成”的思想,从而促进体育教师在教学过程中逐步形成目标教学的思想,通过多样化的体育教学来帮助学生达成课程目标和学习要求。

第四章 体育与健康的教学模式构建

第一节 体育与健康教学的概念和特点

一、“体育与健康”教学的概念

体育教学是完成学校体育任务的基本途径。是教与学的统一活动，是在教师的指导和学生积极自主的参与下，按照《体育与健康课程标准》和教学计划，以身体练习为载体，让学生获得“体育与健康”知识和运动技能，学会学习体育的基本方法，提高自我保健意识，锻炼身体，增进身体健康，提高心理健康水平，形成终身体育锻炼的意识和习惯，发展运动能力，培养良好的思想道德品质的过程。

二、“体育与健康”教学的特点

体育教学与其他学科教学一样，都是教与学的双边活动。教师要遵循学生的认识规律，按照教育计划和课程标准有目的、有计划，有组织地指导学生自主地进行学习，掌握一定的知识与技能，培养能力和良好的思想道德品质。但体育实践课教学又有其特殊性，其他课程主要是通过思维活动来学习和掌握教师所传授的科学知识和技能，而体育实践课教学就是以师生思维活动为基础，以身体练习为主要手段，通过思维活动与身体练习密切配合来传授和掌握科学知识、技术、技能，达到锻炼身体，增进健康的效果。因此，体育教学在以下几方面具有鲜明的特点。①

（一）体育教学突出的是身体练习

体育教学主要是学生从事各种身体练习，在反复练习中，通过身体活动与思维活动，人体器官系统（尤其是运动系统、神经系统、呼吸系统、心

①赵保丽，董慧娟，秦志明．新理念下的体育与健康课程教学特点分析[J]．教学与管理，2009(24)：103-104.

血管系统等)积极参与活动并协调配合,来掌握体育的知识、技术与技能。学生在身体练习中承受一定的生理负荷并产生疲劳,有效地加速了身体的新陈代谢活动,促进了学生身体的发展,增强了体质和提高了健康水平。

(二)体育教学组织复杂多变

体育教学主要在体育场馆进行,场地空旷,教学环境开放,活动范围广,施控因素多,外界干扰大。体育教学依据场地器材条件、天气状况、学生性别、体育基础与身体条件、教学内容等各种情况来组织实施教学。在教学过程中,师生身体始终处于运动状态,加上经常进行分组教学,学生不完全在教师的视线内,致使体育教学组织管理工作复杂多变。

(三)体育教学有利于发展学生的社会适应能力

体育教学对发展学生的社会适应能力有独特的作用。学生在学习和掌握体育知识,技术、技能时,大多数情况是在合作交往状态下完成。例如,游戏,球类的技术、战术与教学比赛,田径的接力跑,体操的保护与帮助,武术的攻防配合等,这使得学生群体间相互交往频繁而复杂,教师与学生之间,学生与学生之间的角色与地位不断发生变化,有利于培养学生的交往能力、合作能力与竞争意识以及提高对他人、对集体关心程度等社会适应能力。

第二节 体育与健康的教学模式

一、"体育与健康"教学模式概述

"体育教学模式"是课堂教学的一种客观存在。我国《教育大辞典》把教学模式定义为反映特定教学理论逻辑轮廓。为保持某种教学任务的相对稳定而具体的教学活动的结构,其有直观性、假设性、近似性和完整性。

中华人民共和国成立初期,中国教育界引进的俄罗斯凯洛夫的体育教学模式被大家称作"传统的体育教学模式"。这种体育教学模式在体育教学上是以掌握体育的基本知识、基本技术和基本技能为基本任务来设计的体育教学过程模式。俄罗斯的教育理论将整个体育教学过程分为感知、理解、巩固、运用四个基本阶段,即“开始部分、准备部分、基本部分、结束部分”的教学程序,也被称为“四段式”或“三段式”教学程序。这种传统的教学程序的优点在于有利于学生比较灵活地学习运动技术,并在掌握运动技能的过程中使身体能够得到相应的锻炼。体育教学组织比较严谨,比较能够发挥教师的教学作用。缺点在于忽略了学生心理活动的规律,过分强调教学活动一切以教师为中心,无视学生主体的地位,以“学科中心论”为主导的,僵化的,过于强调教学内容系统性、完整性、竞技性的教学思想,使课堂教学过于呆板,缺乏生气。

随着时代的发展,人们的教育思想、教育理念发生了巨大的变化。教育改革与学校体育改革不断深化,广大一线体育教育工作者深刻地体会到,学校体育教学必须进行改革。必须在思想理念、教学内容、教学模式、教学方法等方面赋予新的内容、新的活力。广大体育教师依据各种新的体育教学思想和体育教学理论,针对体育教学中存在的主要问题,积极开展了体育教学模式的研究,通过实践、思考、构想、创新、总结,涌现出各种富有时代气息特色的体育教学模式。

(一)国内外不同学者对体育教学模式的定义

当代首次系统研究教学模式的是美国教育学者乔伊斯(B.Joyce)和韦尔(W.Wl)。他们在《教学模式论》(Model of teaching)中认为,“教学模式是构成课程和课业、选择教材、揭示教师活动的一种计划”。

我国学者吴志超等在《现代教学与体育教学》中进一步指出,教学模式是按照一定原理设计出来的一种具有效应结构和功能的教学活动的模式和策略。教学模式可以看作“教学系统—教学过程—教学方法”的中介和桥梁,是教学系统和教学过程的引申。但与前者不同的是,它是提供如何最有效地达成既定教学目标的程序和策略,更具有实践意义。

我国学者毛振明等认为,体育教学模式是在某种体育教学思想和理论指导下确立起来的体育教学程序,包括相对稳定的教学过程和相应的教学方法体系,主要体现在体育教学单元和教学课的设计和实施上。

我国学者赵立认为,体育教学模式是在某一教学理论的指导下,以完成主要教学任务为目的的一种教学模型或稳定的教学策略组合。

另外还有诸多提法:教学模式是按照一定的原则设计的一种具有相应结构和功能的教学活动的模型或指在一定教学思想指导下确立起来的教

学程序；教学模式是在一定教学思想的指导下，对教学客观结构作出主观选择；教学模式是就教学过程的结构、阶段、程序而言的标准样式；教学模式是反映特定教学理论逻辑轮廓的为保持某种教学任务相对稳定而具体的教学活动；教学模式是指在一定的教学思想指导下，在教学实践中形成的一种设计和组织教学的简化的结构形成。

对比国内外学者对教学模式的定义可以看出，体育教学模式的定义应关注如下几个要点：①任何教学模式首先都应以现代教育思想为理论依据，把理论与实践、观念与行为结合起来；②任何教学模式都应有它的上位概念，这个概念可能是思想，也可能是规律或原理；③任何教学模式都应该是为完成某些教学目标的系统的、相对稳定的、典范的形式；④任何教学模式都为教学结构的设计和教学方法的实施提供指导；⑤教学模式应是一个历史的概念。因此，体育教学模式的基本定义应该是在某种体育教学思想和理论指导下建立起来的体育教学程序，包括相对稳定的、独特的教学过程结构和相应的教学方法体系，主要体现在体育教学单元和教学课的设计和实施上。[①]

（二）体育教学模式研究的意义

1.有利于体育教学的改革与发展

体育教学模式来源于实践，是在具体的体育教学实践活动中形成的体育教学理论，反过来又指导体育教学实践活动。体育教学模式的合理运用是课程改革重要的可视因素之一，是沟通教学理论与教学实践的桥梁，能够加速理论与实践的相互转化，促进体育教学改革的发展。

2.有利于提高课堂教学效率

体育教学一般由教育思想、教学目标、操作程序、师生角色、教学策略、评价等诸多要素组成。它在实践中形成，为教师提供了实现教学目标的条件与程序，使教师能够取得预期的教学效果，即能揭示出“如果……教学模式，就必然会产生……的教学效果”这样一种逻辑上的联系。因此可以说，一旦选用了适宜的体育教学模式，就可以产生较高的课堂教学效果。

3.有利于简化教学问题

教学模式的研究是现代科学方法论中的一种很重要的方法，研究的特

①艾安丽. 高校体育理论“对分课堂”教学模式新探——以《体育与健康学科知识与教学能力》为例[J]. 体育科技文献通报，2019，27(12)：9-11.

征就是抓住事物的主干和本质部分，排除事物的次要和非本质部分。因此，体育教学模式的研究就是将复杂、烦琐的体育教学过程变得简化、明了，让体育教学中的重要因素更加突出，便于大家对体育教学模式进行概括的观察、总结、参照和模仿。

4.有利于促进广大体育教师的教学研究工作

广大的体育教师面临的日常工作就是对体育教学的设计。而教学模式的实质就是对体育教学过程的设计。教师根据自己已掌握的教学理论来精心设计和改造教学过程和教学方法就是教学模式的研究。因此，开展体育教学模式的研究最能和体育教师的教学工作结合起来，也是最实际、最具可行性的研究。

（三）体育教学模式的基本结构

根据系统科学的原理和体育教学模式的概念和特征，我们把体育教学模式的结构分为教学指导思想、教学程序、相应的教学方法体系与教学过程结构、教学条件四个层次。

二、目前几种较成熟的体育教学模式的介绍

近年来，有关体育教学模式的研究非常活跃。在国内外的体育教学实践中已经形成了一些相对比较成熟、可行的、具有新意的体育教学模式。下面就几种比较成熟的体育教学模式进行介绍。

（一）技能掌握式的体育教学模式

该模式常被称为“传统的体育教学模式”。这种模式主要受俄罗斯教学思想的影响。比较注重系统的运动技能传授，这是一种系统的教学理论。这种教学模式是以人们对运动技能的认识规律和事物形成规律为主要依据，作用是能够有效促进学生体育技能、方法的学习和掌握，有利于学生终身体育观的形成。教学单元的设计以某一项运动技术教学为主线，单元教学内容的排列顺序主要参照动作技术的难易程度为依据。教学课的安排与设计以技能学习和练习为主线，主张精讲多练，注重对运动技能掌握效果的评价。

基本教学程序：整体认识—分解练习—完整练习—熟练巩固。

（二）发现式体育教学模式

美国著名教育学家布普纳提出，发现并不限于寻求人类尚未知晓的东

西，确切地说，它包括用自己的头脑亲自获得知识的一切方法。这就是说，发现式体育教学模式主要遵循学生的认知规律，在教师的启发引导下，让学生主动参与各种有效的组织和练习。学生在体育活动中发现并加深对体育课的认识、理解，在这个基础上积极参与体验，发展学生的创造能力，提高学生解决问题的能力和对体育运动的认识。

这种教学模式在设计时，将教材相关知识和原理进行了归纳和整理，设置成若干问题并合理地设计在各节课中，通过提问、设疑、取证、探究、讨论、归纳等科学方法将运动学习和练习紧密地结合起来。

基本教学程序：问题假设—实验性学习—验证性学习—结论评价。

（三）小群体体育教学模式

小群体教学模式也称小集团教学模式。基本的教学指导思想是试图通过体育教学中的集团因素和学生间交流的社会性作用，通过教师与学生、同组内学生与学生、小组与小组之间的交流、切磋、观摩、比赛、评价以达到提高课堂教学质量、发挥学生的学习自主性、适应学生的个体差异、促进学生社会适应能力的提高为目的。教师根据学生的年龄、性别、素质、兴趣爱好的特点和教学需要，将全班学生分成若干个异质或同质的学习小组。这种小群体教学模式有利于交流感情与信息；有利于增强小组的凝聚力，形成团队精神；有利于合作与竞争意识的培养；有利于区别对待，因材施教，使每一名学生都受益。

基本教学程序：分组—设置问题—寻求解决方案—协调合作—竞赛—体验合作快乐。

第三节　体育与健康的教学过程

一、“体育与健康”教学过程的概念

体育教学过程是指体育教学的实施流程或为达到体育教学目标所进行的体育教学程序。是指学生在体育教师有目的、有计划、有组织的指导下，积极主动地掌握“体育与健康”知识与技能，锻炼身体，增进身体健康，提高心理健康水平，增强社会适应能力，形成良好的思想品德的学习与实践相结合的过程。

二、"体育与健康"教学过程的基本特性

(一)体育教学过程是教师育人育体的过程

体育教师是体育教学过程的指导者与组织者,是学生学习的促进者,是学生学习能力的培养者,是学生人生的引路人。教师不仅仅是向学生传授知识,而且要引导学生沿着正确的道路前进,并不断地在他们成长的道路上设置不同的目标,引导他们向前,成为学生具有健康心理、健康体魄、健康品德的促进者、催化剂。教师在知识、技能传授的过程中,应成为学生学习的激发者、辅导者、各种能力和积极个性的培养者,从而使学生学会学习,学会锻炼,终身受益。

(二)体育教学过程是学生学习掌握知识和运动技能的过程

体育的学习主要以身体练习为主要手段,在以掌握运动技能为主的体育教学过程中,学生在不断地身体练习中掌握运动技能,并通过运动技能的掌握进行其他方面的养成教育。会涉及许多的体育理论知识和运动认知,这些知识学习和运动认知获得是掌握运动技能和提高运动素质的基础。两者有机地结合,对促进和提高运动技能的掌握有积极作用。

(三)体育教学过程是提高运动素质的过程

运动素质是掌握运动技能的基础,良好的运动素质有利于运动技能的掌握与提高,同时,在一定强度下的身体练习过程中能有效地提高运动素质。提高运动素质和掌握技能是相辅相成的,因此,在体育教学过程中,应将两者有机地结合,在加强对学生运动技能的掌握过程中不要忽视运动素质的提高,不断提高学生的运动素质以增强学生的体能。

三、"体育与健康"教学过程的基本规律

体育教学的规律是在体育教学过程中客观存在的必然现象。除了要遵循其他课程所遵循的一般规律外,还要遵循动作技能形成的规律,人体机能适应活动的变化规律和学生身心发展规律。

(一)动作技能形成的规律

体育教学就是让学生通过学习学会和掌握一定的运动技能,在动作技能的形成过程中逐步由不会到会,由不熟练到熟练,由不巩固到巩固的发展过程。实践经验证明,动作技能的形成与提高大致可分粗略掌握动作阶

段、促进与提高动作阶段、动作的巩固与运用自如阶段。在体育教学过程中，运动技能形成的三个阶段是相对而言的，彼此不是截然分开的，而是逐渐过渡，相互渗透，相互衔接，有机联系的。它既反映了学生掌握动作的逐步深化过程，又反映了学生身体机能和体质不断变化和提高的过程。受一些相关因素的影响，如：运动技能的难易程度、学习运动技能的总时间和时间的密度、体育教师的教学经验和教学能力、学生的神经类型、体育基础、身体素质和主观努力等。三个阶段的具体特点各有不同，所花费的时间各有长短，因此，三个阶段的划分并没有明显的界限。但是，动作技能形成的三个阶段是客观存在的，教学中必须遵循运动机能形成的基本规律，在不同的阶段中应根据教学目标和要求的不同、运动技能的各自特点，采取相应的教学手段和方法提高教学的针对性，做到有的放矢，才能取得良好的教学效果。

（二）人体机能适应性规律

人体在运动开始时，加速了体内物质能量消耗，促使异化作用加强，于是引起疲劳和暂时的身体机能的下降。这一阶段，称为“工作阶段”。经过间歇和调整，可以使体内的能量储备逐渐恢复，并接近或达到运动前的水平，这是“相对恢复阶段”。再经过合理的休息，物质和能量超过了原来水平，从而提高了机体的工作能力，称为“超量恢复阶段”。超量恢复的状况依赖于运动负荷的大小和身体新陈代谢能力的不同而有所变化。如果间隔时间过长，失去了负荷后的痕迹效应和最佳时机，机体工作能力就会降低到原来水平，即“复原阶段”。

因此，根据这一规律，为了使学生达到良好的增强体质效果，后一次课应尽量安排在上一节课后的“超量恢复阶段”，这样才能产生体育练习的效果积累，从而提高学生身体的功能水平。

（三）人体生理机能活动能力变化的规律

在体育教学过程中，要组织学生进行反复练习。学生在反复练习和休息的交替过程中，生理机能活动能力会发生变化，并伴有一定的规律。一般情况下，当人体开始运动时，由于机能惰性的影响，人体各器官系统机能活动能力从相对的较低水平逐渐上升，称为“逐步上升阶段”；然后达到并在一定时间内保持最高水平，即保持在一个起伏不大的范围内，称为

“稳定阶段”;最后人体机能活动达到一定的程度,出现疲劳,身体机能活动能力下降,经过休息、调整,身体机能活动能力又逐渐恢复到相对安静时的水平,这个阶段又称为“下降和恢复阶段”。

由于学生的年龄特点、身体健康状况、体育基础水平、教材的性质、教学的组织与教法以及气候条件等不同,因此学生技能活动能力上升阶段所需的时间、上升的坡度和最高阶段的高度、稳定的时间,以及身体承担急剧变化负荷的能力等均有所不同。因此,学生承受运动负荷的大小要根据实际情况来处理,要及时地进行控制和调整。

学生技能活动能力的特点:少年儿童机能活动能力一般是上升时间短而快,最高阶段维持时间较短。身体训练水平较高的学生,机能活动能力提高的时间较短,达到和保持最高阶段的时间延长,并可承受较大的生理负荷。[①]

四、“体育与健康”教学过程的层次

为了更好地理解体育与健康的教学过程的概念,掌握体育与健康的教学过程的特点。我们还要对体育教学过程做进一步地分解认识,认识一下体育教学过程的层次及其特点。体育教学方法过程的层次可以分为:①超学段体育教学方法过程;②学段体育教学方法过程;③学年体育教学方法过程;④学期体育教学方法过程;⑤单元体育教学方法过程;⑥课时体育教学方法过程等。

(一)超学段(12—16年)体育教学方法过程及其特点

所谓超学段的体育教学方法过程是指学生从进入小学开始到大学毕业的整个体育教学方法的过程。在这10多年的体育教学方法过程中,学生所享受到的是国家规定的体育教育。超学段的体育教学方法过程具有以下一些特点。

1.国家规定性

此教学过程受到国家教育意志、社会、政治、经济发展状况和生产力发展水平等多方面的直接影响。由国家安排的超学段体育教学方法过程可长可短,由12年至16年。超学段的体育教学方法过程是由国家控制的,体

①党林秀,董翠香,方千华.理解式球类教学模式培养体育与健康学科核心素养的理论探析[J].首都体育学院学报,2020,32(05):454-460.

现的是国家教育课程设计思想和国家对体育教育的期待，其过程的目的和目标充分地反映了国家的意志和要求，是一个宏观的、有系统性的学科教育过程。

2.多模式性

超学段的体育教学方法过程具有多模式性。超学段的体育教学方法过程是由若干个学段的体育教学方法过程组成的，而每个学段的体育教学方法过程又受各段教育性质的影响而时间长短不一，这使得超学段体育教学方法过程并不一致。特别由于中国国家大、地域广、民族差异明显，使超学段体育教学方法过程在目标表述、教学内容、学时规定以及教学特点上均具有多模式性。

3.非全体性

超学段体育教学方法过程包含基础教育、中等教育和高等教育三个阶段，由于教育普及程度的问题，并不是每个学生都能享受到上述完整三个阶段的体育教学方法过程。所以它对学生来说具有非全体性的特点。

（二）学段（3—6年）体育教学方法过程及其特点

学段体育教学方法过程，按当前中国教育的学制进行划分，可以分为小学、初中、高中、大学等体育教学方法过程；按目前《体育与健康课程标准》的划分，可分为水平一（相当于小学1—2年级）、水平二（相当于小学3—4年级）、水平三（相当于小学5—6年级）、水平四（相当于初中阶段）、水平五和水平六（相当于高中阶段）。学段体育教学方法过程表现为某个学段的《课程方案》或《学段教学计划》。它的特点主要包括以下内容。

1.发展阶段性

学段体育教学方法过程划分的主要依据是学生的身心发育规律，如初中生处于青春发育期，成长发育迅速，体型剧变，身体机能迅速健全，性开始发育成熟；随着生理的逐步发育成长，初中生的心理也发生了较大的变化，感知能力和观察能力明显提高，记忆力接近高峰期，具体形象思维向抽象逻辑思维过渡，想象能力有所提高等等，因此初中学段体育教学方法过程就要体现初中生上述生长发育的特点，这就是发展的阶段性。

2.相互衔接性

学段体育教学方法过程与超学段体育教学方法过程相比，是进一步的细化,它是把超学段的相对多样的、宏观性的国家体育课程目标、内容和要求进一步进行分解和细化,合理地分配于几个相互连续和相互衔接的学段中,并使之有机地结合,学段的体育教学方法过程主要是由国家来规定原则、由各级学校具体设计的。

(三)学年的体育教学方法过程及其特点

学年体育教学方法过程是指根据学校的体育教学方法情况,针对学生的特点。把学段体育教学方法标准和方案的内容、任务、要求等具体地分配到学年中,使之相互衔接,并付诸实施的过程。它是一种客观的体育教学方法过程,此过程一般由各级各类学校的体育部门来掌控,主要表现为学校的《学年教学计划》,学年体育教学方法过程的主要特点包括以下内容。

1.系统性

学年体育教学方法过程要完成学段体育教学方法的要求和目标,而学段的教学目标如何分解,教学内容如何排列,教学时数如何分配,学年与学年又如何衔接等均是学年体育教学方法过程要着重解决的问题。因此,学年体育教学方法过程不仅要注意学段中各学年体育教学方法过程的关系,还是注意学年内两个学期间体育教学方法过程的关系,因此其系统性比较强。

2.周期性

学年体育教学方法过程的计划和安排要考虑体育教学方法内容的周期性,另外,在全年32—36周的体育教学方法过程中安排什么教材,安排在哪个学期,出现几次,教学内容之间的相互关系等等。

3.承启性

学年体育教学方法过程具有明显的承上启下性,它是超学段体育教学方法过程、学段体育教学方法过程和学期体育教学方法过程的连接点,对上具有体现作用,对下具有指导作用,是宏观过程转向微观过程的中介环节。学年体育教学方法过程也是超学段、学段体育教学方法过程的具体化,它实施的好与差会直接影响到体育教学方法的质量。

(四)学期的体育教学方法过程及其特点

学期体育教学方法过程是根据教师、场地、教材的特点、气候、教材性质等条件，把学年体育教学方法过程的内容、要求和任务分配到两个学期的各个教学周中去。此教学过程一般由各级各类学校体育教师和体育教研室来掌控，表现为体育教研组的《学期教学计划》，其主要特点包括以下几点。

1.季节性

学期体育教学方法过程的设计，要根据季节变化和当地的气候特点，把学年教学过程中所选择的教材合理安排到学期中去，使体育教学方法与季节相一致。如在夏季进行游泳、双杠、单杠的教学，而在冬季则可进行中长跑、滑冰以及室内运动的教学。

2.集散性

学年的体育教学方法内容确定后，就要根据学生的素质、教材的难易程度以及气候的变化等，把体育教学方法内容分配到学期的各周中去，这样就涉及教学内容的排列（集中与分散）。有的内容要集中起来学习，有的内容则可能要在两个学期中进行间歇性的学习。

（五）单元（1～36周）体育教学方法过程及其特点

单元体育教学方法过程是指教师按照学期体育教学方法过程的方案，按教学内容的学理性，安排一些单元，进行课时分配并实施教学的过程。单元是体育教学方法过程的基本单位，是由若干课时组成的“教学板块”。单元体育教学方法过程在体育教学方法中具有最重要的意义，它表现为体育教师的《单元教学计划》，它的主要特点包括以下几点。

1.规模变化性

单元体育教学方法过程有大有小，有长有短，而单元教学过程的长短和大小实质上决定了教学的容量和质量。单元的大小因教学目标、教材难度、学生水平、场地设施、教师水平的差异而不同，一般情况下，技术性不太强，教材难度不大的单元可小一些，如游戏、走跑等，低年级的单元也应该小一些，而高年级随着教材的复杂程度和难度的增大，单元教学过程的难度则会大一些。

2.学理性

单元体育教学方法过程具有较强的学理性，安排和设计主要应根据学生的学习原理，突出教学目标和任务的要求。同一教学目标可设计出不同的教学单元结构，同是篮球项目的教学，可以设计先分解教学再到整体教学的单元结构,也可先整体教学再到分解教学最后到整体教学的单元结构。而后者往往比前者在设计上要科学和先进,也就会避免我们经常能看到的“学生会篮球基本技术但不会打球”的现象,对比两种不同单元设计,更可清晰地发现其问题所在。

(六)学时(45~90分钟)体育教学方法过程及其特点

学时(45~90分钟)体育教学方法过程是指教师根据单元体育教学方法过程对每节课的要求组织实施体育教学方法的过程,它也是我们通常意义上讲的体育教学方法过程。根据学段和学校情况不同,有的学时教学过程为45分钟,有的则为90分钟。学时体育教学方法过程实践性较强,它是超学段、学段、学年、学期和单元体育教学方法过程实现的主要环节。学时体育教学方法过程的主要特点包括以下几点。

1.结构性

学时体育教学方法过程作为体育教学方法的主要实践环节具有一定的结构性,这个结构遵循着课堂教学的规律,遵循着学生身体机能活动的规律,遵循着学生认知的规律。所以在学时体育教学方法过程中,教师的教学要有一定的结构、层次和逻辑性。如,课堂可按“三段式”结构即开始、基本、结束来展开;也可按导入、学习、活动、结束等结构展开。

2.行为性

学时体育教学方法过程与其他阶段的体育教学方法过程相比,最大的特点就是行为性。它表现为一种积极的教学实践,无论从学生还是从教师的角度,都是实实在在的行为过程,是在教学时间里发生的教学行为。

3.方法性

学时体育教学方法过程作为一种教学行为存在,它非常注重教学过程中方法的应用。方法主要指教法、学法和课堂组织与管理的方法等。这些方法是完成学时体育教学方法过程目标和任务的关键因素,也是完成学时体育教学方法内容的轴心。

(七)技术学习点(10~30分钟)教学过程及其特点

技术学习点(10~30分钟)教学过程是指在学时体育教学方法过程中,课堂教学的关键和核心部分,也就是课堂教学中的重点和难点部分,时间长短不等,约在10—30分钟之间。技术学习点教学过程也具有较强的实践性，它是学时教学过程中的重中之重，主要特点包括以下几点。

1.技能形成的基本单位

技术学习教学过程是课堂教学的重点部分，往往课堂教学是围绕这个点展开的，所以在这个点上要突出注意学生技能的形成，在这个技术学习点时间内要突出学生学习的重点、难点和技术的关键，注意学生掌握技能的情况，使教学的其他目标和任务的实现建立在学生技能形成的过程之中，只有学生掌握了技能，才有可能实现其他领域的目标和任务。

2.身体负荷性

技术学习点教学过程的另一个特点是，要利用学习的重点来增加学生练习的负荷，在学习的高峰时期，注意力集中时期，增加学生的练习负荷，提高学生的生理承受能力，以达到增强体质、增进健康的目的。

五、“体育与健康”教学过程管理

学习和掌握体育教学过程的主要目的不仅是了解体育教学方法过程的理论知识，更重要的是要把理论运用到实践中，从而提高教学效率和教学质量。但要达到此目的，我们还要学习和掌握有关体育教学方法过程优化和管理方面的知识。体育教学方法过程优化的基础理论源自教育学家巴班斯基的教学过程最优化理论。

（一）体育教学过程的优化

在当今社会信息量猛增，既讲求效率，又讲求效益的时代，特别是在新一轮基础教育课程改革实施中，体育教学方法过程的优化具有深远的意义。体育教学方法过程的优化是指体育教师通过对教学系统的分析和综合，有目的地选择和实施优化教学方案，在规定的时间内和现有的条件下获得优质的教学效果。

1.体育教学过程优化的观点

用整体的观点认识体育教学方法过程，用整体的观点考察体育教学方法过程，有助于我们在教学实践中科学地把握体育教学方法过程的结构和活动环节。我们应该将体育教学方法过程看作是一个系统，它由纵横两个轴向构成，纵向是由超学段、学段、学年、学期、单元和课时等教学过程组成的；横向是由当地、所在学校所有学科教学过程组成的。用这种整体的观点才能更好地认识体育教学方法过程，才能对体育教学方法的大环境做一个具体的、整体的判断和分析。在此基础上才会实现全面优化教学目标、教学内容、教学方法、教学手段、教学组织形式和教学评价等。因此，在体育教学方法过程中必须整体而有序地考虑教学过程结构成分及相互联系，力求使体育教学方法全过程发挥最大限度地整体效益。

用联系的观点看待体育教学过程；用联系的观点分析体育教学过程的结构和功能，可以发现教学过程存在着多种多样的内在和外在联系。其中主要有因果联系、发展联系和控制联系。因果联系是指体育教学方法过程中各种行为活动与效果之间存在着一定的相互依存关系，因此，在教学过程中及其结束之后要不断地分析和研究各种现象之间的因果联系，寻求教学中的某些因素之间存在的本质的必然联系，并用这种联系取得教学效果优化的目的。

发展联系是指体育教学方法过程本身就是一个发展过程，而学生在教师影响下所产生的对掌握一定知识、技能、技巧的需求和满足这种需求的实际可能性之间的矛盾，是教学过程内部发展所固有的矛盾，这是推动教学过程不断前进的动力。因此，体育教学要充分发挥教师的主导作用，充分考虑学生的主体地位，精心选择教学内容、方法、形式和手段，以实现学生的身心发展。

控制联系是指教学过程是一个控制和自我控制学习认识活动的过程。表现在教师对学生学习活动的计划、组织和检查工作上，反映在体育教师教学的主导作用上。对教学过程控制太严，会压抑学生学习的主动性、独立性、创造性和学生自我控制能力的发挥；对教学过程控制太松，则会降低教师在教学中的主导作用，不利于学生主体地位的体现，影响学习效果。把握合适的尺度，寻求教与学控制之间的优化组合点是关键。

用综合的观点处理教学中的方法和形式。体育教学方法内容的执行和体育教学方法目标的实现均建立在优选的教学方法和组织形式之上才能完成。而体育教学是一个复杂的系统，涉及的因素比较多，如教材的难度、场馆的设施、教师的亲和力、学生的基础、天气的变化、环境的清洁等，而这些因素都可能成为选择教学方法和手段的关键点，所以在体育教学过程中要以综合的观点处理这些问题，优选教学方案，优质执行方案，优化评价标准，综合思考教学过程的优化。

2.体育教学过程优化的策略

体育教学方法过程有不同的分类,但是学时体育教学方法过程是体育教学方法的具体实践环节,是体育教学方法的基本单位,我们在这里着重探讨此过程的一些优化策略。

(1)优化体育教学方法目标,使之具有明确性

体育教学方法目标是体育教学方法过程的起点和归宿,是首要解决的问题,因为在整个体育教学方法过程中它对教学内容的组织、教学方法的实施、教学结构的建构和教学手段的运用起指导和统领作用。体育教学方法目标的确定有一定的依据,它具体受教育目的、学校教学目标、学科整体目标等制约。确定体育教学方法目标时要明确、科学和可操作,不可模棱两可、含糊不清,各种目标之间要有鲜明的差异性和连贯性。体育教学方法目标的确定要有利于教学设计,要有利于监控教学过程,要有利于衡量教学评价等。

(2)优化体育教学方法内容,使之具有可学习性

体育教学方法内容是体育教学方法过程中最基本、最主要的组成部分,是教学目标的载体。体育教学方法内容是教师和学生直接接触的材料,它是否受到学生的欢迎,学生是否对学习内容感兴趣都最终影响到体育教学方法目标的完成情况。因此,一定要精选体育教学方法内容,使之更具有可学习性,能受到学生的欢迎。当前的体育教学方法内容往往脱离学生的实际情况,脱离学生的生活经验,过多的竞技性内容,过多的成人要求,使体育学习内容变成学生"可望而不可即"的东西。为了优化教学过程,教师必须选择那些学生喜闻乐见,锻炼形式又活跃的内容,还要对竞技项目进行必要的改造,使之更具有教材性。

(3)优化体育的课堂教学结构,使之具有合理性

课堂结构是教学过程的主要表现形式,课堂结构不仅是在规定的时间、空间内教学活动的各个环节、步骤的具体安排,更是教学目标、教学内容和教学方法等的具体体现。课堂结构是一个复杂的系统,根据系统论整体大于各要素部分之和的观点,在优化体育教学方法课堂结构时不能只重视局部优化,而要着眼于整体,使课堂教学结构的各个组成部分相互协调,相互促进。按照课堂立体无结构的理论,进行体育课堂结构的优化。

(4)优化体育教学方法,使之具有实效性

体育教学方法是指在体育教学方法过程中,教师和学生为了实现体育课堂教学目标所采取的行为方式的总称。包括教师在课堂教学过程中的行为活动方式和学生在教师指导下学习体育知识和技能的行为方式。优化体育教学方法要使方法的选择适应教学内容、适应学生的基础水平,使学生在尽量短的时间内掌握较多的知识和技能,并受到全面的思想道德教育,得到全面发展。体育教学方法的选用要做到科学选用、高效突出、力求创新,同时注重对学法的研究。

(5)优化体育教学评价,使之具有激励性

教师是体育教学评价是教学过程中重要的一个环节,是指运用科学的手段,依据教学目标,对教学(教师和学生)活动进行全面的、全方位的定量或定性的分析,作出客观公正、准确的价值判断。优化体育教学评价要注意评价的全面性、民主性和发展性,最重要的是突出评价的激励作用和功能,使评价成为教师教学和学生学习的不竭动力。

(二)体育教学方法过程的管理

从管理学的角度来看,体育教学过程同时也是一个管理的过程,其中涉及计划制定、计划执行、信息反馈和计划评估等一些管理学的理论。从提高效益角度来讲,体育教学方法过程要非常重视管理,不仅要注重对教师教学能力的管理,而且要重视对学生学习行为和方式的管理;不仅要重视课堂秩序的管理,而且要重视课堂问题的管理;不仅要对学生进行约束,更要创设良好的学习氛围。

体育教学方法过程管理的内容比较多,有对体育教学方法计划的管理、有对体育教学方法场馆设施的管理、有对体育教师的管理、有对学生学习的管理、有对学生成绩的管理等等。但我们常见的是有关体育课堂时间方面的管理。课堂时间是有限的,如何在一堂课中让学生掌握更多的知识和技能,提高教学效率,是当前教学改革的首要问题。在体育课上怎么样减少浪费的时间,提高时间利用率也是当前体育教师面临的一个难题,更是体育教学过程优化的一个标志。体育课让学生等待的时间较长会让学生对课的学习失去兴趣,教师运用管理的时间太多,说明课堂秩序不好,组织比较零乱。所以体育教师在课堂上应尽量减少管理和等待的时间,增加学生活动和练习的时间,来提高教学效率。为了更好地提高体育课堂教学效率，提升学生学习的积极性，体育教师首先应加强体育教学方法课堂的管理，合理地分配时间，掌握教学技巧，使教学达到条件许可范围内的最大限度地优化。

第四节 体育与健康的教学方法

一、"体育与健康"教学方法概述

体育教学方法是体育教学过程中完成教学任务或目标所采取的教学途径和手段。体育教学方法是体育教学中的一个重要教学范畴，是一定社会、一定历史阶段理论和实践的产物，是以科学的世界观和方法论为依据的教学方法，是提高课堂教学效果的关键所在。体育教学方法又受到教学目的和任务的制约，这直接关系着学校体育教学目标的实现。随着社会经济、文化的发展，体育教学逐渐发展成为一个比较成熟的学科，其教学方法随着时代的发展而发展，随着学科的进步而更新。学校体育的价值观在发生变化，学校体育教学不仅要向学生传授体育知识、技术与技能，而且还要把增进学生身体健康、提高心理健康水平、增强社会适应能力、培养学生的体育能力和终身体育的意识作为着眼点与归宿。因此，在继承与发展传统的体育教学方法的基础上，针对时代发展的特征和现代教育发展的特点，开创一些新的体育教学方法，与时俱进，这是历史的必然。

二、"体育与健康"教学方法的发展

以下是对于21世纪以来体育教学的变化（2001年至今）的概述。

（一）课程标准实施以来体育课堂教学的变化

2001年6月，教育部制定颁发了《基础教育课程改革纲要（试行）》，研制了包括《全日制义务教育普通高级中学体育（1—6年级）体育与健康（7—12年级）课程标准实验稿》在内的基础教育各门课程的课程标准，并于2001年9月开始在全国范围内进行实验至今。新的课程目标把过去大纲定位的三大块目标与任务，即知识技能、增强体质和道德品质，划分为运动参与、运动技能、身体健康、心理健康和社会适应五个领域，在五个领域

之下又各自被分为六个水平。

该课程标准引发的体育课堂教学的变化如下。

1.理念的变化

第一,坚持“健康第一”的指导思想,促进学生健康成长。新的课程标准强调要坚持“健康第一”的指导思想,明确体育与健康课程是以增进中小学生健康为主要目的的必修课程。它以促进学生身体、心理和社会适应整体健康水平的提高为目标,融合与学生身心发展密切相关的体育与健康知识和方法,关注学生健康的意识和良好生活方式的形成。无论学生选择何种运动项目进行学习锻炼,都将增进学生健康贯穿于课程实施的全过程,以培养学生健康的意识和体魄,确保“健康第一”的思想落到实处。

第二,激发运动兴趣,培养学生终身体育的意识。兴趣是激发和保持学生行为的内部动力,也是影响学生学习的自觉性、主动性和积极性的重要因素。而运动兴趣对学生的体育学习又特别重要,因此只有学生对体育活动有兴趣,并使体育活动成为学生自己的内部需要,他们才会自觉参与到体育活动中去。因此,体育教学应将激发和保持学生的运动兴趣放在重要位置,学生有了运动的兴趣才会经常参与体育锻炼,才能养成坚持体育锻炼的习惯,才能树立终身体育的意识,也才会将体育活动作为生活中不可或缺的一部分。

第三,以学生发展为中心,重视学生的主体地位。新的体育课程强调以学生发展为中心,意味着在体育教学过程中要重视学生的感受和情感体验,但并不排斥体育教师在体育教学过程中的主体地位和指导作用。因为体育教师在教学过程中仍需要进行示范和讲解,所以不过分强调教师的指导作用,也不花费过多的时间进行示范和讲解,应该尽可能多地留有时间和空间让学生进行学习,让学生在体育活动中释放情绪和体验愉快,并获得更多的认识和理解。

第四,关注个体差异与不同需求,确保每一个学生受益。体育是为所有学生设立的一门课程,体育教师的教学对象是全体学生,而不是少数有运动天赋的学生。因此,体育教学应该面向全体学生,使每一位学生都能受到同等的尊重和关注,都能体验到体育学习的乐趣,都能健康快乐地成长和进步。

另外课程标准强调体育课堂教学所关注的是学生如何通过身体活动

去实现健康目标,即在学好体育基本技能与发展身体过程中促进学生心理健康与社会适应能力的提高。提出今后我国中小学的体育教学不仅要关注学生课堂的行为表现,更要重视学生在课外坚持锻炼身体的行为习惯的养成情况。

2.教案的变化

第一,教案的格式。在以往的教学中,整个教学过程从头到尾都是以运动技术教学为主体,所以有固定的教案模式。但新课程标准要求教案要体现学生的主体地位,发挥学生的积极性和主动性,而教师所教学的对象又是千变万化的,用一种固定不变的方式应对随时变化的对象显然是不行的。新课程标准也没有给出统一的教案格式,这为体育教师留有广大的发挥空间。因此,许多教师对传统的教案进行了修改。例如简化教案,加强教案的灵活性,并且也取得了一定的成效。只要教案有利于教师的教以及能促进学生的学,这样的教案就是好教案,是值得广大的体育教师去学习和借鉴的。

第二,教学目标的设置。新课程标准把原来的认知、技能和情感领域目标发展成为运动参与、运动技能、身体健康、心理健康和社会适应五个学习领域,使体育教学目标的内涵得到极大地拓展。新课程标准要求体育教师在把握课程五个目标的前提下,深刻理解教学内容的教育价值,把一节课要教给学生的体育知识、技能和促进学生某些方面的发展紧密地结合起来,逐步达成课程的总目标。并且提出一节体育课具体要安排几个教学目标,应本着科学求实的态度,进行客观,具体的分析。一节课的教学目标,应当根据单元教学目标,教学内容的教育价值、学生的实际水平及教学环境等因素,实事求是地制定出具体的、恰当的、本节课能够达成的目标,并反映出以身体练习为主要手段,以体育知识技能和方法为主要学习内容的体育学科的本质特征。

3.学生的学习方式的改变

传统的体育课一味地强调教师采用传授式的教学方法,而学生的学习方式是一种接受式的学习方式,这种传递接受式的教学方式强调了教师的“教”而忽视了学生的“学”,助长了学生学习的依赖性,同时泯灭了学生的创造性,不能关注学生的情感体验。但接受式的学习方式仍是当前最经常采用的一种学习方式,而我们所要做的是如何把这种学习方式运用得更合理,更符合现代人发展的需要。

为此,新课程标准强调转变学生的学习方式,将学习方式由单一性转向多样性,让学生在读中学、做中学、听中学,在思考中学习、游戏中学习、练习中学习,合作中学习,让学生了解和掌握更多的学习方式,让身体更多的器官参与学习,从而获得学习中的乐趣与全面和谐的发展。因此,以自主学习、合作学习和探究学习为代表的新的学习方式应运而生。

4.师生关系的改变

新课程标准要求体育教学要通过交往,建立和谐民主的师生关系。体育教师要把学生作为教学的主体,以平等的态度对待每一位学生,教师既要参与到学生的体育学习和活动中,也要让学生参与到体育教学过程中,让学生充分发表意见。新课程标准强调以学生发展为本,而尊重和信赖学生是实现这教学理念的重要基础,因此必须给学生提供充分的学习和活动时间,必须真正尊重和信赖他们。

综上所述,课程标准颁布以后,体育课堂教学重点由关注教学指向关注学生,即更关注未来国民的素质:教学目标由强调知识、技能和体质目标,转为关注学生体育学习的过程、方法,情感、态度、价值观和健康目标;教学内容由以前的具体内容变为开放性的、结合实际情况的、没有具体规定的教学内容,为教师教学能力的发展及学生兴趣的培养提供了更有力的保障。此阶段主要是通过激发学生学习兴趣来提高学生参与运动的频度,进而增强体质,达到学生身体健康的目标,因而教学方法以自主,合作、探究、游戏以及传统的体育教学等手段为主。

(二)"学科核心素养"下体育课程与教学的变化

党的十九大明确指出:"要全面贯彻党的教育方针,落实立德树人根本任务,发展素质教育,推进教育公平,培养德智体美全面发展的社会主义建设者和接班人。"本课程要真正落实立德树人的根本任务,充分发挥体育的育人功能和价值,就需要按体育与健康对应的核心素养要求培养学生。随着课程改革的进一步深入,推动了体育与健康课程的实施,新型的体育课堂教学,必须要有新型的教学内容和要求。

体育与健康学科核心素养是《普通高中体育与健康课程标准(2017年版)》(以下简称《课程标准(2017年版)》)中提出的高中阶段全体学生所应达到的标准,也是国家对学校体育的诉求的指向,是普通高中体育与健康课程改革和发展的灵魂。新的课程目标实现了由五个领域向三大核心素养的转变。学科核心素养引领课程目标、教学内容、学业质量、教学方式，学习评价的方向，也是对党的十九大精神在体育教学层面的诠释。

体育与健康学科核心素养主要包括运动能力、健康行为和体育品德，是对知识与技能、过程与方法、情感态度与价值观的整合。是以发展学生素养为核心的价值的体现。在体育教学中培养学生的体育学科核心素养应注意以下几方面。

1.体育教师应注重提高自身的专业素养

体育教师是体育课堂教学的组织者、实施者，在体育教学活动中起着至关重要的作用。作为教师，首先要具有良好的思想品德，要为人师表。此外，体育教师需要定期参加各类培训，提高自身的专业水平和综合素质，努力使自己成为一名新时代的教育工作者，包括专业知识、专业技能、专业的课堂组织管理能力和教育教学能力等。常言道“腹有诗书气自华”，丰富的科学文化知识可直接表现为体育教师高水平的文化素养。所以体育教师的专业素养应包括文化素养、心理素养、道德素养等，并且体育教师的专业素质和综合素质的高低，对学生的影响也是显而易见的。为此体育教师要不断完善自我，不断提升自身的专业素质，要以身作则，对学生起到榜样的作用。

2.体育课堂教学重视德育渗透

中小学体育教育渗透德育的方法多种多样，体育课堂教学也是实施德育教育的有效途径之一。如体育教师在游戏比赛中对学生进行促进团结协作的集体主义教育，使学生树立关心他人、互帮互助的良好意识，学会与他人相处、宽容的优秀品质；培养学生遇到困难要敢于面对、坚持不懈和吃苦耐劳的体育精神；培养学生自信、果断和超越自我的拼搏精神。体育教师在教学中要充分发挥德育功能，将德育教育贯穿于课堂教学，有针对性地结合教材内容和教学活动进行德育教育，真正彰显体育课程的“育人”价值。

3.培养学生终身体育的意识，养成自主锻炼的习惯

体育教师及学生家长都应转变传统的教育观念，鼓励学生积极参与他们喜欢的体育项目，帮助学生端正体育态度树立正确的体育观念，培养学生自主锻炼的能力，提高学生对体育的认识，使学生了解体育的价值。在

体育课堂教学中应使学生了解有利于人体身心健康的科学知识和运动常识,掌握科学锻炼的方法,为终身体育打下基础。

4.提高学生心理健康水平,增强学生的社会适应能力

党的十九大报告指出:“青年一代有理想、有本领、有担当,国家就有前途,民族就有希望。”体育课教学中体育教师应学会挖掘体育课程的潜性价值以培养学生不怕苦、不怕累,敢担当的精神。

21世纪以来,“以人为本,全面发展”以及“健康第一”的学校体育指导思想的提出,使我国学校体育改革进入了一个崭新的历史时期。此阶段素质教育问题成为热点,形成了体育与健康教育相结合,全面提高学生体育素质,并服务于终身体育的局面,确立了人文体育观的主导地位。体育教育的目标应以体现其“育人”的功能为出发点,运用信息技术手段,促进身体发展,最终达到促进学生身体健康发展的目标。目前,体育课堂教学正处于转型期,工业时代的标准化培养目标已逐步让位于目前转型期的以培养学生成为健康的有个性的人为重点目标。因此,当前课程目标定位应把体育核心素养有效地落实到体育课堂教学中。

三、“体育与健康”教学方法的原则

体育原则是指在增强体质的教育过程中所需要遵守的基本规律,也就是指导身体教育或体育教育工作的准则。体育锻炼必须与掌握的体育知识、技能相结合,以科学理论为依据,遵循人体发展的规律,否则会适得其反。在体育理论和实践中,应该注意研究体育在增强人的体质和完善人格的指导原则等方面的作用。

(一)自发性原则

所谓自发性,就是本身的意思。意味着在自动的条件下,按照自己的兴趣去进行活动。这包括两层意思,即兴趣和自觉。体育不光是指学校体育,还包括学前体育和社会体育,人的一生在校读书的时间与学前和社会相比还是少于后两部分的时间的。那么,想要让学前儿童和社会工作人员参加体育活动,而且是自觉自愿的,动力是什么呢?答案是兴趣。“兴趣是最好的老师”,一旦锻炼者对所从事的体育项目感兴趣,就会有强烈的动机,就可以充分调动主观能动性、克服困难、取得胜利。教育学上讲兴趣是动力的源泉。社会上不少人能自发、自觉、积极地参加体育活动,其主

要原因就是因为有兴趣。当人们对身体锻炼产生兴趣时，他们总是积极主动地而且心情愉快地去进行身体锻炼，并以此为乐，这在人体生理机能上也发生良性变化。有了兴趣，能积极地参加体育锻炼，养成良好的锻炼习惯，从而逐渐引导发展成为有目的地去锻炼自己的身体。在对体育运动感兴趣的基础上，进行科学合理的运动，才能取得比较好的增强体质的效果。

在刚刚开始从事身体锻炼时，不仅要注意对内容、方法的选择和运动负荷的安排，要注意有利于形成兴趣，从而逐渐培养对身体锻炼的稳固兴趣，这对于调动参加体育锻炼的自觉性也有着积极的意义。身体锻炼的主动性一方面依赖于努力达到的目标的毅力；另一方面来源于活动内容的吸引，来源于对锻炼内容的兴趣。

兴趣有直接兴趣和间接兴趣之分。直接兴趣指对现实具体活动内容本身所产生的兴趣。间接兴趣是对活动的未来结果等所产生的兴趣。兴趣能诱发自觉，但兴趣由于多次重复也可能出现转移或淡化，所以，身体锻炼要有主动自觉性，还要依赖于养成锻炼的习惯。自觉性是指体育锻炼的参加者必须抱有明确的健身目的，自觉地从事体育锻炼。贯彻自发性原则的要求。

形成兴趣，调动积极性。身体锻炼的自发性，兴趣非常重要。当人们对身体锻炼产生兴趣时是积极主动而且心情愉快地去进行锻炼，并以此为乐，这在人体生理机能上也会发生良性变化。如人体内血糖的上升，肌力增加的情绪饱满。兴趣的形成和身体锻炼内容与方法的选择，以及运动负荷的承受力有着密切的关系。有的人开始参加身体锻炼时，仅仅是出于对某种体育活动内容好奇，或由于某种锻炼方法使其感到锻炼很有兴趣。因此，在刚开始锻炼的时候，培养对体育的浓厚兴趣尤为重要。

明确锻炼的目标。人们参加体育锻炼的行为，总是受一定的动机驱使，并指向直接或间接追求的目标。体育锻炼一定要自觉自愿、心情愉快，才能增进身心健康。有了明确的锻炼目标，在实践中就更能发挥主观能动性精神，坚持锻炼的信心。只有真正认识到体育锻炼的长远意义和现实作用时，才会把它转化为自身发展的一种需要，并在实践中进行有意识地自觉锻炼，慢慢地摸索出适合自己的锻炼项目和锻炼方法，培养练习和摸索的兴趣。只有这样，才能产生从事体育锻炼强大而持久的动力。

掌握一定的体育锻炼知识的技能，培养和形成对体育锻炼的兴趣，逐渐形成自觉行动和良好的体育锻炼习惯。

经常检查锻炼的效果。这样不仅可以检查锻炼方法是否得当有效，而且可以看到锻炼的成效，从而使体育锻炼的兴趣与信心进一步增强，自觉性更加提高。

（二）个性化原则

个性是一个完整的心理结构，是个体运用自己的经验，在对环境的变化进行反应和行动的过程中形成和表现出来的比较稳定的各种心理特征和倾向性。它包括心理过程和个性心理特征。个性化原则就是鼓励体育锻炼者在体育运动过程中根据个体之间的差异，对体育的兴趣、体质状况和锻炼的程度等的不同制定属于自己的运动处方，形成自己的个性，从而使体育运动符合个体的实际情况，达到增强体质的目的。遵循个性化原则，就要改变传统体育运动中存在的运动统性问题，应该针对体育锻炼者的个性特点、特长或潜在优势进行有意识地培养和训练，并要发展个体的相应条件和环境。从实际出发，根据个人的实际情况，有针对性地确定锻炼的目的、方法、内容和运动负荷，遵循人体发展的客观规律。贯彻个性化原则的要求包括以下内容。

不同年龄阶段，人体机能具有差异。儿童少年处于生长发育阶段，全面发展身体是锻炼的前提。由于骨骼硬度小，韧性大，不宜采用过多的负重练习，否则会引起下肢骨弯曲变形。从事一些非对称项目的练习要适度，并注意非用力肢的锻炼，以免影响脊柱发育的正常弯曲和身体的均衡发展。儿童少年的心肺功能尚未完善，心跳和呼吸频率快，心排血量的肺通气量较小，不能进行过分激烈的运动，并要避免过度疲劳。青壮年时期，从身体机能看，可以承受较大的练习强度，依据兴趣爱好，几乎可以从任何体育项目中选择锻炼内容。但是，由于这个时期工作繁忙，锻炼机会较少，所以更应注意锻炼。中老年时期，人体各组织器官逐渐老化，机能逐渐衰退，不适合大强度的运动。

性别特点，男女身体差异是多方面的。男性肌肉发达，约占体重的42%左右，女性只占36%左右，故女性运动负荷应小于男性。女性髂部宽，重心低、关节韧带的灵活性较好，适合完成平衡、柔软等动作，男性肩宽、髂窄，完成力量、速度以及跳跃等练习的能力较强。从心理特点看，女性喜爱动作轻盈、优美、富于韵律的项目与动作，应妥善安排不同训练项目。

身体的健康状况。身体各部位的机能状况，是确定锻炼内容、方法和运动负荷的主要依据。从实际出发，安排适宜的运动负荷。同样的运动负荷，对一些人适宜，对另一些人可能就大了或小了。同一个体而言，在锻炼初期是适宜的，但经过一段时间的锻炼后，就可能又小了。实践证明，运动负荷太小，对机体的刺激强度不够，运动负荷过大，超过了机体的承受能力，不仅不能增强体质，反而会损害健康，容易发生伤害事故。根据个体的健康状况去锻炼，会取得比较好的锻炼效果。

不同的锻炼目的。锻炼者在增强体质的大前提下，还抱有不同的具体锻炼目的。有的人是为了增进健康，有的人是为了健美身体，有的人是为了消遣娱乐，有的人是为了迎接比赛。锻炼时可根据不同的锻炼目的安排锻炼的内容和标准。

（三）意识性原则

意识是人类反映客观的思维形成，包括有觉察的因素在内。体育的意识性原则，主要是指对体质增强过程的理解和对增强体质效果的觉察，有意识地去进行增强体质的过程。讲究体育的意识性原则，这就需要首先注意到意识的指向性，即要看是什么意识，是对体质的意识，还是技艺意识，是体育意识还是娱乐意识。人的活动，除了有机体的自律活动和反射活动之外，所有的随意活动都伴随着一定的意识。只存在着意识的程度和不同指向的区别，而不存在有没有意识的问题。

意识性原则在教学上要求教师要有体质的意识，更主要的是要求学生要有意识地锻炼身体，并有意识地觉察其效果。要想让学生有增强体质的意识而自觉地去锻炼自己的身体，首先教师要有这种意识。在体育课堂上要指导学生有意识地去锻炼自己的身体。身体的锻炼不仅是课外的事，更主要的是课内的事。若是把体育锻炼的事放在课外，课内只讲究运动技艺，那么，对增强体质的活动怎么能有意识去指导呢？这方面的知识怎么能正确地教给学生呢？

现在的情况跟历史的过去不同了，增强体质的规律和方法已被揭示出来，有可能运用这些知识去追求更好的增强体质的效果了。因此，锻炼身体和增强体质的事已成了自觉的行动，需要有意识地把它纳入课内，作为课程主要内容去教、去练。贯彻意识性原则的要求包括以下内容。

明确增强体质的意识和教学技艺的意识的区别。增强体质的意识和教学技艺的意识有着本质的区别。在锻炼学生身体的过程中,要把意识指向增强体质的问题上。在运动技艺教学上则是把目标放在技艺上。二者不可混同或更换。在体育教学方法中所讲的意识性,是增强体质的意识性,而不是运动技艺教学的意识性。增强体质的规律是很复杂的,随着科学的发展,人们对它的认识越来越清楚,即对它意识得越来越深刻,越来越丰富。

加强增强体质的重要性的介绍。锻炼身体和增强体质的规律性的知识和方法,应该作为体育课上要教给学生的主要教材,要把这些内容和运动技艺结合起来去进行教学,技艺的东西也是需要教的。但是,我们广大学生,不能牺牲智力和身体的全面发展去追求那种高超的技艺。所以应该适当地减少技艺教材,腾出较多的时间让学生有意识地去锻炼身体。把增强体质所必需的知识技能,特别是把反映锻炼身体和增强体质的规律性的科学知识列入教材,作为教材的主体内容来教给学生,培养学生增强体质的科学意识。

明确增强体质的评价标准。教师应该掌握检查学生体质增强了多少的本领,以便去检查自己工作的成效。我们不能总是把运动技艺成果看作是增强体质的全部成果,而应该有全面综合学生体质情况的本领。综合评价学生体质的事,是体育教师业务中很重要的内容。不去评价学生的体质是体育教师的失职。体质评价的结果,是一个学校体育工作好坏的主要标志。

现在,教育中追求比赛冠军的意识远远超过追求增强体质的意识,主要是比赛结果经常激励着全体教育工作者和广大学生的心。而对增强体质结果,没有评价,没有评比,没有一点激发作用,没有一点需求之感,没有这种意识,所以才被视为无所谓的事情,甚至是完全被置之度外。可见,检查广大学生体质增强的效果是非常重要的,只有把这种结果揭露出来加以评价才能逐步建立起增强体质的意识。意识性原则对于广大的体育锻炼者来说,主要是要意识到体育锻炼的重要性和本身锻炼的实际情况。体育锻炼者能够根据本身的实际情况不断地调整自己的运动状态,检查自己的运动效果,随时随地的制定适合自己的运动处方,以便更好地增强体质。

（四）渐进性原则

渐进是指身体锻炼必须按人体自然发展、机体适应性规律和超量恢复原理，逐步积累增强体质的效果。渐进性原则是指身体锻炼的内容、方法和运动负荷的安排，应反映身体锻炼发展过程的必然性，按合理的顺序逐步提高。人体生理机能活动能力的变化规律是在长期实践过程中逐步认识而形成的。锻炼身体时，各器官、系统的机能与肌肉活动能力是逐步适应、逐步取得平衡的。如参加体育锻炼时，一定的生理负荷对机体产生刺激，在一段时间内经过多次的重复刺激，机体才能对这种刺激产生适应过程。当机体对一定的生理负荷适应之后，这种负荷量对机体的刺激就会变小，这时可适当增加负荷量，让机体产生新的适应能力。

但运动负荷的增加要循序渐进地由小到大，逐步进行，切忌增加过多、过猛，如操之过急，使运动负荷增加过多、过快，违反了循序渐进这一规律，不仅削弱锻炼效果，还会对身体健康带来不利影响。而且，这也常常成为运动损伤和疾患的诱因。如何渐进，多长时间进一次，每次进多少为宜，在体育科学的基础上，已经有了较为具体的数据，超量负荷原理规定了时间阶段的计量标准，价值阈原理规定了每次运动的计量标准。有了超量负荷和价值阈的计算标准，渐进性就有了渐进的指标。在实践中要按照超量负荷和价值阈指标去安排渐进的幅度和阶段的时间。贯彻渐进性原则的要求包括以下内容。

身体锻炼不能急于求成，要有目的、有计划、有步骤、循序渐进地进行。运动负荷必须符合自己的实际情况，一般应在逐步提高“量”的基础上，逐步增大运动强度，锻炼后要有适度的疲劳感觉，又感到胜任愉快，然后再加以调整，以取得新的锻炼效果。参加体育锻炼，在运动项目、内容的选择上，首先应考虑简单易行、容易收到锻炼效果的项目。如跑步、广播体操、跳绳等。在学习动作时，也要由易到难，逐步学习、掌握和提高。如掷铅球练习，要先学原地的正面的投掷方法，待熟练地掌握后，再学习移动中的侧向和背向的投掷方法。逐步提高练习的难度和复杂程度，这样运动器官才能逐步适应动作的要求，使之熟练地掌握动作技能。特别是在学习那些难度较大的运动项目时，如田径中的跨栏跑、撑竿跳高，体操中的器械项目等，应特别注意练习的渐进性、系统性，以免发生伤害事故。

锻炼时应遵循人体生理机能活动能力变化规律。在每次参加锻炼身体的组织安排上，也应合理地、有顺序地进行安排。首先要做好准备活动，待身体充分活动开始后，再进行计划内容的锻炼。因为人体从平时相对安静状态进入剧烈的活动时，不可能一开始就发挥出机体的最高运动能力。机体的工作（运动）能力是由逐步适应，到逐步上升至发挥到最高水平的。所以，在锻炼前首先要做好准备活动，不能草率马虎。

机体的运动适应过程的长短取决于从事运动的性质和个人的训练基础，一般来说，肌肉活动越复杂所需要的适应时间就越长；训练水平低的比训练水平高的人需要适应的时间更长；运动时外界的各种环境、气候等也影响着运动适应过程时间的长短。此外，人体运动具有惰性，而内脏器官机能的生理惰性要比运动器官组织（主要指肌肉）机能的性情大得多，当人体开始运动时，运动器官在很短的时间内即能发挥出最大的工作能力，而内脏器官机能要发挥到相适应的最高水平，则需要比运动器官更长的时间。由于这种差别的存在，在锻炼内容的组织安排上，强度大、动作激烈和复杂的练习不要放在开始阶段，也不宜安排在结束锻炼前，因为，锻炼结束前机体工作能力已下降，开始出现疲劳反应，对完成这类练习是很不利的。

四、“体育与健康”教学方法的手段

（一）体育教学方法的手段概述

自从有了人这种具有思维的高级动物，世界上就出现了有目的的活动。人类能有目的的认识自然和改造自然，把活动打上自己意识的烙印，是人类所特有行为，也是人类的社会实践活动区别于自然界的自然变化和生物的本能活动的一个特点。通常的目的是人们在客观现实中，为了满足某种需要，依据客观事物发展的因果性和规律性而提出的理想结果。为了达到目的，人类就要创造和运用手段。体育教学方法的手段就是人们为了满足人们追求一生健、美、乐的目标，所创造和运用的手段与途径。体育教学方法的手段的创造和运用受体育目的和社会生产力发展水平等多因素的制约，其中体育目的对体育教学方法的手段的影响最为直接。体育目的的不同就会有不同的体育教学方法的手段与其相对应。尽管人们从事体育活动可以有多种目的，但如前所述，主要以“健身育人”这一目的作为主线展开研究和探讨。①

①张灵莉．体育与健康教学方法探析[J]．西部素质教育，2017，3(02)：211．

1.“体育与健康”教学方法的手段与体育目的的关系

人的一切活动都是自始至终受目的的驱使和支配。目的在开始虽然以人的主观观念形式存在的，但它绝不是人们脑中先天的、固有的、主观自生的或凭空想象出来的。目的是人们在客观现实中，为了满足某种需要，依据客观事物发展的因果性和规律性而提出的理想结果。因此，目的的确是客观现实在主观上的体现。人类生活在现实世界，为了满足生存的需要，就要有许许多多的有目的的活动。为了达到目的就要创造和运用手段，手段的运用和创造，往往决定着目的能否实现和如何实现。手段不是一种孤立的单纯依靠自己规定的东西，它的规定性就是达到或实现目的的手段。手段与目的总是联系在一起的。不与目的联系的手段，它就失去了作为手段的意义，脱离目的，不能成为任何目的的手段，对目的来说就等于没有。

同样道理，增强人民体质的手段的产生，就是为了增强人民体质这个目的而被创造出来并且在实践中加以正确地运用，从而使目的得到实现。理论和实际都表明，手段是受目的制约和支配的，从属于目的，并服务于目的。

当我们了解了上述关于手段与目的的这一关系之后，在选择和运用手段增强人民体质的手段时，就要努力把握好这一关系，使手段真正为增强人民体质这一目的服务。值得提出的是，身体运动作为一种手段，在当前，不仅用于增强人民体质，而且还用于身体娱乐其他方面，如：舞蹈、戏剧、游戏、杂技、田径运动、体操运动、军事活动和劳动等等。但是身体运动作为增强人民体质的手段与作为身体娱乐等其他方面的手段是有本质区别的，这种区别是由手段的内在规律性决定的，是由于各自的目的不同的缘故。

手段受目的的制约和支配，从属于目的，服务于目的，但这不意味着手段是一种消极的、被动的因素。事实上，手段是决定目的的提出和性质的客观现实条件。目的的提出虽然要以自然界的规律和社会规律以及客观现实中未成熟的因素为前提和依据的。但是，从具体条件上来说，目的在很大程度上还是手段的产物，没有已经具备的现成的手段，或者没有具备创造某种必需手段所需要的成熟条件，人们就不可能提出和规定某种具有现实意义的目的。或者人们提出了某种目的，即使这种目的在本质上是符合它所指向的对象的实际规律，但它在一定时期内仍然不可能实现和达到，而是直到能够实现这种目的的手段被创造出来为止。人的目的是反映人的某种需要，而人的需要是发展的，不会停留在一个水平上，产生了新的需要又会提出相应的目的。“需要是同满足需要的手段一同发展的，并且是依靠这些手段发展的”。

由此可见，手段是目的产生的现实条件，目的依赖于手段。不仅如此，手段是实现目的的现实力量，人们提出目的本身并不是目的，而是立足于现实。如果没有现实手段的“接引”或“引渡”，它是注定不能变为现实的。主观目的必须而且只有凭借现实手段这个桥梁和媒介，才能由主观现实过渡到客观现实的彼岸。人们在身体运动过程中，为了达到增强体质这个目的的需要，学习和掌握一定的知识和技能，在学习和掌握知识技能的过程中，人们就把掌握知识技能作为目的。当这一目的实现后，人们就把已掌握的这些知识技能当作手段作用于身体以达到增强体质的目的。增强体质的目的实现后，又可作为手段为达到新的目的而发挥作用。在实践过程中，类似这样手段与目的的相互转化是客观存在的，不过每一次的转化手段和目的都被将赋予新的内容而绝不是简单的互换。

手段还有一个特点，它对目的来说，保持着一种相对独立的形态，有着自身发展的历史。比如，足球作为锻炼身体的一种工具，虽然它在被创造的过程中，是作为健身活动的一部分出现的，但它有自身的发展轨迹，由“毛纠结为之”而发展到“以胞为里，嘘气闭而蹴之”，一直发展到现代的样子。足球运动的方式是经历了一个独立发展的过程，不是局限于受某一特定目的而发展的。手段是人们为了一定的目的创造出来的，由于手段具有相对的独立性，在它身上以物化的形式凝聚着人的经验、智慧和创造力，世世代代积累、流传下来，又不断地经历着新陈代谢，因而形成手段自己相对独立的发展史。上面说的足球就有着它自身的发展史。

2.“体育与健康”教学方法的手段的概念

在历史的长河中，人类一直追求健康长寿，创造了许多健身娱乐的方法和工具。在实施的体育健身的过程中，涉及两个问题。一是体育健身过程中“用什么（借助于什么）”对人的身体产生作用，二是“怎么样（用什么方法）”实现这一目标的问题。我们为了把它们区别开来，把回答“用什么”的称为体育教学方法的手段，把回答“怎么用”问题的称为体育方法。

体育教学方法的手段是人们为了促进身体健康、娱乐身心而采取的各种内容和工具方法的总称。增强人民体质是这些手段的根本目的，自有体育以来，也就同时有了达到体育目标的各种各样的体育教学方法的手段。它紧跟体育目标演变发展的步伐，随着人类社会的演进发展和人们需要不断提高，而不断改进、完善。

3."体育与健康"教学方法的手段的特征

体育教学方法的手段具有历史性、民族性、地域性、实践性和国际性。认识和研究体育教学方法的手段的一般特征，可以使我们更自觉地去挖掘和创造适应我国地理环境、文化传统、民族习惯和人民需要的新的体育教学方法的手段，丰富全民族的体育生活，并且有意识地把我国的传统体育教学方法的手段有计划地推向世界，为促进世界文化发展作贡献。同时，能够更好地吸收国外的有价值的体育教学方法的手段，为我所用。

(1)历史性

体育教学方法的手段是人类社会发展过程中，人类为满足自身的需要而创造的具有文化价值的精神财富和物质财富而不断创造和丰富起来的。体育教学方法的手段的丰富与否，是社会文明程度的标志之一。体育教学方法的手段的发展与社会经济、文化、科技水平都有密切的联系，是随着社会的发展和人的需要的逐步提高而不断由低级到高级、由少到多地发展着，因而不同时代的体育教学方法的手段，总是反映当时人们需要的水平和类型。随着现代竞技体育的兴起，社会现代化水平不断提高，现代科学技术的迅猛发展，健康的社会价值和地位的日益提高，成为社会生活中不可缺少的一部分。

(2)民族性

体育教学方法的手段的产生和采用总是与这个国家或地区的民族文化传统和民族习俗有关。目前众多的国际通用的体育教学方法的手段，都发源于各个不同的民族和国家的。例如：我国人民喜闻乐见的武术、气功，日本人喜爱的柔道，西班牙人喜欢的斗牛等。即使在同一个国家里，不同的民族也有自己本民族传统的体育教学方法的手段。例如：我国蒙古族的马术、摔跤，朝鲜族的荡秋千等。

(3)地域性

体育教学方法的手段还有地域性特征，因为它的产生和流行总是与一定的地理环境、自然条件等有关如气候、地形地势，地处寒冷地带的国家和地区，每年冰冻期较长，冰雪项目就开展得较多；气候较热，水域较多的国家和地区，水上运动就比较普及；草原地带畜牧业发达的国家和地区，骑马运动就发展得好。

（4）实践性

体育教学方法的手段是一个不断发展的开放的体系，它在脱胎于人类的各种自身生活实践中。如劳动生产、军事活动、模仿动物动作、挑战自然等，经过发展、演变和人类的再创造，逐步形成一个独立的完整体系。

（5）国际性

任何一种体育教学方法的手段都是人们用来健身娱乐的工具，它不受任何政治和国界的限制，只要是健身价值高或趣味性浓，就容易被世界各国的人民所接受。目前，被列为夏季奥运会的比赛项目已达220余项，冬季奥运会已拥有40多个单项，这些项目有统一的比赛规则，可以在规定的时间和范围内进行自由的活动。

4.体育教学方法的手段理论的发展

人类对事物的认识，总是需要一定时间的。对体育教学方法的手段的认识，也是有一定发展过程的。虽然人类很早就开始运用体育教学方法的手段进行健身娱乐，但体育教学方法的手段理论化的发展的时间并不长。我国20世纪30年代的体育理论著作或体育原理中还没有谈到体育教学方法的手段，但已把体育教学方法的手段看作是教育的一种工具、方法。对体育教材做了详细的说明。体育教材是体育教学方法的手段的具体内容。方万邗先生谈到的“体育教材选取的标准”，类似今天我们所讲的编写体育教材的原则，他讲选取体育教材要符合体育教育的目的、目标，这非常重要。脱离体育目的的体育教材是行不通的。正如方先生所说：“每种体育教材，应该是有功用和目的的，它可以间接或直接地达到我们的目标，我们认清它的本身，并不是一种目的，而是用以达到最高目的的工具”。方先生还非常强调体育教材要符合体育强身健体的目标，他说：“非但必须去除有害的活动，同时更加注重有益活动的注意。”另外，方先生还特别注意体育教材的实效性，他说：“体育教材需求内容的充实和完善，不仅力求形式的动人和视听，还要求实际上的效率，不应只顾外观之优劣。”这里实际提到了体育教学方法的手段与竞技手段的区别，竞技运动必须重外观之优劣，这是由其表演的本质决定的。这些学术思想至今仍有现实意义。

然而，方先生所谈的体育教材内容，还是仅以大肌肉运动的内容，就是说他谈的体育教材是体育教学方法的手段是包括身体运动、不包括自然力、卫生、优生等内容，应该说是一种缺陷。但也是可以理解的，当时的科技水平，也只能认识到如此程度。

20世纪50年代，苏联提出的体育教学方法的手段包括身体操练、自然力、卫生学因素，这里的论述是全面的，比单纯以运动为手段进了一大步。苏联所采用的体育教学方法的手段是保证苏联人的体能全面发展，是体育教学方法的手段与体育目标一致的表现。

值得注意的是，苏联对体育与竞技的区分是很清楚的，明确地划分活动游戏与竞技游戏，认为“参加者们为本队争取胜利是竞技游戏的特征因素”（库库什金《体育教育理论》第71页）凯里舍夫讲的身体练习没有“为提高运动技术水平”这一条，他认为“身体练习诗人旨在增强其健康，发展体能和掌握生活中必要的技能和本领的有目的和有意义的活动”（凯里舍夫《体育教育理论》第89页）凯里舍夫把体育理论对身体运动理论的研究升华了一步，动作七要素为竞技运动训练和竞赛服务的。凯里舍夫认为，在体育中所用的身体练习要考虑运动对人体的影响，这非常重要，他说：“身体练习对人体的影响相当多样，因此，要以科学的态度来选择和运用身体练习，这就要求严格地估计他们对人体的影响和创造保证其最大效果的必要条件。”（凯里舍夫《体育教育理论》第99页）这里实际上讲了身体练习作为体育教学方法的手段是要有条件的，这里是凯里舍夫体育教学方法的手段的精华部分，我们今天恰恰丢掉了。

凯里舍夫也特别重视自然力、卫生因素、作息制度等作为体育教学方法的手段的重要性，他说：“卫生因素、作息制度、正确的睡眠和营养，以及个人和公共的卫生，在增强苏联人的健康提高他们的工作能力方面起着重要的作用。”（凯里舍夫《体育教育理论》第105页）

20世纪60年代我国不大讲体育教学方法的手段，想学苏联但又不情愿学苏联。结果是放弃了苏联体育理论的精华，自编了六章“体育游戏”（董安生教授评），其水平低于苏联20世纪50年代。

20世纪80年代，我们又拿回了苏联20世纪50年代的东西，并加以提炼、发展，形成了较为系统的运动教学理论。丰富了“身体练习”的概念，扩大其内涵，丢掉了凯里舍夫所讲的选用身体练习的条件，所创造的技术结构、动作要素的理论实际上是为竞技服务的，增强体质停留在口头上。师院本科和体院本科的体育理论中讲的体育教学方法的手段分类是互相交叉、互相包含，犯了子项兼总项的错误。特别要批评的是娱乐体育观。

20世纪90年代，体育方法学已基本形成了体系，在体育方法学中明确了体育教学方法的手段不仅包括身体运动，还应该包括生活制度、卫生措施、优生优育等措施。从生理学的角度看，身体运动只是一种消耗过程，异化占优势，它只是引起同化作用的一种刺激，而真正的补充、恢复、增强体质是在运动之后，合理休息，讲究营养卫生中进行的。这后一过程才是真正的同化过程。从以上我国体育教学方法的手段演变过程可以看出，以往我国体育教学方法的手段的研究只停留在身体运动的消耗过程，而没注意到身体运动后的补充过程的系列研究，这是一种落后。只有体育方法学才真正开始全方位地研究体育教学方法的手段，成为我国科学体育发展的新起点。

（二）体育教学方法的手段内容

体育教学方法的手段是相对体育目的而提出的，体育教学方法的手段的内容也由于体育目的的不同而千差万别。同时体育教学方法的手段的内容是随着人类认识的发展而不断发展的。从古代到现代它经历了一个由感性到理性，由经验型向科学化转变的过程。近代科学技术的飞速发展，使人类越来越清晰认识到人与自然、人与社会的和谐发展才是人类社会能够持续发展的唯一之路。人类的健康观也在由单一观念向综合健康观发展，不仅重视身体，同时重视心理、社会和道德；不仅关注自身，同时关注生存环境，关注人体之外的“健康”。这些观念的转变也使体育教学方法的手段的内容得到了无限的扩充和发展。

广义地说，凡是有助于实现体育健美乐目标的各种内容和方法，都可列入体育教学方法的手段的范畴，但要按照在实现目标过程中能单独承担并完成某项具体任务的程度以及可操性的具体内容作出选择。其中，经过专门加工整理、提炼出来的具有体育功能的各种身体动作，是最基本最主要的手段，但它不是唯一的手段。体育的手段是多种多样的，既有最基本、最主要的手段，也有次要的或辅助性的手段。换言之，它是一个手段系列，有主次之分，也有层次之别，只有综合运用各种手段，才能全面实现体育的目标。现代体育方法学认为体育教学方法的手段是不仅包括动作手段(身体运动),还应该包括卫生保健手段、信息手段、时间手段、自然力手段、音乐手段等方面的内容。

1.体育教学方法的手段的内容

(1)动作手段

动作是指全身或身体部分动态的活动或静态的姿势。动作手段是体育教学方法的手段中最重要的手段之一。动作包括的范围很广,种类繁多,而我们所说的动作不是人的生活动作、劳动动作,也不是艺术动作和军事动作,而是指人们专门用来实现体育目标的各种各样特定的具体动作。它虽然可能来自人们的生活劳动及劳动工具的转化,来自军事防卫技能、日常生活技能、娱乐技能,甚至来自人们对动物的模仿和对大自然的挑战,但它却是经过专门加工整理,提炼出来的具有体育功能的一类身体动作。因此,并不是所有的动作都能成为体育教学方法的手段,必须对众多的身体运动进行选择、加工、改造、提炼才能成为体育教学方法的手段。例如,竞技运动是体育中运用最多的,是人们喜爱的运动,但它不能直接成为体育教学方法的手段,必须经过一系列的加工、整理才能成为体育教学方法的手段。这一问题将在下一节重点讨论。

(2)卫生保健手段

卫生保健手段事关体育实施过程中的一个重要方面,如果体育的实质是健身教育,在于获得体质增强,身体健康,那么卫生保健手段所承担的主要任务则是为了更好地养护身体,保持健身的效果。只有二者紧密配合,才能真正称之为实现了体育的目标。

其简单道理,犹如人们创收脱贫,如果只是努力增加收入,而不会合理使用与积累,则始终不能脱贫,更不可能成为真正富有者。因此,重视与强化卫生保健手段,又是达成体育目标的一个必不可少的重要举措。卫生措施就其实施来讲,有个人和社会两种,前面如勤洗手、刷牙、洗澡、不吃不洁食物等等。后者如对废气和废物的限制和处理、城市绿化,爱国卫生运动中所推行的内容等等。这些措施虽不都是直接受作用于人体,但弄得不好就可能在人体的某一部分打开缺口,招致疾病,影响健康。随着社会的进步,科学和生产的发展,人的生活条件的改善,讲究卫生会愈来愈受到人们的重视,愈来愈在增强人民体质的过程中发挥它的有利作用。

(3)信息手段

根据系统科学方法论,我们完全可以把实现体育目标的过程看成是一个由多因素构成的极其复杂的动态系统。而系统活动的过程实则是一个信息获取、加工、处理的过程,因而从管理学角度看,体育目标的实现在很大程度取决于信息的沟通。

所谓信息手段是指能反映实现体育目标系统活动和运转的各种具有新内容、新知识、新技术的指令、情报、消息和资料的所有手段总称。其使用效度关键在于信息获取、加工,储存、传输、使用、反馈调节的快速、及时、准确、适用。如果在体育实践中,能够同时注重获取、加工、储存大量有关体育目标实施过程及其效果的信息数据,配以能高效率分析处理信息的计算机,建立起现代化的信息传输系统,及时准确地加以运用,无疑将有助于加速体育目标的实现,增强体育实践过程的整体效率和效益。

(4)时间手段

这里所说的时间,主要是指用于实现体育目标的时间。以时间作为手段,则是指对于时间的合理安排与使用。体育作用于人的一生,尽管在人不同年龄阶段,体育目标的具体内容有所不同,但总的来说,人们用于实现体育目标的时间,完全包含在人一生中的全部时间之内。

现实生活中,尤其是在学校范围内,常用“7+1>8”来说明体育锻炼的重要性,意思是说,能够每天进行一小时体育锻炼的人,其学习或工作效率要高于只知道成天8小时学习或工作的人。诚然,体育锻炼的效益很难用公式加以描述,且上述公式中也可能存在简单化、绝对化的弊端,但至少可以说明,在人们的日常生活中,有意识安排一定时间进行体育锻炼是非常必要的。然而,人们用于体育锻炼的时间,也并非越多越好。一般说来,人们用于体育锻炼的时间,完全应该根据具体的人,具体的锻炼内容与形式,具体的时间、地点及环境条件等,作出具体的决定,不可一概而论。

(5)自然力手段

人是社会的,又是自然的。大自然孕育了生命,为生命提供了生存的条件,于是才有了人类;但大自然又以其千变万化时刻考验着人们,于是便有“适者生存,不适者消亡”之说。这一简单哲理揭示,人类为了和大自然抗争,就必须首先使自己的机体适应自然环境的变化,因此也就需要利用自然因素中的日光、空气和水进行身体锻炼。这是一类非常“经济实惠”的体育教学方法的手段，理当认真坚持开发与利用。例如日光浴，按照一定要求让阳光直接照射人体皮肤进行身体锻炼，其关键在于有效地运用阳光中红外线和紫外线对人体的作用。

（6）音乐手段

随着人类社会文明程度不断提高，音乐越来越受到人们青睐，并逐渐成为体育的亲密伴侣。留心观察体育实践活动的人们。总不难发现人们在进行跑步、做操、习武、练功、跳舞等活动中普遍伴以音乐。近些年来兴起的健身操、健美操、韵律体操和健身舞中更是离不开音乐，乃至历来被视为十分严肃的体育教学课堂上，音乐也成了“不请自来”（并非规定）的座上客。显示音乐在体育实施过程中的手段作用，早已为人们所认识、所利用。

音乐作为体育目标的常用手段之一，其作用不仅表现在音乐可以帮助人们培养节奏感、韵律感，提高协调能力和审美能力；重要的是音乐可以对人的生理、情感及举止行为等多方面产生各种积极影响，而与体育目标紧密地联系在一起。

2.“体育与健康”教学方法的手段的创造

增强人民体质的手段是人们进行养生练身活动的要素之一，人是从何处获得的增强自身体质的手段的呢？

第一，当人赤条条地来到这个现实世界的时候，除了自然的肉体器官以外什么也没有。但是，正是这些肉体器官成了人自身具有的最自然的手段。人在养生练身时，首先就要在自己意志和思维的支配下，唤起自身自然器官的运动。马克思在讲到劳动作为人和自然之间的物质交换过程时指出：“人自身作为一种自然力与自然物质相对立。为了在对自身生活有用的形式上占有自然物质，人就使他身上的自然力量……臂和腿、头和手运动起来。”人在改变自身的时候，总要运用它自身的物质力量和物质器官，这是因为一方面自然界的物质力量只能用物质力量来改变，另一方面人自身的物质力量和物质器官直接接受自己的意志和思维的支配和控制，能够使它们按照人预定目的所指引的方向发生运动，发挥作用。在养生练身过程中，人利用自身的自然器官作为增强体质的手段占有非常重要的地位。

我们讲人自身的自然器官是一种重要手段，是说人的养生练身实践活动必须通过人自身的自然器官作为媒介，用它来执行，并不是说人的自然器官的一切活动都是增强体质的手段。人只要有生命，人类只要存在，这种活动就不会停止，这时客观存在的事实。但是，我们不能说人的自然器官的一切活动都是增强人民体质的手段。事实上，人的各种身体活动都采取一定的方式，各种方式都依其活动的性质和目的不同而不同，人们可以把不同性质和目的的活动划分为劳动生产的身体活动、军事搏斗的身体活动、文体娱乐的身体活动、养生练身的身体活动等等。各种不同的身体活动都有其特定的活动方式和要求可以相互借鉴，但不可以相互代替。其中，只有能增强人的体质的养生练身的身体活动才能成为增强人民体质的手段。

第二，在增强人的体质实践中，人不仅利用自身的自然器官作为手段，而且还利用客观存在着自身自然器官以外的物质条件作为手段。这是因为一方面自身的自然器官和自然力有自然的局限性，徒手的运动与持物的运动所引起的人体内部反应就不一样。另一方面，客观的物质经过人的加工改造可以成为增强人的体质的手段，如铁矿石可以改造成一副哑铃用于锻炼身体达到增强人的体质的目的。

第三，在增强体质实践中，人还利用生产和生活丰富的实践经验，总结、创造出来各种手段来增强人民体质。例如：人的体质强弱不仅与后天生活有关，而且与先天遗传有关。于是，人类通过长期的摸索实践，通过婚姻制度的多次改造，终于得出了“同姓结婚，其生不倡”的结论，从而创造了“优生”这一增强人民体质的手段。又如：人在实际生活中，发现久居暗室不见阳光则面黄肌瘦，体弱多病，而经常在阳光下活动则面黑体壮，于是人们总结出日光浴这一利用自然力练身的手段。如此种种，举不胜举。总之，人类的生产、生活的实践经验是创造增强人民体质的手段的重要源泉。

如上所述人类是从人自身的自然器官和自然器官以外的物质条件以及人类自身的生产、生活经验中获得增强人民体质的手段的。那么，人是怎样使这些条件成为增强体质的手段的呢？自然器官的活动，自然界的各种物质，人类的各种经验，并不都是自然而然成为增强体质的手段的。它们要成为增强体质的手段，除了它们本身固有的可能性外，还需要一定的条件,还有一个过程。这个条件和过程就是必须符合增强体质的目的,并在这一目的的指引下,根据人们对自然器官,自然物质和经验的本质属性和相互间的关系的认识按照目的的要求加以改造加工,使它为目的的实现服务,只有这样它们才能成为增强体质的手段。否则,就可能是别的什么手段。

手段是人创造的,人们根据对客观事物的属性的认识和掌握,按照一定的目的创造出多种多样的手段。随着社会的进步,科学地发展人们对自身和客观事物的认识越来越深刻,越科学。可以断言,手段将不断地更新、发展,人们将创造出更多更好地增强人民体质的手段,为人民服务,使人体质一代胜过一代。

第五章 体育与健康的运动技能

第一节 田径运动

一、田径运动概述

（一）田径运动的定义

田径或称田径运动，是田赛、径赛和全能比赛的总称。现代田径运动的分类不同，主要包括竞走、跑、跳跃、投掷以及由跑、跳、跃、投掷的部分项目组成的全能运动共计40余项。田径运动中以时间计算成绩的项目称为径赛；以高度或远度计算成绩的项目称为田赛；全能运动项目，则是以各单项成绩按《田径运动评分表》换算分数计算成绩。

（二）田径运动的特点

1.广泛的群众性

田径运动是最普及、参与人数最多的运动项目。在学校体育中，它是教学的重点内容；在群众体育中，它最受欢迎而且最容易被接受。它对提高人体健康水平和发展全面身体素质效果明显。首先，针对性强，可选择余地大。参加田径运动的人既可根据自己的兴趣和爱好去选择不同的项目，又可根据个人的身体状况和需求确定适合个人的项目。有计划，有目的地安排不同项目，可使人体健康水平得到全面发展。其次，受条件限制因素小。从事田径运动通常只要在室外有一定的活动空间，如田间、公路公园等地就可以作为活动地所，而且受时间、气候影响小，可安排在任何闲暇时间进行。再次，田径项目的器材比较简单，参加运动时可根据条件，因陋就简，还可自行制作。举行基层运动会可在各种非正规场地上进行，有些器材和设备可简化或用近似的器材和设备代替，最后，可参与性强。田径运动适合不同年龄和性别的人，不同身体状况的人也都能够选择适应自己的项目。在运动中，可控制运动的量和强度，不易受伤害，不受参加人数的影响。大部分田径项目均可在短期训练后参加比赛。[①]

2.激烈的竞争性

田径体育竞赛是能力、技术和心理的较量，特别在高水平的比赛中更为明显，运动员的成绩越来越接近，你追我赶，相持不下，经常以微弱之差决定胜负。田赛项目的成败取决于瞬间运动员发挥的水平，而径赛项目运动员同在一条起跑线开始，进行全程的拼搏。因此，田径体育竞赛非常紧张而激烈，运动员不仅要精力高度集中，还要不畏强手，充分表现出自己的最高水平。田径运动的竞赛在实力的较量中，将激烈的竞争气氛贯穿全过程。

3.严格的技术性

田径就各项技术动作而言，不同于技巧性项目，也不同于其他一些直接对抗性的项目。比赛中的田径技术相对稳定，动作结构也不是非常复杂，但是它对技术要求却特别高。人的潜力在一定意义上讲是有限度的，要创造更好的成绩必须依靠先进合理的技术。合理的技术能充分发挥个人各运动环节的高度协调配合的能力，调动各运动器官的最大潜力，节约体能，在时间、空间和肌肉用力上达到高度统一。要使运动员个人技术既符合生物力学的合理性，又要与个人特点相结合，就需要运动员不断改进技术，形成个人技术风格。田径运动技术在一瞬间就要达到高度准确，每一个动作，身体的每一个环节、每块肌肉或每个肌群的用力和放松的时间与顺序，构成了技术严密的统一体。在比赛中，往往因为一个动作的细节出现偏差就会导致成绩下降，甚至动作失败。因此，田径训练中的技术训练内容贯穿运动员培养过程的始终，只有不断地细化个人技术，不断地使技术达到自动化程度，才能在任何场合表现出自己的最高水平。

4.能力的多样性

田径运动的基本动作形式为走跑、跳、投，有个人和集体项目，它们反映了人的速度、力量、耐力等方面的能力。每个项目都具有本身的特点，突出地反映某一方面的能力，优秀运动员训练和比赛大多围绕一个专项。较全面地参加田径项目，可使人的运动能力普遍得到提高。不同运动能力形成运动员较大的形态差异。

①朱婷.浅谈青少年田径运动的体能训练[J].文体用品与科技，2022(09):25-27.

二、田赛项目

田赛是田径运动的一类，是在田径场规定的区域内进行的跳跃及投掷项目竞赛的统称，分为跳跃和投掷。其中跳跃的项目有跳高跳远、三级跳远、撑竿跳高；投掷的项目有铅球、铁饼、标枪、链球等。以高度或距离来计算成绩，决定名次。在田赛的各项比赛中，如参加人数过多，可先举行及格赛，达到及格标准的参加正式比赛。远度项目（投掷和跳远）的正式比赛人数超过8人时，每人先试掷或试跳3次，择优选8人，每人再试掷（跳）3次，以6次中的最好成绩为比赛成绩并以此排名次。高度项目（跳高）的正式比赛，裁判员先宣布起跳高度和横杆升高幅度的计划，每个高度运动员都可试跳3次，运动员可以选择起跳高度（不低于规定的高度），可对任何一次高度提出“免跳”。试跳时，连续失败3次，不能再继续比赛。试跳的最高成绩为本人的比赛成绩，并以此排名次。所有田赛项目，运动员必须在规定的时间内完成试掷或试跳，违者作为一次失败，如再无故拖延，不得继续参加比赛（以前的成绩有效）。丈量远度或高度，除铁饼、标枪、链球以2厘米为最小计量单位（如60.23米计为60.22米）外，其他项目的最小计量单位均为1厘米。

（一）跳高

1.跳高技术

背越式跳高的完整技术有助跑、助跑与起跳结合、起跳、过杆和落地几部分组成。

（1）助跑

助跑是为了获得向前的速度，并为起跳过杆创造有利条件，全程助跑8～12步，前段4～6步呈直线，后段4～5步呈弧线。

（2）助跑与起跳结合

助跑倒数第二步是助跑与起跳结合的关键一步，发挥着承上启下的重要作用。这一步要保持积极跑进的姿势，摆动腿着地时积极下压“扒”地并牢固支撑，同时迅速前移身体重心，过垂直部位后支撑腿有力蹬伸，推动髋部和上体积极向前，同时起跳腿迅速踏上起跳点，这一步要控制身体内倾姿势，内倾角一般为24°～30°。

(3)起跳

起跳从倒数第一步垂直支撑部位开始,然后支撑腿积极有力地蹬伸,推动髋部和上体积极向前,起跳腿迅速前伸踏上起跳点,接着起跳腿膝关节迅速弯曲,身体重心很快移动到起跳脚支撑点的上方,最后在摆动腿、摆臂、伸展躯干的协调配合下,起跳腿迅速蹬伸,充分蹬直髋、膝、踝三关节,使身体向上腾起,起跳脚放上起跳点时,身体仍保持向内前斜。然后迅速转向垂直,这样为身体攻向横杆创造有利条件。

(4)过杆与落地

起跳离地后身体迅速向上攻向横杆,同时自然地围绕纵轴旋转成背对横杆。在头肩越过横杆后,及时地仰头、展体挺髋,同时小腿弯曲下垂成背弓姿势。在身体重心越过横杆后,及时地低头、含胸、甩小腿,最后用脊背部落在海绵垫上。

2.跳高技术学法

(1)学习起跳技术

原地摆腿练习:要求屈膝折叠摆动,结束时提起身体重心;行进间上一步摆腿练习;上一步起跳练习;做摆腿起跳练习。

(2)学习助跑、助跑与起跳结合技术

学好助跑技术,采用各种跑的专门练习。如小步跑高抬腿跑后蹬跑以及各种段落的加速跑练习来改进跑的技术;在直径10~15米的圆圈上进行练习;直线助跑进入弧线练习。

(3)学习改进过杆技术

在原地做背弓练习,要求倒肩展体、挺髋成弓姿势;原地跳起在空中完成挺髋和甩腿练习;用同样的动作越过一定高度的横杆;短程助跑在起跳板上起跳背卧在一定高度的海绵垫;在跳箱盖上起跳做背越式过杆练习;去掉跳箱盖用短程助跑起跳完成背越式过杆,过杆时应表现出顺势,依次、连贯的动作。

3.跳高健身方法

(1)专项练习的主要手段

直道切入弯道加速跑30~40米;各种半径的弧线加速跑20~30米;全程助跑计时;10~12步助跑跳远练习;快速起跳练习。

(2)跳高运动员专项力量练习

负重弓箭步走;负重快速下蹲,中等负重量快蹲5次;负重单腿蹬上高物40～50厘米;负累杠铃单腿快速半蹲练习;手持壶铃快速半蹲跳起,为达到一定强度,可用头触高物;穿沙衣(5千克)做连续跳10个栏架;穿沙衣短程跳高练习;徒手跳跃练习,发展专项速度力量;双脚跳从高台跳下连续过2个高栏;单足十级计时跑;单足跳助跑摸篮筐;三步助跑单足跳过栏架。

(3)跳高运动员的灵敏和协调练习

立定多级跳练习;跳台阶练习;跳绳练习;跳起抱膝练习;跳深上箱练习;连续跳跃栏架练习;助跑起跳摸高物练习。

(二)跳远

1.跳远技术

跳远技术由助跑起跳腾空与落地四个技术环节组成,其中助跑与起跳的结合具有特殊的意义。

(1)助跑技术

助跑应做到快、稳、准、直。①快:助跑时力求达到本人的最高速度。②稳:助跑时身体重心和节奏要稳定。③准:要准确踏上起跳板。④直:要保持直线性跑进。

(2)起跳技术

放起跳脚技术:起跳腿几乎伸直快速放脚着板,滚动式全脚掌支撑;起跳脚着板技术:起跳腿微曲近似直伸,膝关节的角度175°～178°,着地角度65°～70°,大腿内的夹角32°～33°,上体做有后仰角度80°～90°;起跳退让技术:摆动腿迅速向前摆至垂直面或稍过垂直面,身体重心及时地移压在起跳腿上,身体呈正直姿势,头颈正直,目视前方,两臂摆至躯干两侧;起跳蹬伸技术:起跳腿积极快速置板,在伸直髋、膝、踝三关节的同时摆动腿,快速协调地向前上方摆动至大腿成水平状态,两臂协调配合两腿动作积极摆动,提腰、提肩、头正直、目视前方。

(3)腾空技术

腾空后的身体姿势有:蹲踞式、挺身式和走步式。①蹲踞式:起跳成腾空步后,起跳腿向前上方摆动,与摆动腿并拢,大腿继续上抬,腿部接近胸成蹲立姿势,在落地前高抬大腿前伸小腿落地。②挺身式:起跳成腾空步后摆动腿大腿积极下压，迅速伸直腿向身体的下后方摆过垂直面，向前伸髋使摆动腿靠拢起跳腿形成挺身姿势，然后，收腹举腿前伸小腿落地。③走步式：起跳成腾空步后，两腿在两臂的配合下，在腾空时采用2步半和3步半两种动作技术，在空中做大幅度的前后绕环摆动迈步换腿动作来维持身体的平衡，并与两臂协调配合、落地前，收腹举小腿前伸，上体前倾、两臂同时向下向后方摆动。

(4)落地技术

跳远落地技术有前倾式、侧倒式、滑坐式。

2.跳远技术学法

(1)学习快速助跑与快速起跑相结合技术

原地模仿起跳练习。行进间(3步)完成起跳技术模仿练习；小步跑、高抬腿跑接起跳练习；跑道上连续4步助跑接起跳练习；助跑道上4～6步助跑起跳练习；4～6步助跑起跳成腾空步练习；4～6步助跑起跳成腾空步，用摆动腿落在高物上练习；4～6步助跑起跳，保持腾空步越过高物练习；4～6步助跑起跳，保持腾空步动作，用头顶高物练习。4～6步助跑，从跳箱盖上跳下并起跳，用头顶高物练习；中、全程助跑起跳练习。

(2)学习挺身式跳远的腾空姿势和落地

原地站在高物上，做屈膝前摆，然后下放摆动腿练习；双手握单杠或双臂支撑在双杠上，身体成悬垂姿势，然后摆动腿屈膝前摆做下放摆动腿练习。

3.跳远健身方法

(1)跳远速度练习手段

跳远速度练习手段包括：①跑的各种专门性练习。②前倾小碎步快跑10～15米。③站立式启动“快频率快速跑”20～40米。④行进间20～90米计时跑。⑤变速节奏跑20米，慢20米，快20米，慢20米。⑥60～80米技术弹性大步跑。⑦下坡全程助跑与平地全程交替进行练习。⑧全程助跑距离增加2～4步计时跑。

(2)跳远力量练习

跳远力量练习包括：①负重提踵练习。②肩负杠铃弓箭步走练习。③肩负杠铃半蹲跳练习。④仰卧双脚向上杠铃练习。⑤快速挺举练习。⑥前后抛铅球练习。⑦各种跳跃练习。

（三）三级跳远

三级跳远是在助跑后沿直线连续进行三次跳跃的一项运动。它要求运动员具备较快的助跑速度和良好的弹跳力以及强有力的腿部力量。三级跳远的第一跳由起跳腿起跳，并用起跳腿落地，称为“单足跳”；第二跳仍用起跳腿跳，但用摆动腿落地，称为“跨步跳”；第三跳用摆动腿起跳，然后双腿落入沙坑，称为“跳跃”。三级跳远的成绩取决于由助跑获得水平速度和起跳产生的垂直速度，以及每一跳的动作质量、身体平衡能力和三跳比例等。尽量减少三级跳远过程中水平速度的损失，并能获得合理的垂直速度，这是三级跳远的关键技术。

1. 三级跳远技术

（1）助跑

三级跳远的助跑距离长达38～40米，步数一般为18～20步。它与跳远助跑的不同之处有：最后几步助跑步长更加均匀；身体的前倾度比跳远较大；起跳脚踏板的瞬间落地点较靠近身体重心投影点。

（2）第一跳（单足跳）

三级跳远的第一跳是用有力腿做起跳腿，起跳后在空中经过交换腿的动作，再用它落地，第一跳结束。

由于完成第一跳以后还要继续进行第二跳和第三跳，所以应尽量保持水平速度，为此，当起跳腿以直腿踩上起跳板时，脚的落点要比跳远更加接近身体重心投影点，随即以全脚掌迅速滚动着地。此时上体稍微前倾，与地面成80°～85°角。

起跳腿着地后，重心迅速前移，起跳腿膝关节稍稍放松，以便更快地使身体进入缓冲阶段。这时摆动腿大小腿折叠，快速屈腿前摆（摆动的方向比跳远更偏于身体的前下方），帮助髋部迅速前移。然后积极而快速地蹬直髋、膝、踝各关节。与此同时，两臂有力地配合上述动作向前摆出，以维持身体平衡和增加起跳力量。第一跳的扒地角为60°左右，这样有利于身体重心沿着长而较平的轨迹腾起。

起跳腾空后，有一个短暂的腾空步时间，然后在腾空阶段约1/2的距离时，交换腿的动作。交换腿时要顺势连续完成。换腿时，上体要保持正直或微向前倾。起跳腿从身体后下方屈腿并带动同侧髋部向上方提摆，而摆动腿自然地向后下方做剪绞动作。两臂配合腿的动作从体前向后下方摆动。

当起跳腿前摆与地面接近平行时，后摆的两臂和在身体后下方的摆动腿也达到了最大幅度，借助这一大幅度的反弹作用，开始做扒地式的落地动作。起跳腿大腿带动髋部积极下压并用全脚掌加速着地，落地点尽量接近身体重心投影点。起跳腿落地后，身体重心很快前移到支撑点的垂直部位，上体恢复到正直姿势。向前摆动着的两臂和摆动腿快速接近身体位置，有利于完成快速的起跳动作。

(3)第二跳(跨步跳)

第二跳起跳时，上体稍有些前倾，起跳脚离地后，仍然形成一个腾空步的姿势，动作要充分展开，不要急于下放摆动腿，要尽量加长腾空时间。在落地之前，要有一个顺势高抬大腿动作，起跳腿弯曲，继续留在身体后下方。当身体到达腾空抛物线2/3时，开始落地和准备第三次起跳动作。

落地前上体为了维持身体平衡，应有意识地进行补偿性地向前微倾，两臂同时由体前成弧形向下、后侧的方向摆动，在即将落地的刹那，两臂已摆到身体的侧后方。此时摆动腿借反弹的回摆，开始了积极的扒地动作，随着摆动腿下压，前倾着的上体也逐渐稳定抬起，直至全脚掌着地，上体完全恢复到垂直姿势。第二跳的落地动作及着地位置和方法与第一跳极为相似。

(4)第三跳(跳跃)

经过前两次的跳跃，水平速度已经下降了许多。因此，第三跳要充分利用剩余的水平速度，并尽量增大向上的起跳力量，以获得一个较大的腾空速度，争取第三跳取得的成绩。第二跳落地后，支撑腿经过短暂的缓冲，迅速蹬伸髋、膝、踝各个关节，另一腿则屈膝向前上方摆起，两臂同时配合腿的动作上摆。起跳腾空后，仍保持腾空步的姿势、腾空步中动作和跳远一样，可采用蹲踞式、挺身式或走步式落入沙坑。

(5)三级跳远的节奏——三跳比例

在运动实践中，虽然有各种各样的三跳远度的比例关系，但对于初学者来说，第一跳不宜强调过高过远。三级跳远的技术演变表明，现代三级跳远技术的发展趋势是适当减小第一跳，加大第三跳的远度，其实质是更好地利用助跑速度，减小前两跳中的制动作用，以获得快而连贯的跳跃动作和又高又远的第三跳。如原世界纪录创造者巴西的奥里维拉和现世界纪录保持者美国的班克斯的技术都体现这一特点。他们的三跳远度比例分别为33.55%、30.08%、36.37%和33.2%、30.3%、36.5%。

三级跳远的节奏:三级跳远中三跳应有鲜明的节奏。节奏是指动作时间和空间的比例关系。动作时间不合适,就会破坏动作节奏,如单足跳中交换腿动作的早晚,扒地式落地动作时间的长短,以及各跳中上、下肢动作配合不及时等。三级跳远三跳的正确节奏应是比较均匀的。

2. 三级跳远练习方法

(1)学习第一跳和第二跳结合的技术

连续做跨步跳练习;用4~6步助跑,连续做多次跨步跳,注意腿的正确落地及两臂的配合动作;做行进间单足跳和跨步跳练习。

(2)学习和掌握起跳技术(重点是第二、三跳)

原地模仿扒地动作:一手扶肋木侧向站立,远离肋木的腿屈膝向前上方摆,当大腿摆至与地面平行时,大腿带动小腿积极下压并用全脚掌在身前30厘米处扒地;在场地上连续做跨步跳练习,要求蹬地后身体充分向前,用两臂摆动,摆动前摆时幅度要大,落地时扒地要积极,各跳间的衔接要紧密;从20~30厘米高处(如跳箱盖上)向下跨,做扒地式起跳动作,以另一腿摆动落入沙坑。

(3)学习掌握第二跳和第三跳空中动作以及两跳结合的技术

4~6步助跑起跳跨入沙坑,以摆动腿着地后继续向前跑进。要求起跳后腾空时间要长,在空中要保持跨步姿势,注意维持身体平衡;4~6步助跑完成跨步跳以后,用摆动腿落地并接着起跳,要求动作紧密衔接,最后两脚落入沙坑;短距离助跑三级跳远,在第二跳的落地处放一个纵跳箱(跳箱高40厘米左右),要求第二跳用积极有力的扒地动作踏上跳箱;短距离助跑三级跳远,单足跳后在跨步跳中越过实心球,然后在第三跳中越过低高度的横杆,最后两脚落入沙坑。要求第一跳"平",第二跳"远",第三跳"高",三跳动作要连贯;短距离助跑三级跳远,按标志进行跨步跳和跳跃练习,着重掌握第二、三跳结合的技术。

(4)掌握和提高三级跳远技术

短、中距离助跑完整三级跳远技术练习;全程助跑完整三级跳远技术练习。

3. 易犯错误及纠正方法

(1)助跑节奏紊乱

纠正方法:反复做跑的练习,掌握跑的技术;做直道上跨栏跑练习,掌握跑的节奏;学会自然放松跑,跑时肩、颈部肌肉要放松。

(2)落地不积极

纠正方法:反复做“扒地式”落地的技术练习。

(3)第一跳交换腿过早

纠正方法:在踏跳板或低器械上起跳,要求较晚地做交换腿的动作,然后落地;在第一跳长度1/3和2/3处各放置一实心球做标志,要求在腾空后,过第一个实心球时向下放摆动腿,同时要求起跳腿跨过第二个实心球落地,继续跳跃。

(4)第二跳跳不起来,高度不够,步长太小

纠正方法:加强腿部力量的练习;改进第一跳的技术,限制第一跳远度,可在第一跳落点画出标志,要求踏上标志处后起跳;短距离助跑三级跳远,在第二跳1/2处放置器械,要求跨越器械后,继续跳跃。

(5)三跳节奏不好

纠正方法:改进第二跳技术,调整各跳长度;注意空中动作,维持空中的平衡。

(四)推铅球

现代推铅球始于14世纪40年代欧洲炮兵闲暇期间推掷炮弹的游戏和比赛,后逐渐形成体育运动项目。铅球的制作经历了用铁、铅以及外铁内铅的过程。正式比赛男子铅球的质量为7.26千克,直径11~13厘米;女子铅球的质量为4千克,直径为9.5~11厘米。投掷圈内直径应为2.135米(+5毫米)。它能锻炼上肢肩背肌肉韧带,发展力量素质和协调性,同时还可以培养练习者坚毅顽强的意志品质。目前,推铅球在国际比赛中主要采用背向滑步推掷和旋转推掷两种方法。下面主要介绍原地和背向滑步推铅球。

1.原地推铅球

(1)握球和持球

握铅球时,五指自然分开,自然弯曲,手腕背屈,把球放在食指中指和无名指的指根上,大拇指和小指自然扶在球的两侧。球在手中放好后,手指要适当放松,握好后把球放在肩上锁骨窝处,贴紧颈部,掌心向前上方,肘低于肩或与肩相平,投掷臂自然放松,在滑步和最后用力地过程中要控制好球。

(2)动作方法

背向投掷方向站立,两脚开立与肩同宽(以右手为例),左脚内侧点地,

右脚脚尖微微内扣。左脚脚尖与右脚脚后跟大致在一条直线上。团身收腹，肩膀内扣，左手自然下垂，右手持球置于锁骨窝处，眼睛直视前方（地面），重心在右脚上，全身保持扭紧状态。投掷时，右脚蹬地转髋，左手带动身体转向投掷区。重心由右脚转移至左脚，投掷臂用力鞭打出手。

2. 背向滑步推铅球

（1）预备姿势

高姿势：以右手持球为例，持球后背对投掷方向，两脚前后开立，右脚在前，脚尖贴近投掷圈后沿，重心落在右腿上，左脚拖后，放松而自然弯曲，以脚尖点地，距右脚15～20厘米。上体正直放松，持球臂肘低于肩，左臂自然上举而微屈，形成左肩高、右肩低的姿势。两眼看前下方5米左右。

低姿势：持球后，背对投掷方向，两脚前后开立，右脚在前，脚尖贴近投掷圈的后沿，左脚在后，前脚掌或脚尖着地，与右脚相距50～60厘米。上体前屈，左臂自然下垂并稍向内，身体重心落在右腿上，两眼看前下方。

（2）滑步

背对投掷方向站立，滑步前一般先做1～2次预摆（根据个人习惯也可不做）。摆动腿向后上方摆出，上体自然前俯，左臂半屈伸于胸前，右腿伸直。当左腿摆到一定程度，上体前屈约与地面平行时，收回左腿，同时弯曲右腿，当左腿靠近右腿时，呈团身状态，重心应略微后移。右腿用力蹬伸，左腿快速向抵趾板中间偏右方摆动，使身体快速平稳地向投掷方向移动。紧接着右腿迅速收拉小腿，右脚贴近地面边收边向内转，用右腿前脚掌在投掷圈内中心处着地，与投掷方向成90°～130°。在身体向投掷方向移动的过程中，右脚，右膝和右髋要向投掷方向移动。随着右脚着地，左脚积极地以前脚学内侧着地，落在投掷图纵轴线左侧靠近抵趾板处。滑步结束时，身体重心打在屈膝半蹲的右腿上，上体保持前倾扭转状态，左臂内扣，拉长腰背肌肉，准备最后用力。

（3）最后用力和维持身体平衡

在左脚着地的一刹那，右脚要快速蹬转，送右髋转向投掷方向，这时髋轴的转动超过肩轴，上体扭紧，腰、背肌被拉长。随着右腿的蹬伸，上体逐渐向前上方抬起，使重心向左腿转移。当转到侧对投掷方向时，右肩低于左肩。左臂向左上引，很快地向左转体，把胸转向前上方，抬头并稍后仰，左臂摆至身体左侧并制动，两腿积极蹬伸，同时右臂快而有力地将球推出。球离手前一刹那，手指快速拨球，尽量提高铅球出手的初速度和出手点的高度。出手角度一般为38°～42°。球离手后，为了缓冲向前的冲力，避免犯规，应立即换腿，降低重心，维持身体平衡。

3.推铅球的练习方法

双手向后（向前）抛掷实心球（或轻铅球），要求上下肢协调用力；原地正面推铅球加大出手角度（50°～60°）；原地侧向（背向）推铅球；侧滑练习。徒手（或持轻球）高重心小幅度地连续侧滑；体会背向滑步前的重心后移。

三、径赛项目内容

（一）短距离跑

1.短距离跑技术

跑是人类与生俱来的基本能力，自古以来就是一种比赛形式，几乎每个国家的文献中都有描述。据史料记载，短跑是公元前776年古希腊运动会唯一的竞技项目，距离为192.27米。现代短跑起源于欧洲，最早被列入正式比赛是在1850年的牛津大学运动会上，当时设有100码、330码、440码跑项目。19世纪末，为规范项目设置，将赛跑距离由码制改为米制。初为职业选手的表演项目，后逐渐扩展到业余运动员。运动员比赛时必须使用起跑器，听信号统一起跑，必须自始至终在自己的跑道内跑动。

（1）起跑

根据田径规则，短跑项目的起跑必须采用蹲踞式起跑，并可使用起跑器。使用起跑器的目的是使两脚有牢固的支撑，形成良好的预备姿势，便于获得较快的起跑速度。起跑器的安装。起跑器的安装方法一般有接近式、普通式和拉长式3种。

前起跑器抵足板与地面的夹角约为45°，后起跑器抵足板与地面的夹角约为75°，两个起跑器踏板的中轴线间隔与本人自然直立时双腿的中轴线间隔相同。起跑器的3种安装方法各有优点，采用时要根据个人的身高、体型、训练程度和技术水平等特点进行选择。安装起跑器时应注意使起跑器与人体跑进方向一致，弯道跑时起跑器应安装在跑道的右侧，使起跑器的纵轴延长线与前方15～20米处的跑道内侧分道线相切。起跑的任务是使身体迅速摆脱静止状态，尽可能获得较大的启动初速度，为起跑后的加速度创造条件。

起跑过程包括“各就位”“预备”“鸣枪”3个环节。

各就位。当听到“各就位”口令后，运动员应一边轻快地走向起跑器，一边做几次深呼吸，使肌肉细胞获得足够的氧储备。当走到起跑器前时，先用两手撑地，两脚依次踏在前、后起跑器的抵足板上，然后，后膝跪地，两手收回到起跑线后，四指并拢和拇指成“八”字形撑地，两臂伸直与肩同宽或稍宽于肩，两肩与起跑线齐平或过起跑线5～10厘米，颈部和躯干保持放松，眼看前下方50～60厘米处，呼吸平稳，注意听“预备”口令。

预备。听到“预备”口令后，臀部平稳抬起，稍高于肩，同时重心前移，双腿膝关节形成适宜的用力角度，两脚紧贴起跑器用力踏紧抵足板，背部肌肉绷紧并略呈弓形，深吸一口气做好“预备”姿势，集中注意力听枪声。

鸣枪。听到枪声后，双手迅速推离地面，两臂有力地大幅度前后摆动，同时两腿猛蹬起跑器，以较大的前倾姿势把身体推向前方。躯干前倾幅度应使躯干纵轴与水平线成15°～20°角，当蹬在前起跑器上的后蹬角为42°～45°，蹬离起跑器时，后边的腿前摆应积极下压着地，完成第一步的动作，由起跑进入起跑后的加速跑，从而完成起跑任务。

（2）起跑后的加速跑

起跑后的加速跑是从前腿蹬离起跑器到进入途中跑姿势前的30米，用13～15步跑完。其任务是：充分利用起跑获得的初速度尽快地获得更快的奔跑速度。从第一步开始，步长逐渐加大，上体逐渐抬起，步频逐渐加快，两脚的运动轨迹应逐渐接近一条直线转入途中跑。

（3）途中跑

途中跑是短跑全程中距离最长、速度最快的一段。其任务是继续发挥和保持高速跑。跑是周期性运动，以1个复步（即左右腿各跑一步）为1个周期。在1个跑的周期中包括2个腾空时期和2个支撑时期（左支撑与右支撑）。就单腿来说，包括后蹬，后摆、前摆和着地缓冲4个动作阶段。

后蹬与前摆阶段：当身体重心移过人体支点的额状面时，就进入了支撑腿的后蹬与前摆阶段。摆动腿随着跑动惯性，以髋关节发力，快速向前摆动大腿，大腿抬得高度与上体倾斜线接近垂直，摆动腿大腿积极下压，脚前掌积极扒地，脚掌轻快地落在身体重心投影点前适当位置。支撑腿在摆动腿积极前摆的配合下，快速有力地后蹬。后蹬是前进的主要动力，蹬地动作由伸展髋、膝、踝3个关节组成。路摆协调配合和上下肢动作的协调配合，是途中跑技术的关键。

腾空阶段：从支撑腿蹬离地面到摆动腿着地为腾空阶段。当支撑腿蹬离地面，小腿随着蹬地后的惯性和大腿的摆动，形成大小腿边折叠边前摆，与此同时，摆动腿下压，自然向前下方伸小腿着地。

着地缓冲阶段：在摆动腿的前脚着地瞬间，开始了着地缓冲阶段。着地时应用前脚掌积极着地，着地位置距身体重心投影点一脚至两脚处，应适当靠近身体重心投影点，有助于缩短缓冲时间。在支撑腿着地级冲的同时，摆动腿的大小腿应充分折叠，脚跟靠近臀部，以缩短摆动半径。

（4）弯道跑

进行200米和400米跑时，如起跑点在弯道上时，起跑器应安装在本道的外缘，起跑器的倾斜应顺直线切向跑道内缘方向。起跑时，身体和头要正对跑道内缘切线方向，右手放在起跑线上，左手放在起跑线后5～10厘米处。顺着切线方向跑出后，转向弯道跑，弯道途中跑时，因离心力作用，整个身体应向左侧倾斜，左臂摆动较小，右臂摆动较大，并稍向内摆，以维持身体平衡。右腿前摆时，稍向内侧方向，用脚前掌的内侧落地。左脚用前掌的外侧落地。由直道进入弯道时，身体要逐渐向内倾斜，速度越大，倾斜度越大。由弯道进入直道时，也要逐渐减小身体的倾斜度。

（5）终点冲刺跑与撞线

终点冲刺是途中跑接近终点的一段距离。它要求运动员以坚韧不拔的毅力保持最快的速度全力跑过终点，动作是：上体前倾加大，两臂摆动加快，后蹬脚缩小，频率加快。冲刺跑的距离要因人而异，耐力好的冲刺距离稍长，耐力差的稍短。一般100米的冲刺跑距离为15～20米，200米和400米的冲刺跑距离为30～40米。撞线动作应在最后一步（离终点线1～1.5米时）进行，上体前压挺胸，但不要低头，两臂后摆，快速跑过终点线。撞线前，身体不要后仰或降低速度。撞线时，也不要跳起或突然停止。200米应用全力和最高速度跑完全程；400米应用较均匀的速度跑完全程。弯道跑时，应沿跑道内侧跑进。

2.学习短距离跑技术

（1）学习直道途中跑技术

学习用前脚掌着地富有弹性的慢跑。要求用前脚掌着地，脚跟离地较高，富有弹性慢跑。以后逐渐加大幅度并要求大小腿前抬折叠。

学习摆臂技术，原地成弓箭步前后摆臂练习。练习时注意摆臂方向幅度和肘关节角度的变化，要以肩为轴摆动，同时使肩部放松。

学习3/4强度的60～100米的反复跑。要求跑的动作放松、协调、步幅开阔，同时注意后蹬和高抬摆动腿的正确技术。

(2)学习弯道途中跑技术

沿大半径跑道(第6～8道)用3/4强度进行60～100米弯道反复跑。学习弯道跑技术时，只有掌握了沿大半径弯道跑的技术后，才能缩小半径。

沿第一道弯道2/3强度跑50～90米加速跑，随着速度的加快，身体内倾程度也不断地加大；以不同的速度沿半径为10～20米的圆圈跑。

(3)学习终点跑的全程跑技术

慢跑做上体前倾用胸部撞线动作；中等速度跑做胸部撞线动作，在完成撞线动作后不应立即停止，要求顺势向前跑出几步；在60～100米距离内每隔30～40米画一条终点线，让学生连续作冲刺撞线动作。

(4)改进提高全程跑技术，体会200米和400米跑的体力分配

60～100米全程完整技术练习，体会全程跑各阶段的技术。要求全程跑各阶段的技术衔接自然、连贯。

3.短距离跑健身方法

(1)速度、耐力练习

全程保持高速度跑的时间长短，取决于跑的耐力素质发展水平，发展速度耐力主要提高糖酵解能力和提高乳酸的“忍受力”。提高专项耐力的主要练习有以下内容。

间歇时间长、强度为个人最好成绩90%的反复跑。练习100米、200米跑的学生跑100米、150米、200米、250米、300米；练习400米跑的学生跑300米、400米、600米。

间歇时间短、强度为个人最好成绩80%～85%的反复跑。练习100米、200米跑的学生跑6×100米～8×100米、6×150米～8×150米、6×200米～8×200米；练习400米跑的学生跑7×200米～8×200米、5×300米～6×300米。

间歇时间短强度为个人最好成绩80%～85%不等距离的组合跑。练习100米、200米跑的学生跑“50米+3分钟休息+100米+3分钟休息+150米+3分钟休息+150米+3分钟休息+200米+3分钟休息”，再从200米返回。

练习400米跑的学生跑100米、200米、300米、500米、300米、200米、100米,中间休息4分钟。

变速跑。150米快+150米慢;200米快+200米慢。

递减间歇跑。200米×10,间歇时间5分钟、4分钟、3分钟。

连续接力跑。5人×100米×6～8次,1～2组。

(2)速度练习

速度素质是短距离跑项目中起主要作用的专门素质,速度练习包括提高反应速度、动作速度和位移速度。发展速度素质是一个复杂的综合发展过程,其中主要是肌肉力量的肌肉收缩速度的发展。速度练习采用的主要方法包括以下内容。

行进间跑30～60米,4～5次×2～3组;短距离追赶跑60～100米,3～5次×6组;下坡跑30～60米,3～4次×2～3组;反复跑30～60米,4～5次×2～3组;提高反应速度和加速度能力的练习:①呈蹲踞式姿势,听到枪声迅速向上跳并触及高物。②低卧或仰卧听枪声起动并迅速跑出。③在2°～3°斜坡道上,快速完成上坡或下坡跑练习,距离为40～50米。

(3)力量练习

为了提高肌肉的最大力量,主要通过负重练习和抗阻力练习,一般以递增负荷重量的方法来实现。练习时采用最大负荷的70%～80%,逐渐增大到100%负重量,完成5～7组,分组中4～5次。

提高爆发力,主要采用负重练习、抗阻力练习和跳跃练习。练习量为最大负荷的60%～70%,动作速度快,完成5～7次。采用跳跃练习时,完成60～100米负重或不负重的快速跳跃练习。

发展力量耐力,采用负荷量轻的,跳跃距离长的练习。练习量为最大负荷量的40%～50%,要求强度小,重复次数在10～20次以上,跳跃练习应选择100～200米距离的负重或不负重练习。

负重和抗阻力练习:①负杠铃练习全蹲、半蹲、1/3蹲,从最大负重量的70%～80%开始,逐渐加大至100%,完成4～6组,每组4～5次。②负重弓箭步走。最大负重量40%,弓箭步走距离40～60米,完成5～7组。③负重半蹲,最大负荷量70%～80%,完成5～7组,每组5～7次。④负重高抬腿跑,最大负荷量的20%～30%,完成4～6次,5～6组,距离为30米、60米、100米。⑤杠铃抓举、挺举、卧推举、负轻器械做体前后屈等。

跳跃练习：①短距离跳跃。立定三级跳、立定跳远、十级跳远、蛙跳、4～6步助跑的三级跳远、连续单足跳、连续跳栏架，60米以内的跨步跳，从80厘米高处跳下爆发性用力跳起的跳跃练习。②长距离跳跃。连续30米单足跳、双足跳、立定跳等。

在技术练习时常采用的练习：①直腿跑跳，用一只脚掌蹬地充分伸展膝关节。②半高抬大腿小步跑，结合快速跑。③交换腿原地跳跃。④原地摆臂和前后换腿，结合摆臂技术练习。

（二）长距离跑

1.长距离跑技术

（1）起跑和起跑后的加速跑

站立式起跑：发令前（除800米分道起跑外）运动员应在集合线后站好，“各就位”时，便迅速而沉着地走到起跑线后，两脚前后站位，有力脚放在紧靠起跑线后沿，另一脚用前脚掌或脚尖置于距前脚跟约一脚掌长的地方，左右间隔约半脚长，两腿屈膝，上体前倾体重落在前脚上。臂的动作有两种，一种是一臂在前，一臂在体侧；一种是两臂在体前自然下垂。两腿弯曲和上体前倾程度依战术而定，即速度越快，两腿弯曲和上体前倾幅度越大。颈部放松，眼向前看5～10米处，整个身体保持稳定姿势，集中注意力听枪声。

半蹲踞式起跑：“各就位”时前腿异侧手拇指与其余四指分开成八字形撑在起跑线后，同侧臂位于体侧，两腿弯曲，上体前倾，体重落在前脚和支撑手上。颈部放松，整个身体保持稳定姿势，集中注意力听枪声。

（2）途中跑

途中跑是中长跑的主要组成部分，跑时必须突出轻快、省力、节奏好。

（3）终点跑

终点跑是临近终点的一段加速跑、进入最后一个直道冲刺跑，技术要求基本与短跑相同。什么时候开始冲刺，应根据训练水平、比赛的距离、战术的需要和比赛情况，一般情况下，800米跑应在最后250米或200米开始加速跑；1500米可在最后400米或300米开始加速跑；3000米以上的项目可在400米或更长的距离开始加速跑。

（4）中长跑的呼吸

一般是跑二三步一呼气、跑二三步一吸气。随着疲劳的出现，呼吸的频率也应加快，可采用跑一步一呼气跑一步一吸气的方法。呼吸应自然和有一定的深度，一般约等于肺活量的1/3。而且应着重呼气，因为呼气的深度决定着吸气的深度。只有充分呼出二氧化碳，才能充分吸进新鲜的氧气。呼吸是利用鼻子和半张开的嘴同时进行的。冬天或顶风跑时，为了避免冷空气和强空气直接刺激咽喉，应用鼻子吸气用嘴呼气或将舌尖上翘微微舔住上腭。

中长跑时，由于内脏器官工作条件的急速改变，氧气供应落后于肌肉活动的需要，出现胸闷、呼吸困难、四肢无力，迫使跑速降低，甚至难以坚持。这种现象称为“极点”，是跑的过程中正常现象。跑的强度大，“极点”出现早，相反则迟而且感觉轻，适应过渡的时间短。“极点”是可以克服的，在训练长跑的过程中，要注意循序渐进，充分做好准备活动，掌握途中跑的速度变化，当“极点”出现时，一定要以顽强的意志跑下去，注意做深呼吸，同时适当调整跑速，继续一段后，症状会减轻，最后消失。

2. 长距离跑技术学法

匀速慢跑60～100米；匀速中速跑60～200米；加速跑60～100米；走跑交替（中速跑100米+走100米或慢跑）；跑速控制在1/2和2/3速率之间，跑的距离200米、400米、600米、800米。

3. 长距离跑健身方法

（1）最大力量训练

最大力量训练方法能有效地发展肌肉横断面积和最大意志紧张的能力。

持续不断地重复用力法。负荷强度75%～90%，组数6～8组，每组重复次数3～6次，每组间歇3分钟。

静力性练习法。负荷强度90%以上，组数4组，每组持续时间3～6秒，每组间歇3～4分钟；负荷强度70%～90%，组数6组，每组持续时间8～12秒，每组间歇3分钟；负荷强度70%以下，组数4组，每组持续时间12秒以上，每组间歇3分钟。

（2）快速力量训练

起动力：在最短时间内（通常不到150毫秒），最快的发挥下肢肌肉力量，它是速度力量的一个决定因素，采用沙地跑，上下坡跑台阶、穿沙背心的起跑加速、计时短跑等。

反应力：当人体运动时，肌肉链制动着人体运动的速度，引起牵张反射，运动着的人体迅即以很高的加速度朝相反方向运动的能力。比较有效的练习方法：跳绳，跨步跳、多级跳、跳台阶等。

力量耐力：力量耐力是力量和耐力的综合素质，它是一种在静力性或动力性工作中长时间保持肌肉紧张而不降低其工作效果的运动能力。采用持续间歇法进行练习：第一种方案：负荷强度40%～60%，组数3～5组，每组重复次数10～20次，休息时间30～90秒，动作速度很快；第二种方案：负荷强度25%～40%，组数1～6组，每组重复次数30次以上，休息时间30～60秒，动作速度快。

(3)快速能力训练

发展步频为主的练习。采用快速小步跑和原地高速踏脚练习；支撑高抬腿跑过渡到加速跑；利用下坡跑的惯性和顺风跑来加快步频；随老师击掌的变化，做快慢交替的抬腿与摆臂练习。

发展步长为主的练习。采用负重弓箭步换腿；单、双脚跳上跳下；支撑后蹬跑；行进间后蹬跑过渡到加速跑，放松大步跑；有弹性的前后、左右压腿和摆腿练习；多级跳计步数；100米跨步跳等。

(4)耐力训练

发展一般耐力(有氧耐力)练习。采用长时间持续跑；发展专项耐力(无氧耐力)练习。发展非乳酸盐无氧耐力，采用负荷强度95%～100%，练习时间5～15秒，每组4～5次，每次间歇时间2～3秒，组间间歇7～10秒。发展乳酸盐无氧耐力，采用200～400米段落，每组3～4次，重复3～4组；采用500～600米段落，每组2～3次，组数不超过3组。

第二节　球类运动

一、世界第一运动——足球

(一)足球运动概述

1.足球运动简介

足球是以脚为主来支配球的一项球类运动。足球运动中两个队攻守对抗，争夺激烈，是富于对抗性的一项体育项目。比赛中，队员有着无限的选择性和可能性，需要有良好的个人能力和创造力，需要全队思想行动的高度统一。现代足球运动是世界上开展得最广泛影响最大的运动项目之一，被誉为“世界第一运动”“运动之王”。①

现代足球运动起源于英国。1863年10月26日，由伦敦11个最主要的俱乐部和学校，在伦敦弗里森酒店举行会议创立了英格兰足球协会，并制定了世界上第一个统一的足球规则。这一日被世界公认为现代足球的诞生日，英国被世界各国公认为现代足球起源国。2004年7月15日，国际足联主席布拉特在北京正式宣布：中国古代蹴鞠就是足球起源，足球起源地为中国临淄。

2. 足球运动的特点

（1）群众性

除了正规的足球比赛以外，只要有一个足球，一块场地，人们就可以进行活动。如果要进行比赛，没有球门，也可以用砖头、石块、衣物、书包代替。人们参加足球活动所需的技术动作是简单易学的。此外，足球活动一年四季都可以在室外开展。

（2）竞技性

足球运动的竞技性主要表现在：激烈的对抗（运动员在从地面到空中的立体角逐中相互接触、碰撞）；自然条件反差大；心理刺激强烈（胜负变化大且有一定偶然性，众多观众的压力，裁判错判、漏判，双方队员的过激表现既刺激观众也刺激运动员）；运动负荷大（比赛时间长，比赛场地大，场比赛运动员要奔跑10000米以上，快速冲刺跑100多次，要在快速激烈对抗中完成技术动作数百次）。

（3）文化性

足球运动具有丰富的文化内涵，是一种满足人们生理、心理需要，表现人们行为举止、思想感情甚至民族特性、风格的身体文化运动。例如，巴西、阿根廷、意大利、德国、英国等世界足球强国的技术、战术风格都鲜明地渗透着各自国家的民族风格、文化特点。

3. 足球运动的价值

（1）增进健康，增强体质

经常参加足球运动能够发展力量、速度、耐力、灵敏及柔韧等素质，提

①王苑. 论高校足球运动训练中的体能训练[J]. 田径，2022(05):34-35.

高心血管系统、呼吸系统、肌肉及神经系统的工作能力。

(2)培养品德、陶冶情操

通过足球运动可以培养人勇敢机智、顽强拼搏、坚韧不拔、热爱集体、团结协作、遵守纪律及胜不骄败不馁的良好品德,陶冶文明礼貌、光明磊落、奋发向上、勇于竞争及不卑不亢的情操。

(3)增进友谊,振奋精神

通过足球比赛可以促进和发展地区间、国际间的交往,加深人民之间友情,丰富人民群众的文化生活。在国际足球比赛中的胜利,可以振奋民族精神,提高民族自豪感,弘扬爱国主义精神。

(4)活跃经济,创造财富

在现代市场经济中,足球运动具有良好的商业价值。人们利用足球运动本身的魅力,大力发展足球产业。通过足球彩票、门票、运动员转会费、广告费、电视转播费等获得丰厚的利润。同时,足球运动的广泛开展还促进了运动器材、服装、饮食、旅游等行业的发展。

(二)足球基本技术

1.颠球

(1)双脚脚背颠球

脚向前上方摆动,用脚背击球,击球时踝关节固定,击球的下部。两脚可交替击球,也可一只脚支撑,另一只脚连续击球。击球时用力均匀,使球始终控制在身体周围。

(2)双脚内侧、外侧颠球

抬脚屈膝,用脚的内侧或外侧向上摆动,击球的下部,两脚内侧或外侧交替击球。

(3)大腿颠球

抬腿屈膝,用大腿的中前部位向上击球的下部,两腿可交替击球,也可一只脚做支撑,用另一侧的大腿连续击球。

(4)头部颠球

两脚开立,膝盖微屈,用前额部位连续顶球的下部。顶球时,两眼注视球,两臂自然张开,以维持身体平衡。

(5)练习方法

初学时,可先做无球模仿颠球练习。主要让同学掌握一脚支撑,一脚颠球的动作,体会用小腿摆动发力击球的要领。

用脚颠带绳的球或装在网兜里面的球。目的在于增加颠球的机会,减少拾球次数,提高练习的趣味。当一脚基本掌握上述颠球方法后,可用另一只脚练习,逐步过渡到两脚交替颠球,两脚都会颠球。

初学时,由于动作掌握较慢,学生会感到乏味,可以用比赛的方法激发练习的积极性。如颠网兜里的球,在规定的时间内看谁颠得多;规定颠球的次数,看谁先达到;规定颠球的次数,看谁用时少;两人一组合作练习,一人拿带绳球辅助,另一同学练习颠球,拿球同学观察并纠正动作,二人交换反复进行。

当同学对颠带绳的球有了初步体验后,一人一球颠球。体会触球的时间、触球的部位、触球的力量和整个动作的协调配合。可做自己用手将球抛起的颠球练习。由一抛一颠过渡到抛球一次,连续颠球几次。通过自抛自颠提高控球能力。

当同学初步掌握自抛自颠的动作后,可练习两脚轮流颠球或多人接力颠球,以及用大腿和头等部位颠球,借以进一步熟悉球性,提高球感和控球能力,培养足球意识和兴趣。

两人一球颠球:用脚背、大腿、头部以及身体各部位触球,掌握好触球的力量,尽量不让球落地。每人可触球一次颠给对方,也可触球多次互颠。

(6)易犯错误与纠正方法

双脚脚背颠球。易犯错误包括颠球发力不当,脚触球部位不准;脚击球时踝关节松弛,造成用力不稳定;踢球时脚尖向下或向上勾,造成球受力后向前或向后触碰身体,使球难以控制。纠正方法包括一人持球,另一人模仿颠球,然后轮做。体验小腿摆动,脚面触球下部的动作;反复颠带绳的球,每颠球一次体会一下动作要领;带领学生无球保持踝关节紧张练习,击球的下中部,以膝关节为轴屈伸小腿。多颠带绳球,找到踝关节用力地感觉;顺球时要求脚背与地面平行,脚尖微翘,初学者可采用顿一次让球落地反弹后再颠。体会触球时与球摩擦使球带有回旋,并逐步过渡到连续颠球练习。

双脚内侧、外侧颠球。易犯错误包括脚在球时脚内翻或小腿向上摆动不够,不能造成球直向上;因支撑腿膝关节弯曲不够,造成脚外侧颠球时,球不能靠近身体失去控制。纠正方法包括加强柔韧性练习，两人一组、一人坐在地上两腿屈膝，脚掌相对成盘腿状，尽量靠近大腿，另一人在身后两手扶膝关节用力下压持续几秒后，交换进行练习，可提高脚内翻和小腿向上摆的幅度；支撑腿膝关节有意识弯曲，上体向支撑脚一侧稍倾斜，膝关节屈，脚外翻使脚外侧成水平状态的姿势，持续几秒后交换支撑脚的练习。

头部颠球。易犯错误包括击球时间和部位不准，难以控制球的方向和高度。纠正方法包括要求颈部稍紧张用力控制好顶球点。加强收腹和屈膝伸腿蹬地协调用力地练习。

2.踢球

（1）脚内侧踢球

动作要领。直线助跑，支撑脚踏在球的侧后方15厘米左右处、膝关节微屈、踢球腿以髋关节为轴由后向前摆动，在前摆过程中屈膝外转，踢球脚内侧正对击球方向，脚尖稍翘起，小腿快速前摆，脚腕用力绷紧，用脚内侧部位击球的后中偏下部。

易犯错误与纠正方法。①脚踝松弛。纠正方法：脚尖翘起，踝关节角度保持为约90°，绷紧放松练习。②踢球腿旋转力度不足。纠正方法：发力时脚跟快速前旋，加大旋转力度，多做无球或踢实心球练习。③摆动腿太紧张，成直腿扫球动作。纠正方法：模仿踢球腿的放松摆踢动作，体会肢体感觉和控制方法。④身体重心不稳定。纠正方法：支撑脚落地时制动并屈膝降低重心。⑤支撑脚脚尖未指向出球方向。纠正方法：注意调整助跑方向，避免斜线助跑。⑥支撑脚站位偏前或偏后。纠正方法：控制跑动速度，准确判断球的运行轨迹。⑦踢空中球时对球的速度和高度判断球，造成摆腿击球时间不当，出现踢空现象。纠正方法：先是用手抛球来控制球的速度，体会摆腿击球时间，一般来说，在判断准确球高度的同时，球速越快，摆动越小，反之，球速较慢可加大摆动。⑧踢空中球踢球的部位不准，出球偏离目标。纠正方法：出现问题的原因在于不能适当地使踢球腿抬起与来球高度形成相配合的击球点而产生。应当根据来球高度选择好踢球腿的摆动，如踢接近髋关节高度的球时，上体应往踢球腿侧偏，使踢球腿能抬至相应的高度。逐步加练即可纠正。

（2）脚背内侧踢球

动作要领。斜线助跑，助跑方向与出球方向约成45°，支撑脚以脚掌外沿积极着地，踏在球的侧后方20～30厘米处，膝弯曲，支撑脚脚尖指向出球方向，并踏在球的横轴（与出球方向成垂直的横轴）的延长线上，身体稍向支撑脚一侧倾斜，在支撑脚着地的同时，踢球腿以髋关节为轴，大腿带动小腿由后向前摆。当身体转向出球方向，膝盖摆到接近球的内侧上方的刹那，小腿加速前摆，脚尖稍外转，脚面绷直，脚趾紧扣，脚尖指向斜下方，以脚背内侧踢球的后中部。踢球后，踢球腿随球继续前摆。

易犯错误与纠正方法。①直线助跑（斜线助跑有利于发挥摆腿力量和控制脚形）。纠正方法：准确判断球的运行速度和方向，调整助跑角度和速度。②支撑脚站位不当（离球太远或过近，脚尖未指向传球方向）。纠正方法：控制好助跑速度与节奏，步伐清晰，注意力集中。③肌肉关节紧张，成直腿摆动。纠正方法：通过模仿练习体会放松摆腿技术。④勾脚击球，击球点不稳定，不能有效发挥摆腿力量。纠正方法：脚背，踝关节绷紧，固定脚形。⑤踢球腿摆送方向太随意，不能稳定控制出球方向。纠正方法：有意识地控制摆送方向，注意身体重心随球跟进。

（3）脚背正面踢球

动作要领。直线助跑，最后一步稍大并积极着地，支撑脚踏在球的侧方10～15厘米处，脚尖正对出球方向，膝关节微屈；同时踢球腿向后摆起，膝弯曲，在支撑脚着地的同时，以髋关节为轴大腿带动小腿由后向前摆，与膝盖摆至接近球的垂直上方的刹那，小腿加速前摆，脚背绷直，脚趾扣紧，以脚背的正面出球的后中部，踢球后，踢球腿随球继续前摆。

练习方法。先做向前跨一步的踢球模仿练习，然后做助跑的踢球模仿练习；一人踩球，另一人做跨步踢球练习和助跑踢球练习，主要体会支撑脚的选位和该动作与摆腿的关系；对墙踢球练习，开始距墙3～5米，力量可小些，然后逐渐加长距离和踢球力量；两人一组，相距15米左右，对踢定位球注意踢球的力量、方向。

3.接球

（1）脚内侧接球

支撑脚正对来球，膝关节弯曲，接球腿屈膝外转并前迎，当脚与球接触前的刹那开始后撤，在后撤过程中用脚内侧接触球，把球控制在下一动作需要的位置上。

（2）脚底接球

支撑脚站在球的侧后方，膝盖微屈，脚尖正对来球，同时将接球脚提起，膝关节自然弯曲，脚尖翘起高过脚跟，踝关节放松，用脚前掌触球的中上部。

（3）胸部接球

挺胸接球一般用于接高于胸部的下落球，身体面对来球，两脚前后或左右开立，重心在两脚间，两臂自然张开，上体稍后仰，收下颚，当胸部与球接触前的刹那，脚跟提起，向上挺胸，胸触球中下部，使球弹起，落于体前。

（4）收胸停球

一般用来停胸部高度的水平来球，身体面对来球，两脚前后或左右开立，重心在两脚间，两臂自然张开，挺胸迎球，当胸部与球接触前的刹那迅速收胸、收腹、用胸部触压球的中上部，以缓冲来球力量把球停在身前。

（5）练习方法

接迎面地滚球：两人对面站立，一人踢（抛）地滚球，另一人迎上接球；用各种接空中球的方法自抛自接凌空球；两人互抛互接空中球，逐渐改变球的弧度，落点，使接球者练习移动接球；队员互相传高球，练习接空中球。

4. 头顶球

（1）原地头顶球

身体正对来球，两脚前后开立，膝关节微屈、上体后仰，重心放在后脚上，两臂自然张开，两眼注视来球，当球运行至身体垂直部位前的一刹那，后脚用力蹬地，收腹，迅速向前摆体，身体重心由后脚移向前脚。当球运行到身体垂直部位前的一刹那，颈部保持紧张快速甩头、用前额正面顶球的后中部。然后上体继续随球前进。

（2）跳起头顶球

原地双脚起跳时，两腿先弯曲，重心下降，然后两脚用力蹬地跳起，同时两臂肘上摆在跳起上升过程中，上体要挺胸展腹，两臂自然张开，两眼注视来球，在跳到最高点准备顶球时，身体呈背弓形，当球运行到身体额状面时，收腹，上体快速前屈，甩头，用前额正面将球顶出，顶球后，两腿同时自然屈膝，屈踝落地。

（3）练习方法

做各种顶球模仿练习如一人双手持球至适当高度，另一人用额正面、额侧面顶球，领会顶球时接触部位和击球点；自抛和互抛顶球，自己向空中抛球，待球下落时练习顶球，两人一组，一人抛球一人顶球；个人连续顶球，顶起的高度可不断调整，也可3～4人围成一个小圈连续顶球。

5.运球

(1)脚背正面运球

跑动时，身体自然放松，上体稍前倾，两臂自然摆动，步幅不要过大，运球脚提起时，膝关节弯曲，脚跟提起，脚尖下指，在迈步前伸着地前，用脚背正面推拨球前进。

(2)脚背外侧运球

跑动时，身体自然放松，上体稍前倾，两臂自然摆动、步幅要小些，运球脚提起时，膝关节弯曲，脚跟提起，脚尖稍内转，在迈步前伸着地前，用脚背外侧推拨球。

(3)脚背内侧运球

跑动时，身体自然放松、步幅要小些，上体前倾并稍向运球方向转动，运球脚提起时，膝关节稍弯曲，脚跟提起，脚尖稍外转，在迈步前伸着地前，用脚背内侧推拨球。脚内侧运球时，支撑脚向前跨出一步，踏在球的前侧方，膝关节稍弯曲、上体前倾并向竖转、随着身体向前移动，运球脚提起，用脚内侧推球的中后部。

(4)练习方法

走或慢跑中用单脚或两脚交替运球；直线运球：队员分成两组，各成一路纵队，相距20米站立(对面)，一人运球前进，运到对面运球线时，将球传给对面第一人，依次练习；队员站成一路纵队，第一人向前运球，绕过标志杆后再往回运，并将球传给第二人；第二人接球，再向前运球，依次练习；中圈内变向自由运球，队员分两组站在圈内，一组运球，另一组在圈内站立或自由走动，运球人尽量避开走动人，两组交替练习。

6.抢截球

(1)正面跨步抢截球

两脚前后开立，两膝稍弯曲，身体重心下降，重心均落在两脚上，面向对手。对手运球前进，当脚触球即将着地或刚着地时，一脚立即用力蹬地，抢球脚以脚内侧对正球并向球跨出一步，另一只脚立即向前跨成支撑脚，如果双方的脚同时触球，则要顺势向上提拉，使球从对方脚背滚过，身体要迅速跟上，将球控制住。

(2)侧面合理冲撞抢截球

当与对手并肩跑动时，身体重心稍下降，同对方接触一侧的臂要紧贴身体，当对方靠近自己一侧的脚离地时，用肘关节以上部分冲撞对方相应部位，使对方因失去平衡而离开球，乘机将球控制住。

(3)练习方法

两人一球，一人脚前放定一个球，另一人做抢球练习；两人一组，相距4~6米站立，中间放一球，按教师的手势，两人同时做向前跨步抢球动作；两人一组，相距10米，一人带球直线向前，另一人做正面跨步抢球；两人并肩慢跑做冲撞练习，练习观察对方身体重心的移动，掌握冲撞时间。

7.掷界外球

(1)原地掷界外球

面对出球方向，两脚前后或左右开立，膝关节弯曲，上体后仰成背弓，重心移到后脚上(左右开立时，重心在两脚间)，两手自然张开，拇指相对，持球的侧后部，屈肘将球置于脑后。掷球后，后脚用力蹬地，两腿迅速伸直，身体重心由后腿移到前脚，收腹屈体，同时两臂急速前摆，当球摆到头上时用力甩腕将球掷入场内。掷球时，后脚可沿地面向前滑动，两脚均不得离地或踏入场内(但允许踏在线上)。

(2)助跑掷界外球

双手持球于胸前，在助跑迈出最后一步时，上体后仰或背弓，同时将球上举至脑后，掷球时的动作与原地掷界外球动作相同，助跑掷界外球主要是能用上助跑的速度把球掷得更远。

(3)练习方法

两人一球，相距15米，原地对掷界外球。两人一球，相距25米，两端设两条平行线，助跑对掷界外球。前场界外球战术练习：①选择掷球力量较大的队员，将球直接掷入罚球区内攻门。②将球掷向近门柱的罚球区线附近，由身体高大的前锋将球蹭顶给罚球点附近的同伴攻击球门。③通过队员跑动，调动对方的防守，将球掷入空当，继续组织进攻。

8.守门员技术

(1)接地滚球

直腿式接球。两腿自然开立，脚尖正对来球，上体前倾，两臂自然下垂，两手小指靠近，手掌对球稍前迎，两手接球的后底部，在手触球的一刹那立即后引，屈肘、屈腕、两臂靠近将球抱于胸前。

单膝跪撑式接球。身体正对来球，两腿前后开立，前腿弯曲支撑身体重心，后腿跪立，膝盖接近地面靠近前脚脚踵，上体前倾，手臂下垂，手掌对准来球稍向前迎，两手接球的后底部，在手触球的一刹那，两手后引，屈肘，屈腕，两臂靠近将球抱于胸前，然后起立。

（2）接平直球

身体正对来球，两脚左右开立，上体稍前倾，两臂下垂并屈肘前迎，两手相靠，手掌对球，当接触球的一刹那，两臂后引并屈肘，顺势将球抱于胸前。

（3）接高球

当判断好球在空中运行路线和确定接球点后，迅速移动并跳起，两臂上伸迎球，两手拇指相靠，手掌对球，当手触球时，手腕和手指适当用力将球接住，同时屈肘，回缩并下引，顺势翻掌将球抱于胸前。

（4）练习方法

守门时按教师的示范做左右或前后的移动练习；接同伴传来的地滚球、平直球和高空球；守门员接自己对墙掷出或踢出的各种反弹回来的球。

（三）足球比赛规则

1.比赛场地

（1）足球场的尺寸

足球场为长方形，边线的长度必须长于球门线的长度。长度（边线）：最短90米，最长120米。宽度（球门线）：最短45米，最长90米。世界杯的足球场地尺寸：长105米、宽68米。

（2）球门

球门位于两条球门线的中央，它的形状可为长方形、正方形、圆形或椭圆形。球门长7.32米、高2.44米。

2.足球比赛用球

11人制足球比赛用球为5号球，室外5人制足球比赛用球为4号球。球的形状：圆形；球的材料：用皮革或其他适当的材料制成；球的周长：足球圆周不长于70厘米，不短于68厘米；足球的重量：足球重量不多于450克、不少于410克。

3. 队员人数

（1）上场队员

一场比赛有两个队参加，每队上场队员不得多于11人，其中必须有1名守门员。如果任何一队少于7人则比赛不能开始。

（2）替补队员

正式比赛中，每场比赛最多可以使用3名替补队员。

（3）替补换人程序

替补队员上场前必须先通知裁判员，然后裁判员鸣哨，宣布停止比赛；被替换下场的队员离开比赛场地后，替补队员才可以从中线处进入比赛场地。

4. 队员装备

（1）队员的基本装备

队员的基本装备包括运动上衣（有袖），短裤，护袜，足球鞋，护腿板。

（2）服装颜色

一场比赛中，主队队员、客队队员、主队门将、客队门将、裁判员所穿衣服的颜色不能相同。

5. 比赛时间

（1）比赛时间

一场比赛分为上半场和下半场两个部分，每个半场45分钟。

（2）中场休息

在上半场45分钟比赛结束后，双方队员有中场休息的权利，中场休息的时间不得多于15分钟，中场休息后，双方进入下半场45分钟的比赛。

6. 计胜方法

（1）进球得分

当足球的整体从球门柱间及横梁下越过球门线，而且进球一方在之前没有犯规，即为进球得分。

（2）获胜的队

在比赛中进球数量较多的队为胜者，如果两队进球数相等或均未进球，则比赛为平局。

7. 比赛开始和重新开始

通过掷币，猜中的队决定上半场比赛的进攻方向或开球方；开球时，球应放在中心标记上，所有队员在本方半场内，待裁判员发出信号。当球被踢并向前移动时比赛即为进行;开球队员在球未经其他队员触及前不得再次触球,否则判由对方踢间接任意球;开球直接射门进球无效。

8.死球

下列情况比赛成死球:当球不论从地面或空中全部越过端线或边线时;当比赛已被裁判员停止时。其他所有时间均为比赛进行中,包括球从球门柱、横梁、角旗杆或比赛场地上的裁判员、助理裁判员身上弹回场内。

9.越位

(1)越位位置

队员在对方半场并较球更接近于对方的球门线,且在他与对方端线之间,对方队员不足两人;队员处于越位位置并不构成越位。

(2)判越位

处于越位位置的队员,在同队队员踢或触及球的一瞬间,裁判员认为他正在干扰比赛、干扰对方队员或利用越位位置获得利益时才被判为越位。

(3)不越位

如果进攻队员直接从球门球、掷界外球、角球情况下接到球,则没有越位。

10.犯规与不正当行为

裁判员认为队员故意违反下列规则中的任何一种,将判给对方踢直接任意球:①踢或企图踢对方队员。②绊摔或企图绊摔对方队员。③跳向对方队员。④冲撞对方队员。⑤打或企图打对方队员。⑥推对方队员。⑦拉扯对方队员。⑧争抢球时,在触球前触及对方队员。⑨向对方队员吐唾沫、故意手球。

如果守门员在本方罚球区内行为符合下列违例中的任何一种,将判给对方踢间接任意球:①用手控制球后在发出球之前持球时间超过6秒或在发出球之后未经其他队员触及,再次用手触球。②用手触及同队队员故意踢给他的球或同队队员直接掷入的界外球。

队员在出现下列情况时,也将判给对方踢间接任意球:①动作具有危险性。②阻挡对方队员。③阻挡对方守门员从其手中发球。

队员行为符合下列犯规中的任何一种,将被警告并出示黄牌:①犯有非体育道德行为。②以语言或行动表示异议。③持续违反规则。④延误比赛重新开始。⑤擅自进场或离场。⑥故意犯规破坏对方明显的进攻机会。

队员行为符合下列犯规中的任何一种，将被罚令出场并出示红牌：①严重犯规或暴力行为。②向任何人吐唾沫。③故意犯规破坏对方的进球或明显的进球得分机会。④使用无礼的、侮辱的或辱骂性的语言及动作。⑤在同一场比赛中得到第二次黄牌警告。

二、巨人运动——篮球

（一）篮球运动介绍

1.篮球运动简介

篮球运动是1891年由美籍加拿大裔詹姆斯·奈史密斯发明的。当时，他在马萨诸塞州斯普林菲尔德基督教青年会国际训练学校任教。他从儿童向装桃子的篮筐内做投掷游戏而受到启发，并博采足球、曲棍球等其他球类项目的特点，创编了篮球游戏。1896年前后由天津中华基督教青年会传入中国，随后在北京、上海基督教青年会里也有了此项活动。1904年在第3届奥运会上第一次进行了篮球表演赛。1936年第11届奥运会将男子篮球列为正式比赛项目，并统一了世界篮球竞赛规则。

2.篮球运动的特点

篮球运动是将球投入对方球篮，以得分多少决定胜负的集体球类运动项目。它集跑、跳、投等运动于一身，具有较强的集体性、竞争性、对抗性。其特点还包括参与范围广、提高生命活力、满足多种需求。

3.篮球运动的价值

篮球运动是在固定场地内，双方以投篮为中心的竞赛项目，并以投中得分获得乐趣，可见篮球运动始终具有浓厚的游戏性。篮球运动不受年龄、性别和技术的限制，因而开展得十分广泛，成为丰富人们业余文化生活的重要体育项目。篮球比赛是在攻防不断变化中进行的，运动员应具有良好的身体素质，在场上既要不断地快速奔跑，又能急起急停，所以，经常参加篮球运动，通过跑、跳、投的锻炼，对促进人体的协调性、灵活性和应变能力都会起到良好的作用。

4.篮球场主要位置介绍

（1）控球后卫

控球后卫是球场上拿球机会最多的人。他负责组织本队的进攻，将球传到最容易得分的地方，让队友的进攻更为流畅。NBA代表人物：史蒂夫·纳什。

(2)得分后卫

得分后卫以得分为主要任务。得分后卫的外线准投和稳定性要好,并且出手的速度快。一个好的得分后卫总能在很短的时间内找机会出手并命中目标。NBA代表人物:科比·布莱恩特。

(3)小前锋

小前锋是球队中最主要的得分者。小前锋最根本的任务就是不惜一切代价争取得分。NBA代表人物:勒布朗·詹姆斯。

(4)大前锋

大前锋是球队中工兵型角色。他要做好的两件事就是抢篮板和防守。NBA代表人物:凯文·加内特。

(5)中锋

中锋是一个球队的中心人物。他是球队的攻防枢纽。NBA代表人物:姚明。

(二)篮球运动的基本技术

1.准备姿势与移动

移动是运动员为了改变位置方向、速度和争取高度所采用的各种脚步动作的统称。移动是篮球进攻技术动作的基础,也是完成战术的前提。

(1)基本站立姿势

两脚前后或左右开立,距离比肩稍宽,脚跟微离地,身体重心平稳于两脚间,两膝微屈,上体稍向前倾,抬头含胸,两眼平视前方,两臂屈肘垂体侧。

(2)起动

及时、突然快速地起动是进攻队员摆脱防守的有效方式之一。动作要领:从正确的基本站立姿势开始,以起动方向的后脚或者异侧脚前脚掌迅速用力地蹬地,同时上体前倾或侧转,向前进方向平移,手臂摆动迅速有力,身体各部位放松,并注意观察球和同伴、对手和球篮的关系。

(3)跑

跑是运动员为了改变位置、方向和提高速度的方法,是移动方法中运用最多的一种。

(4)急停

急停是指运动员在快速跑动中突然制动。

（5）跨步

跨步是进攻队员急停后，以一脚为中枢脚，另一脚向左侧前方或右侧前方跨出，但不改变身体方向的一种步法，是持球突破技术常用的步法。

（6）转身

转身是以一脚为中枢脚，另一脚蹬地向前或向后跨出来改变身体方向的一种动作方法。转身在篮球比赛中运用非常广泛，例如转身保护球、转身摆脱、转身跳投、转身抢篮板等。

（7）跳

跳是队员在比赛中控制空间、争取高度和远度的一种方法。

2. 传、接球技术

传、接球技术是篮球运动的重要技术之一，它是进攻队员在场上相互联系和组织进攻的纽带，是实现战术配合所必须具备的基本技术。传接球必须做到及时、准确、隐蔽。

（1）传球

双手胸前传球：双手胸前传球是一种最基本且最常用的传球方法，可在不同方向、不同距离中使用。

双手头上传球：持球方法与双手胸前传球相同。双手举球于头上，两肘和手心向前。

单手肩上传球：单手肩上传球是最基本的传球方法，也是经常运用的一种远距离传球方法。

（2）接球

双手胸前接球：接球时，两眼注视来球，双臂自然伸出迎球，手指自然分开，肘关节微屈，两手拇指相对成八字形，掌心稍向前，两手形成一半圆状。当手接触球后，两臂随球后引，置胸腹之间。

双手头上接球：动作要领与双手胸前接球相同。只是两手臂是向前上方伸出迎球，手指向上。

双手腰部接球：接球时，一脚向前跨出，上体前倾，重心落在前脚。双手向前方伸出迎球，手指自然分开，掌心向着来球方向。触球后，两臂顺势屈肘收回，接球于胸腹之间，保持基本站立姿势。

双手接反弹球：接球时，目视来球，迎球上步，身体前倾。两臂向前下方伸出球，在球刚刚弹起时，五指张开手触球，顺势握球胸腹间，保持身体基本站立姿势。

双手接地滚球:接球时,目视来球,向来球方向跨出一步,身体下蹲,两臂伸出迎接球,掌心向前、指朝下,触球顺势握住球。

3.运球

运球是持球队员在原地或移动中,用单手连续按拍和迎引从地面反弹起来的球的动作方法,它是控制、支配球组织战术配合及突破防守的重要手段。包括高运球、低运球、运球急停急起、体前变向换手运球、运球转身等。

4.投篮

投篮是进攻队员将球投入篮筐的方法,是篮球运动中最重要的技术。原地投篮是篮球运动中最基本的投篮方法,是行进间投篮和跳起投篮的基础。包括双手胸前投篮、单手肩上投篮、行进间篮下单手肩上投篮、行进间单手低手投篮、原地跳起单手肩上投篮、接球急停跳起投篮等。

5.持球突破

持球突破是持球队员运用合理的脚步动作与运球技术,快速超越防守队员的一项攻击性很强的进攻技术。根据持球突破采用的步法,可分为交叉步持球突破和同侧步持球突破两种。

(1)交叉步持球突破

突破时(以右脚做中枢脚为例),左脚向左侧前方迈出一小步,将防守队员引向自己左侧,同时左脚前掌内侧迅速蹬地,向右侧前方跨一大步,上体稍向右转,左肩向前下压,重心向右前方移动,左脚向右侧前方跨出,将球引于身体右侧,用右手推按球于左脚右侧前方,接着右脚蹬地加速超越对手。

(2)同侧步持球突破(顺步突破)

突破时(以左脚做中枢脚为例),上体积极前倾,右脚迅速向右前方跨出一大步,同时上体右转,左肩积极下压。左脚内侧用力蹬地,在左脚离地前,用右手推按球于右脚外侧前方,然后左脚迅速跨步抢位,突破对手。

6.抢、打、断球

抢、打、断球是攻击性很强的防守战术,它是积极性防守战术。

7.抢篮板球

抢篮板球是比赛中双方队员在空中争抢投篮未中的球。依据抢篮板球的动作方法,分为抢进攻篮板球和抢防守篮板球。

(三)篮球运动防守的基本要求

防守是指防守队员合理利用脚步移动和手臂动作,积极抢占有利位置,阻止和破坏对手的进攻以夺取控球权。具体运用时,要"以球为主,人球兼顾",采取正确的姿势,选择和抢占有利的防守位置,保持适当的距离,运用灵活多变的步法,以宽阔的视野观察,判断对手的意图,随时依据对手和球的动向及时调整防守位置距离和角度。

1. 防守无球队员

(1)防守位置

防守队员要根据球和自己防守对手所处的位置来确定和调整自己的防守位置。防守无球队员时,防守队员要处于对手与球之间,与对手、球要成钝角三角形。防守距离要根据对手与球、球篮的距离而定,对离球和球篮近的对手防守要紧,对远离球和球篮的对手可适当放松。

(2)防守姿势

防守离球较近的对手时,应采用面对人,侧向球的姿势,屈膝,重心在两脚之间,以便随时起动。近球手臂前伸,封锁其接球路线,并注意球,根据对手的移动,积极堵截对手。而当进攻队员离球较远时,可采用面向球、侧对人的姿势,两臂自然侧伸,密切观察球和人的动向,便于断球和进行协防。

(3)移动步法

防守时,防守队员要根据球和对手的移动,合理运用上步、撤步、滑步、交叉步和跑动等脚步动作,并配合身体动作,堵截对手摆脱移动路线,抢占有利的防守位置,不让对手在有威胁的进攻位置上接球。

2. 防守有球队员

(1)防守位置

防守队员应位于持球队员与球篮之间。一般对手离篮近则应靠近对手一些,离篮远则离对手远一些,具体根据对手的技术特点和整体防守战术而定。

(2)防守姿势

采用平步防守时,两脚平行站立,两手臂侧伸或在体前不停挥摆。这种步法防守面积大,便于向左右移动,适合于贴身防守,攻击性强,能有效地阻止对手向前的趋势。采用斜步防守时，两脚前后站立，前脚同侧手臂向前上方伸出，另一手臂平伸。这种姿势便于前后移动。

（四）篮球基本战术

1.进攻基础配合

进攻基础配合包括传切、突分、掩护、策应4种配合方法

（1）传切配合

传切配合是进攻队员之间利用传球、切入等技术组成的简单配合。它包括一传一切和空切配合两种。

（2）突分配合

突分配合是持球队员突破后，利用传球与同伴配合的方法。

（3）掩护配合

掩护配合是掩护队员采用合理的行动，用自己的身体挡住防守同伴者的移动路线，使同伴借以摆脱防守，或利用同伴的身体摆脱防守，从而接球进攻的一种配合方法。

（4）策应配合

策应配合是指处于内线的队员背对或侧对球篮接球、由他做枢纽、与外线队员的空切配合而形成的一种里应外合的方法。

2.防守基础配合

防守基础配合包括挤过、交换防守、关门夹击等配合方法。

（五）篮球竞赛规则简介

1.队员人数和号码

每队一般由12名队员组成。上场比赛为5人，每队队员号码应是4～15号，目的主要是避免队员得分（1～3分）、3秒违例与队员犯规后罚球次数等在判罚手势中的混淆不清。

2.比赛时间

每场比赛分为4小节，第1、2节和第3、4节为上、下两个半时，每节比赛为10分钟。第1、2节和第3、4节之间休息时间为2分钟，两个半时中间正常的休息时间为15分钟。在前三节的每节中，每队可准予1次要登记的暂停，第4节中准予2次要登记的暂停，每一决胜期准予1次要登记的暂停，每次1分钟，决胜期比赛时间为5分钟。

3.跳球(争球)

比赛开始,由双方各一名队员在中圈跳球。比赛中,双方队员抢球相持不下,或球由双方队员同时拍出界外,或球卡在篮圈与篮板之间,则执行交替拥有。

4.违例

比赛场上队员出现以下情况时判违例,判由对方在违例地点附近边线外发界外球。

(1)带球走

带球队员移动,必须以一脚为中枢脚方能转身,跨步等。中枢脚不可离地,若要离地,必须在未离地前将球挪出,否则为带球走。

(2)两次运球

下面情况均为两次运球:两手同时运球;运球时手掌向下时有明显的翻腕动作或球在手中有明显的停留现象;运球结束后,球自行离手而又重新将球拿住(视有意无意);运球后将球接住又继续运球。

(3)球出界

球或持球队员触及界线或界线以外的区域则为出界。在场外发球,触及界线及场内地面亦为违例。

(4)有关时间的违例

3秒违例:控制球队队员在对方限制区内停留超过3秒;5秒违例:在罚球、掷界外球和持球队员被夹击时5秒内未将球掷出;8秒违例:进攻队从后场控制球开始,未能在8秒内使球进入前场;24秒违例:控制球队队员在24秒内未能投篮出手。

5.犯规

(1)侵人犯规

与对方队员发生不合理的身体接触。罚则:对投篮队员犯规判给2次罚球(3分线外的投篮判罚3次);若投篮命中有效,则追加罚球1次。对非投篮队员犯规,则判发界外球。

(2)故意犯规

队员不是为了抢球,而是故意和对方队员发生身体接触,称为故意犯规。罚则:对不持球或持球没有投篮动作的队员犯规,判罚2次罚球后由罚球一方队员在中场边线外发界外球。对投篮队员故意犯规,则投中有效判罚球1次后,无论中与否,均由罚球一方在中场发界外球。

(3)双方犯规

双方队员同时相互犯规。罚则:应给每一犯规队员登记一次侵人犯规。如犯规时有一方投篮命中,则投中有效,由对方在端线发界外球。如果某队控制了球或拥有球权,应将球判给该队在最靠近犯规的地点掷球入界,如果任一队都没有控制球或拥有球权,则执行交替拥有。

(4)五次犯规

某队员全场各种犯规累计达五次。罚则:自动退出比赛,不得再参加本场比赛,由其他队员替换。

(5)每节全队四次犯规

比赛的每节(决胜期作为下半时的继续)犯规达四次以后,每一次犯规均判罚球。罚球:对不投篮的队员犯规,判二次罚球。对投篮队员犯规,则投中有效并追加一次。

(6)控制球队队员犯规

失去球权,由对方在就近的边线外发界外球。

(7)技术犯规

场上队员、场外教练员、替补队员等违反规则,不服从裁判,影响比赛顺利进行的犯规。罚则:视情节轻重,可判罚为劝告提醒、警告;判罚球两次后在中场边线外由对方发界外球,直至取消比赛。

(8)取消比赛资格的犯规

情节十分恶劣的侵人犯规(含教练员、替补队员严重技术犯规)。罚则:令其退出比赛,并按故意犯规的罚则进行判罚。

第三节 健美操

一、健美操运动

(一)健美操运动简介

近几十年来,健美操已经风靡世界。早在19世纪,在欧洲一些国家开始出现了以身体活动和音乐伴奏相结合的韵律体操,并开办培养音乐体操教师的学校，将音乐体操作为体育教育的手段逐步传播。20世纪80年代初，美、英、法及欧洲一些国家的健美操得到很快推广，电视节目中健美操形成热点，学校的体育教学大纲也将此列入其中。现代健美操在我国发展的历史并不长，但发展速度却非常快。早在1937年就由康健书局出版了马约翰等人所著的《女子健美体操集》一书。书中以“貌美与体美”“妇女健康的运动”“中年妇女的美容操”“增加内体美的五分钟美容操”“女子健康柔韧操”等五个标题，阐述了人体美的价值重要性和要求，介绍了徒手操的动作，其内容与现代女子健美操有诸多相似之处。随后，又出版了《男子健美操集》，这两本书以“增美之奇方”在我国流传。20世纪70年代末，健美操热再次传到我国。目前，健美操已成为我国各级各类学校体育课或课外活动中一项深受师生欢迎的教学内容和锻炼方式。1992年，国务院颁布了《全民健身计划实施纲要》，健美操成为全民健身的重要项目之一。1992年9月，中国健美操协会在北京成立。1992年2月，中国大学生体协健美操、艺术体操分会在北京成立，这些都标志着我国健美操运动已进入一个崭新的发展阶段。①

（二）健美操运动的特点

健美操是在音乐伴奏下，以操化动作的方式，融入体操、舞蹈、武术等内容，组成单个动作或成套动作，通过参与者的身体练习，达到健身效果，追求完美体型的一项新颖运动项目。其特点大致可归纳为以下几个方面。

1.锻炼的目的性

健美操的目的是在健身的基础上把形体美、姿态美、动作美和精神美有机地结合起来表现，也是健美操区别于其他健身操、卫生操的重要标志。

2.编操的针对性和科学性

健美操的编操是以对象的性别、年龄、职业、身体状况等具体情况为依据，以人体生理学、解剖学、营养学、心理学、人体造型学、体育美学等多学科科学理论为指导进行的。每套操的动作结构、数量、顺序、时间、身体各关节的作用、形体、心率、氧代谢等诸多因素都经过科学的测定和分析，因而具有明确的针对性和严密的科学性。

---

①《健美操运动教程》编写组，马鸿韬．健美操运动教程[M]．北京：北京体育大学出版社：2013.

3.动作的整体性

健美操的动作来源于体操中的徒手动作和队列队形，舞蹈中的现代舞、古典芭蕾和民族舞的基本动作等。但这些动作已不再是单纯的体操和舞蹈动作，而是按照健美操的特点，经过再创造形成健美操的特有动作，使之具有讲求实效、简单易行、造型美观、活泼多变、富有弹性、小关节对称活动等多重特点。这些动作通过科学有序地排列组合和重复，成为具有特定功能的动作整体。

4.音乐的和谐性

音乐与健美操有着十分密切的关系，是健美操不可缺少的内容；与动作协调一致，具有鲜明的节奏，能够产生振奋人心的效果，使练习者进入意境，充分发挥自己的想象力，达到调节情绪、缓解疲劳恢复精力、陶冶情操的目的。

（三）健美操基本功

健美操的基本功包括基本动作和基本步法。

1.健美操的基本动作

基本动作是健美操练习和进行群众性健身锻炼的基础。通过基本动作练习，可以掌握正确的动作技术，加大动作幅度，培养良好的动作形态。基本动作练习是按人体生理解剖结构分部位进行的，是一项专门性的练习，练习者可根据需要加以选择。

（1）健美操的常用手型

健美操中手型有多种，它是从爵士舞、芭蕾舞、西班牙舞、迪斯科、武术等手型中吸收和发展起来的。手型是手臂动作的延伸和表现，手型的变化不仅可以使手臂的动作更加丰富多彩、生动活泼，表现出美感，而且有助于加强动作的力量性。常用健美操手型有以下几种，其训练规范如下。

掌。①并掌：大拇指指关节弯曲内扣，其余四指并拢伸直。手腕伸直，使手臂呈一条直线。腕关节与掌指关节适度紧张。②开掌：五指用力分开，并伸直。③立掌：手掌用力上屈，五指自然弯曲。

拳。①实心拳：四指卷握，大拇指末关节压住食指、中指的第二关节。②空心拳：四指卷曲，大拇指末关节压住食指、中指的末关节，拳成空心状。

其他手型。①西班牙舞手型：五指分开，小指内旋，拇指稍内收。②剑指:食指和中指并拢伸直,拇指、无名指、小指内收。③V指:拇指与小指、无名指弯曲,食指与中指伸直并尽力分开。④响指:无名指与小指屈握,拇指与中指、食指摩擦后,中指击打大鱼际处产生响声。

(2)头颈动作

形式:屈、转、平移、绕及绕环;方向:向前的、向后的、向左的、向右的屈和平移;向左的、向右的转和绕、绕环;要求:做各种形式的头颈动作时,节奏一定要慢,上体保持正直。

(3)肩部动作

形式:单肩的、双肩的提肩和沉肩;收肩和展肩;单肩的、双肩的绕和绕环;振肩。方向:向前的、向后的绕及绕环。要求:①提肩、沉肩时,两肩在同一额状面上尽量上下运动。②收肩、展肩的幅度要大,肩部要平。③振肩动作要有速度、力度和弹性。

(4)上肢动作

形式:由举、屈伸、绕、绕环、振、旋等动作组成;举:指以肩关节为轴,臂的活动范围不超过180°而停止在某一部位的动作,包括双臂和单臂的前、后、侧上、侧下举;屈伸:指肘关节产生一定的弯曲角度,包括胸前屈胸前单屈、肩侧屈、肩上侧屈和前屈、头后屈;绕及绕环:指单臂和双臂向内、外、前后做180°以上360°以下的弧形运动;振:指以肩为轴,臂用力摆至最大幅度,包括上举后振、下举后振、侧举后振;旋:以肩或肘为轴做臂旋内或旋外的动作。要求:①上体保持正直,位置要准确,幅度要大,力达身体最远端。②做臂的摆动绕及绕环,肩拉开用力。

(5)胸部动作

形式:含胸、展胸、移胸;要求:练习时收腹、立腰。

(6)腰部动作

形式:腰的屈、转、绕和绕环。方向:有向前、向后、向左、向右。要求:①腰前屈和转时,上体立直。②腰绕和绕环时,速度放慢。

2.健美操的基本步法

踏步。大腿抬平,小腿自然下垂,落地时用前脚掌过渡到全脚掌,两臂屈肘前后自然摆动,身体保持正直,抬头挺胸。

交叉步。有向前、向后、向侧的交叉步。一脚迈出,另一只脚在前或在后交叉,重心随之移动。

V字步。可分为正V字步和倒V字步。一脚迈出，另一只脚随之迈出呈一条直线，两脚距离略比肩宽，两膝自然弯曲，然后依次收回。

开合跳。跳起分开落地，髋部、脚尖外开，膝关节在同方向弯曲。蹬地还原时，脚跟并拢，膝缓冲。动作要有起伏连贯、有弹性。

弹踢腿跳。动力腿屈膝后摆，两膝之间要靠拢，前弹时不要过分用力，膝关节、髋关节运动伸展要有控制，脚尖绷直，然后换另一条腿做。

后踢腿跳。一腿屈膝后摆，髋和膝在一条线上；跑跳过程中，膝踝关节充分缓冲，手臂可自然摆动。

（四）健美操的创编原则与步骤

1.健美操的创编原则

（1）全面性原则

在编排成套动作时，要考虑到尽可能使人体参与的部位全面，成套动作选择的内容，应包括增强肌肉群力量、各关节的灵活性、柔韧性的不同类型的动作，使上肢、下肢和躯干等身体各部位进行上下、左右、前后不同方向的交替活动；要注意使每个动作的幅度、速度和角度等符合人体解剖学原理和生理特征。同时还要注意选编一些能增强心血管系统功能的走步和跳跃动作，使心血管系统得到充分刺激并产生新的适应。

（2）针对性原则

在具体创编健美操时，根据不同的任务、对象、场地、器材等情况和特点，创编切合实际的单个和成套动作。例如，以培养正确体态为主要任务时，应侧重于选择有利于培养良好基本姿态的动作；以提高体能增强体质为主要任务时，应保证成套动作的时间强度，并选择起伏大的动作；以愉悦身心为主要任务时，应选择新颖趣味性强的动作，并讲究成套动作编排的艺术性和音乐选配的优美性。不同年龄、性别、职业、身体状况、运动水平、文化层次的练习者对健身健美操的需求、爱好及接受能力都有所不同，因此在创编时要根据不同对象的生理、心理特点，在内容、风格、难度、速度及运动负荷等方面有所区别。例如，以女性为主要练习对象时，应选择一些刚柔相济、优美协调、流畅多变的动作；以男性为主要练习对象时，应选择一些刚劲有力、豪爽大方的动作；以中老年人为主要练习对象时，应注意柔和、用力均匀、幅度变化不大、速度快慢适中和简单大方的动作，同时加强身体远端关节如手指、踝和肩的活动；以青年人为主要练习对象时,应选择一些富有朝气,健美大方、节奏感强的动作。

(3)合理性原则

动作顺序设计与运动负荷安排的合理性是体现健身健美操的科学性,从而取得锻炼的一项重要原则。健身健美操动作顺序的设计,必须遵循人体活动能力的变化规律,使人体运动的生理负荷由低到高,波浪形地逐渐发展,再逐渐恢复。为此,一套健身健美操的动作结构一般分为三个部分:①准备部分。任务是为成套操作好生理上和心理上的准备,逐步消除人体内脏器官的生理惰性,激发做操热情。可选择一些配合深呼吸的脊柱伸展,各种走步、小跑步等动作。②主体部分。任务是全面锻炼人体的各部位。一般从人体远端开始,自头或足始,逐渐过渡到肩、胸、腰、髋,即整个上下肢和躯干运动。身体运动由局部到整体,由慢到快,由弱到强,高潮在跳跃运动。③结束部分。任务是使心率逐渐恢复到做操前的安静状态。一般为全身放松和踏步调整,动作速度逐渐减慢,伴以深呼吸。目前,国内外正流行一种有氧健身操,它的动作设计与一般健身操基本相同,只不过从头到尾是在不停地走跑跳中进行,采用重复递进的方式逐步增加练习内容,最后以身体的伸展、牵拉作为结束。

(4)艺术性原则

健美操既是一项锻炼身体的手段,又是一种形体艺术。因此,在单个动作设计上,要健美、大方,力求使体操动作艺术化,舞蹈动作体操化,在吸收一些现代舞,民族舞动作时,结合健美操的特点进行再创造,使动作活而不乱,美而不花,注意多方向、多角度、多层次地展开动作。在成套动作的处理上,要注意动作的大小搭配、左右回旋、上下起伏、快慢交替。另外,音乐是健美操的灵魂,它影响着操的风格结构、速度、节奏。音乐选配得好容易激发练习者的锻炼激情,因此在选配音乐时,要注意音乐与操的风格统一。音乐的旋律要动听,力求新颖、富有变化、节奏鲜明、强劲、规整速度适中。健身健美操的音乐一般是26拍/10秒以下。

2.健美操的创编步骤

(1)创编前的准备

创编前的准备包括:明确创编的目的、任务和要求;了解练习者多方面的情况(性别、年龄、职业、文化水平、身体状况运动基础等);了解锻炼时间,场地、器材、设备等条件;学习有关健美操创编的文字和音像资料。

（2）制订总体方案

在了解多方面情况的基础上，确定所编操的类别（健身健美操中的哪一种）、风格（活泼或稳健、优美或刚劲），难度（大、中、小）、长度（若干个8拍）、速度（x拍/10秒）、操的结构顺序、主要动作类型（如头的屈、伸、转、绕、绕环）及高潮的安排等。在有了基本构思后，编操者构思补充、修改总体方案。最后，总体方案表可将总体构思归纳出来，以便从整体上检查总体构思的完备性和合理性，并以此为纲进行下一步的具体动作设计。

（3）编排与记录

遵循健身健美操创编的原则，按照总体方案逐节设计具体动作，并用速记或速写的方法记录。

（4）练习与调整

按设计好的动作进行练习。在练习过程中要进行多方面的检查，包括对活动量和强度的测试，对整套操结构顺序的合理性和艺术性的检查等，根据测试结果练习者的反馈信息及创编者的观察研究，对操进行适当的修改调整。

（5）撰写文字说明与绘图

文字说明的格式可参照基本动作说明。图解可根据实际情况绘制成详图或单线条简图。

（五）健美操竞赛规则简介

1.健身健美操竞赛规则

比赛的内容包括规定动作和自选动作；成套动作时间为2分30秒至3分钟；音乐速度为10秒钟20～26拍；比赛场地为10米×10米的地板或地毯，标记带为5厘米的红色或黑色带，标记带是场地的一部分。服装与仪容：运动员可穿紧身健美服或适合运动的服装，服装上可有装饰（如花边、亮片等），但不许有悬垂物。比赛时，不许带任何首饰和手表（皮带和发卡除外），不许穿生活装、武术服装。中老年组可穿运动服装或适合运动的休闲服等。头饰要端庄大方，化淡妆；比赛程序通常分为预赛和决赛：凡参赛队均需参加预赛，预赛前8名者进入决赛，不足8名时递减一名录取。比赛的方法：比赛中得分高者名次列前。如遇得分相等，艺术分高者名次列前，再相等名次并列。裁判组的组成：裁判组是由裁判长1人、裁判若干人组成。计分方法：艺术裁判3～5人、完成裁判3～5人，视线裁判2人、辅助比赛采用公开示分方法，裁判员精确到0.1分，运动员得分精确到0.01分；成套动作的评分因素包括艺术分10分和完成分10分，总分为20分。评分时，去掉最高分与最低分，所剩分数或所剩分数的平均数为运动员的艺术分或完成分，两个分数相加为总分。从总分减去裁判长的分数为最后得分。

2.健身健美操竞赛裁判方法

成套动作的评分包括艺术分、完成分、裁判长减分。

（1）艺术分

艺术分从10分起评，对每个错误减分；艺术裁判的评分因素为动作设计、音乐、队形与空间、表演。

动作设计（5分）：健身健美操的动作设计应符合下面四个原则：健身、娱乐原则；安全无损伤原则、全面发展身体的原则；符合年龄特点的原则。

基本步伐、手臂动作及动作组合（2分）：动作设计必须包括七个基本步伐：踏步、开合、吸腿、踢腿、弓步、弹踢腿跳、后踢腿跑，或类似形式。手臂动作要体现多样性及动作的不对称性。动作组合中应使身体的各部位（头、手、上臂前臂、躯干腿和脚）协调配合，共同参与的部位越多评价越高，同一动作组合允许出现一次对称动作。成套动作的设计要以操化动作为主，在融合现代舞蹈和传统武术等项目的动作时，必须符合健美操动作的特点。成套动作中不允许出现任何清楚地显示其他项目特征的造型或静止动作（如芭蕾、健美、搏击等）；成套动作中不鼓励出现难度动作，如出现类似动作，不予加分，对出现的错误仍予以减分。开始和结束允许出现托举动作，但不允许出现违规动作。成套动作至少应出现两次运动员之间的交流配合动作。

过渡与连接（2分）：成套动作应合理、流畅地连接健美操基本步伐动作组合；灵活和流畅的空中、地面的相互转换；运动员可以依次或分批做动作，但任何一名运动员不允许停顿1×8拍。

强度（1分）：动作的频率；动作的速度及幅度；完成动作的耐力；移动。

音乐（1分）：音乐的选择应完整并与成套动作的风格协调；必须和运动员成套动作相配合。音响效果应是高质量的。

队形与空间的运用（2分）：成套动作的队形变化应自然迅速流畅、清晰美观，成套动作的队形变化不少于5次；成套动作必须充分、合理、均衡地使用场地；运动员在比赛场地中必须移动至少4个方向（向前、向后、向侧及对角）；成套动作中至少出现2次空间的变化（地上和腾空均可）。

表演（2分）：运动员在完成动作时，充分显示出热情、活力、魅力，并传达给观众；运动员的动作必须与音乐的节拍相符，并与乐曲配合。

（2）完成评分

完成分从10分起评，对每个完成错误给予减分；完成裁判的评分因素包括技术技巧和一致性。

技术技巧。在成套动作中准确完成动作，展示完美的姿态及身体各部分的正确位置。具体包括身体的正确姿态；技术规范、部位准确、方向清楚，控制完成熟练、轻松、流畅；爆发力、力度和耐久力。

一致性。完成动作的能力运动范围的一致性。所有运动员应体现出一致与均衡的运动强度，应具有一致的表演技巧。完成裁判对以上每类错误的减分标准如下：小错误，每次减0.1分（稍偏离正确完成）；中错误，每次减0.2分（明显偏离正确完成）；大错误，每次减0.3分（较严重偏离正确完成）；严重错误，每次减0.4分（严重偏离正确完成）；失误，每次减0.5分。

（3）裁判长减分

裁判长的职责是记录评判整套动作并根据技术规则负责监控在场全体裁判的工作。裁判长负责如下减分：时间不足（指成套动作时间少于2分30秒），扣0.2分；时间超过（指成套动作时间多于3分钟），扣0.2分；参赛人数不足或超过均扣0.2分；音乐速度不符合要求，扣0.2分；运动员被叫到后20秒未出场，扣0.2分；运动员的着装仪容不符合规定，扣0.2分；运动员身体触及线外地面，每次扣0.1分；违例动作减分，每次扣0.5分。

二、形体训练

（一）形体训练概述

1.形体训练的概念和意义

形体是指人在先天遗传变异和后天获得的基础上所表现出的身体形态上的相对稳定的特征。先天遗传对形体起着决定性的作用，后天的训练起着改善的作用。女子的形体要求线条清晰、体态匀称、刚柔结合，具有曲线美、匀称美、协调美和弹性美。

（1）形体训练的定义

形体训练是以运动人体科学理论为基础，通过徒手或利用各种器械，运用专门动作的方式和方法，以改变人的形体的原始状态、提高灵活性，增强可塑性为目的的形体素质基本练习。同时也是以提高人的形体表现力为目的的形体技巧训练。

大学体育形体课是近年来教学改革的结果，是体育课实行必修选项课的产物，但它仍属于大学体育课的范畴。根据形体训练的定义，形体课是在有限的课时内，在遵循运动人体科学理论的同时，利用艺术体操、舞蹈和健美操的内容为练习内容，在音乐的伴奏下按一定的节奏进行练习的过程，其中改变人的形体的原始状态、提高灵活性和形体表现力是教学的最终目标。

（2）形体训练的意义与目的

我国在形体训练方面有着悠久的历史，并且积累了许多丰富的经验。在长沙马王堆三号墓出土的一卷绘有人体各种运动姿态的帛画中，就反映了当时人们为形体健美而锻炼的内容。今天，随着人们健康意识和生活质量的提高，越来越多的人开始寻求和寻找适合自身的科学健身方式。人们希望通过形体训练，在增强体质的同时，改变自己的体形、培养优美的姿态而达到体态美的目的。通过训练，使学生了解形体美的相关知识，明确形体美的标准，掌握基本身体姿态的训练，培养学生良好的基本姿态。

2.形体训练的价值

（1）增强体质

形体训练是一项全身的体育运动，它强调身体全面发展，使头部躯干、四肢、身体各部分都得到锻炼。在形体练习中，虽然单个动作的运动负荷不算大，但是连续做几分钟、十几分钟甚至几十分钟，其运动量较大，对人体各器官和系统都有锻炼的作用。根据不同的对象目标选择和编排练习内容，能有效地促进正确的生长发育，促进健康，增强体质。

（2）塑造美体

这是指通过各种柔韧、力量等专门练习，按标准来改善三围；练习中强调伸展、加强伸肌的力量来展示女性的曲线；按照不同的音乐节奏进行练习，发展人的动作能力，最终完成美体塑造的目的。

3.基本术语

术语是指说明该项动作、技术的专项用语。正确地运用术语，能够使教学、训练工作顺利进行，有助于正确表达、理解和快速掌握动作技术，有利于积累和交流经验。由于形体练习兼有芭蕾、舞蹈和体操的特性，因此，这些项目中的一些徒手动作的术语都适用于形体练习。通过提炼和归纳，我们把以下动作术语作为形体练习的基本术语。

（1）举

指手臂或腿以肩关节或髋关节为轴，由低向高抬起，停止在一定位置的动作（其活动范围不超过180°），如左腿前举、两臂侧平举等。

（2）摆动

指以身体某一关节为轴，以相连的自由肢体为半径所做的钟摆式弧形动作。

（3）屈

通过关节的弯曲运动使身体某部位形成一定角度的动作，如屈膝、体前屈等。

（4）伸

指弯曲关节伸直的动作。例如伸臂和伸髋。

（5）绕

身体某一部位移动范围在180°以上、360°以下的弧形动作，如两臂经前向上绕至后上举。

（6）绕环

身体某一部位移动范围在360°或360°以上的圆形动作。

（7）弹动（性）

身体某一部位的关节有节奏地连续完成屈和伸的动作，如腿部弹动和腰部弹动。

（8）波浪

身体某部位各关节按顺序做依次、柔和、连贯的屈伸动作。波浪动作可分为手臂波浪和身体波浪。

（9）平衡

指用单脚、单膝或臀部支撑在地上，身体保持某一静止的姿势，平衡动作有很多，如俯平衡、跪平衡、侧平衡等。

（10）转体

指围绕身体纵轴转动的动作。转体动作的名称是由转体时的身体姿势决定的，如单腿站立转体、蹲转、坐转、平转等。

(11)跳跃

指用单脚或双脚蹬离地面使身体腾空的动作。动作名称是由身体腾空时腿和躯干的姿势决定的,如向前大跨跳、挺身跳、向前屈膝交换腿跳等。根据跳的高度和空中动作幅度的不同,还可分为小跳、中跳和大跳。

(12)步法

指有特有节奏的脚步移动的方法,包括各种走跑及舞步等。

4.实训条件

形体训练房、把杆、音响等。

(二)形体训练基本动作

1.基本站立姿

头正,稍抬,目视前方,两肩放松下沉,两臂自然伸直于体侧,挺胸,立腰,收腹,提胯,夹臀,两腿肌肉夹紧内收。

2.手位和脚位

(1)手位

一位:两臂体前自然下垂,指尖相对,掌心稍向内,两手间距约为一拳;二位:两臂保持一位姿态至前举,稍低于肩,掌心相对;三位:两臂保持一位姿态至上举(略偏前),掌心向下;四位:一臂前举,一臂上举;五位:一臂侧举,一臂上举;六位:一臂侧举,一臂前举;七位:两臂侧举,稍低于肩,掌心向前下方。要点:肩部放松,肘、腕自然微屈,手臂呈弧形。

(2)脚位

一位:两脚跟靠拢,脚尖向两侧,两脚成一直线。二位:两脚跟间距约一脚,脚尖向两侧,两脚成一直线。三位:两脚跟在脚弓处相叠,脚尖向两侧,两脚平行横立。四位:两脚前后平行站立,间距约一脚,脚尖向两侧。五位:两脚前后平行相靠,脚尖向两侧。要点:髋膝关节充分向外打开,身体重心在两脚上。

3.基本步法

(1)柔软步

从自然站立开始,左腿伸直向前下方伸出,脚面绷直向外,由脚尖过渡到全脚掌落地,重心前移,换右脚做,两腿交替进行,两臂前后自然摆动。要点:由脚尖过渡到全脚掌落地,重心前移,抬头挺胸,收腹立腰。

(2)足尖步

从并立提踵开始,左腿伸直向前下方伸出,脚面绷直向外,由脚尖过渡到前脚掌落地，重心前移，再换右脚做，两腿交替进行，两手叉腰。要点：步幅均匀，重心平稳，充分立踵。

(3)变换步

以普通变换步为例：从自然站立两臂侧举开始，右脚向前一步柔软步，重心移至右腿，两臂落至体前下举，左脚并右脚。右脚向前做柔软步，右脚站立，左腿伸直后点地。两臂由下摆至左臂前举，右臂侧举。要点：步幅均匀不宜太大，站立时两腿外开，上体正直，重心移动连贯(变换步还可以向后、向侧、举腿屈膝做)。

(4)弹簧步

以普通弹簧步为例：从并立起踵、两手叉腰开始。左脚向前一步，同时稍屈膝半蹲，重心移至左腿。左腿伸直提踵，同时右腿向前下伸，膝与脚面绷直，然后，换右腿做。要点：出脚时由脚尖过渡到全脚掌柔和落地，有控制地依次弯曲踝膝关节，接着依次充分伸直膝、踝，重心向上成提踵立。上体正直，收腹立腰，步幅不宜过大。

(5)华尔兹步

以向前华尔兹为例：从并立提踵，两臂侧举开始。左腿向前做一次柔软步，落地稍屈膝，重心随之前移，右腿左腿再先后做一次足尖步，左臂随之做一次波浪。要点：步幅均等，不宜过大。身体稍有起伏，上体随之稍向左右屈(华尔兹步还有向侧、向后、转体等动作形式)。

(6)跑跳步

以向前跑跳步为例：节拍前，左脚蹬地跳起，同时右腿屈膝抬起低于90°。第一拍上半拍，右脚向前落地，下半拍，右脚随即蹬地跳起，同时左腿屈膝抬起低于90°。换另一脚做，两臂自然摆动。要点：屈膝腿小腿和脚背外展。动作过程中身体重心始终向上，不后坐。跑跳步还可以向后、侧、斜方向做。

4.转体

(1)双脚转体

以双脚直腿180°转体为例：右脚向左脚前交叉提踵，两臂侧举，向左转体180°，成左脚在前的提踵立。要点：转体时重心上提，收腹立腰，摆臂领肩带动转体(双脚转体度数可大可小，还可从屈膝开始做)。

(2)单脚转体

始左脚蹬地，右脚提踵立，左腿旁吸，向右转体180°，两臂上举。要点：

身体正直，收腹立腰，重心上提。右臂带动身体转动，转体时以主力腿前脚掌为轴（此动作转体度数可大可小，也可向后转体，或做前后举腿转体）。

5.平衡

平衡动作是指身体某部分支撑于地上，控制身体重心，表现出某种动作姿态造型的静止动作。平衡动作很多，下面列举3种。

（1）跪撑平衡

以右腿支撑为例：右腿屈膝跪撑，左腿向后上方用力伸直抬头，挺胸，塌腰，静止不动。要点：左腿充分伸直，并向后上方摆起，支撑时手臂伸直。

（2）屈膝前举腿平衡

以左腿支撑为例：左腿站立，右腿屈膝前举，膝关节高于髋部，大小腿成钝角，膝盖、脚面外展，两手臂五位，静止不动。要点：左腿充分伸直，重心在左脚，收腹立腰，上体正直。

（3）俯平衡

以左腿支撑为例：左腿站立，同时上体前俯，抬头，挺胸，一臂前举，一臂后上举。要点：腰、背、腹肌协调用力，使身体重心的垂直投影线落在支撑面内。

6.波浪

（1）手臂波浪

从自然站立，两臂侧举开始，肩部下沉，接着肘、腕、指关节依次弯曲再伸直还原为侧举。要点：由肩部开始发力，肘、腕、指依次屈伸，形成连贯的波浪形动作（此动作亦可前后做，两臂上下举时做）。

（2）全身波浪

向前波浪。由身体前屈开始，踝、膝、髋腹、胸、颈依次向前上方延伸，经上体后屈，伸直还原成直立，手臂经下向后绕至上举。要点：身体各部位依次屈、伸，波峰在体前由下向上推移。

向后波浪。由身体后屈开始，依次屈髋收腹、含胸、低头至上体前屈，两臂向后绕至上举。

要点：身体各部位依次向后拱起，波峰在体后由下向上推移。

向侧波浪。由上体左侧屈开始，右腿屈膝，经两腿屈膝向左顶髋，两腿依次蹬直，向左挺胸、抬头至上体右侧屈。要点：重心从右腿移至左腿，身体依次向右侧上方。

7.把杆练习

（1）压腿

前压腿。预备时面对把杆站立，左腿绷直旋外放在把杆上，手臂上举成三位手。1～2拍立腰向前屈髋，以腹、胸、下颚依次贴左腿，手臂伸向脚尖前方，3～4拍还原成预备势。

侧压腿。预备时左侧对把杆，左腿伸直放于把杆上，脚面向上，两臂侧举成七位手。1～2拍右臂向上成三位手，上体拉长向左侧屈，左肩对左膝，3～4拍立腰还原。直手臂上举成三位手，挺胸抬头。

后压腿。预备时右侧对把杆，左腿后举，将脚背置于把杆上，两腿伸直，上体正直，手臂上举成三位手，挺胸抬头，1～2拍上体后屈，同时支撑腿屈膝下蹲，3～4拍还原成预备势。要点：压腿时两腿绷直（后压腿支撑腿弯曲）外开，肩、胸、髋对正。

（2）踢腿

小踢腿。以右腿为例：预备时单（双）手扶把，右脚前五位站立。右腿绷直，经擦地，快速有力向前（侧后）踢出至25°位置急停；右脚尖下落点地，经擦地收回五位。要点：踢出和收回时先要经过擦地过程；身体不能晃动，腿部保持伸直。

大踢腿。预备时左侧对把杆，左手扶把，起踵立，右腿直膝擦地用力向前、侧、后上方踢起135°以上，右腿轻落至点地，右脚擦地收回。要点：基本同小踢腿，但是踢腿幅度要大于90°。

（3）擦地

以三位擦地、右脚为例：预备时双手（或单手）扶把，三位站立。右脚向侧擦出至脚尖点地；再擦地收回三位。要点：①擦地时支撑腿外开，伸直，立腰顶髋。重心在支撑腿上，身体正直。②向前、侧擦出时脚跟主动前顶，向后擦出时脚尖主动后伸，至点地位置时，踝关节和脚面充分绷直。

（4）蹲

半蹲。预备时两脚站立成一位（二位、五位）。屈膝下蹲至膝关节角度大于90°，再用同样缓慢的速度起立至两腿伸直；全蹲。在半蹲基础上继续下蹲，直至臀部触及被迫抬起的脚跟，膝关节弯曲小于90°，再用同样的速度起立，直至两腿伸直。

要点：①蹲起时，注意脚位正确，膝盖、脚尖外开向侧；上体正直，重心始终在垂直部位。②速度缓慢、均衡，动作连贯、柔和。下蹲时被动屈膝，起立时主动伸腿。

（5）划圈

以右腿为例：预备时左手扶把，右手七位，右脚前五位站立，直腿划圈时右脚向前擦地伸出至前点地；侧划至后点地：再向侧、向前划圈，经擦地收回五位。屈腿划圈时主力腿半蹲，同时右臂由七位至三位，最后一拍还原至一位。要点：①上体保持正直，动作时身体不能晃动，重心在支撑腿上。②立腰开胯，两膝外展，划圈幅度大。

（6）开肩

压肩：拉开，压至最大限度时，腰部振动一次，如此反复。要点：压肩时必须抬头、挺胸、塌腰，两臂伸直。

下拉肩：背对把杆站立，距把杆约30厘米两手体后握把杆。1拍手拉把杆上体向前倾，2拍控制不动，3～4拍重复1～2拍动作。要点：练习时下肢不动，上体前倾，抬头挺胸，充分拉开肩关节。

8. 垫上练习

（1）跪坐压脚背

预备时跪立，两腿两脚靠拢夹紧脚面绷直贴于地面上，收腹，立腰，两手放在大腿两侧，接着臀部慢慢下坐至踝关节，同时用力压脚踩此动作，也可两膝打开做。要点：脚面绷直，收腹，上、下压踝时，动作柔和，有控制。

（2）跪坐半劈腿压腿

预备时左腿后伸，右腿大小腿折叠跪坐，上体正直，两手分别置于体侧，指尖扶地。两手臂带动上体后振，接着身体向前回呈低头含胸势，两手臂摆至体前。要点：上体后振时保持抬头挺胸、立腰、立背、后腿伸直。

（3）开胯练习

两腿屈膝，脚心相对，俯撑于地面。提臀，收腹，拱背，含胸低头，然后压胯，塌腰，挺腹，抬头。要点：做动作时，一直保持直臂支撑，向下压胯、压膝时，臀部下沉，两脚心紧贴，大腿开度尽量大。

（4）坐姿伸背

挺胸，收腹，直背坐立于地，两手分别放在两侧地上，屈右膝右脚平踩在左腿旁地上。右手微屈置于体后，尽量靠近身体，左手放在右膝外侧。右膝慢慢向上体靠拢，头和上半身向右扭转至极限，换方向做。要点：做动作时头部和脊椎保持一直线，头略抬。

(5)向侧吊胸腰练习

上体正直，双臂呈三位手，并腿跪立。左腿向侧直膝点地，右腿跪立，向侧下腰，左手臂向侧伸展。换方向做。要点：做动作时，髋部要正，不能前倾后仰，手臂伸展时，要尽量伸向远方。

(三)形体训练组合动作

1.基本姿态组合范例

预备：正对前方，自然站立，两臂自然下垂，目视左前方。

(1)第1个8拍

1~2拍：右腿站立，左脚向前擦出，脚尖点地，两臂呈二位，头略左转，目视左前方。3~4拍：左腿向侧后划弧至脚尖点地，同时右腿屈膝呈右弓步，两手臂向两侧打开至左臂上举(掌心斜向后)，右臂平举，头右转，眼看右前方。5~6拍：左腿向前摆至直腿脚尖前点地，右腿不动，重心后移，两手臂经侧向后向前绕至上举(掌心向下)，带动身体做一次波浪。头略抬，眼视左前方。7~8拍：两腿直立提踵向后小碎步至右腿在前，两手臂向右斜上前做小波浪一次，头左转，眼视左前方。

(2)第2个8拍

动作同第1个8拍，方向相反，且第8拍得后半拍时呈立正势，两臂下摆置于体侧。

(3)第3个8拍

1~2拍：左腿向右前方一步，屈膝半蹲，右腿在后屈膝点地，两臂向内摆至屈臂体前交叉掌心向后，头左转，眼看左前方。3~4拍：左腿向左侧点地一次，右腿跟着点地一次，成分腿直立，两臂向两侧打开至侧平举。5~6拍：左腿屈膝外展旁吸于右小腿旁，右腿提踵直立，左手置于腹前，右手上举，下旁腰，头左转。7~8拍：右腿向前迈步呈右弓步，左手前举，右手侧平举。

(4)第4个8拍

动作同第3个8拍，方向相反。

(5)第5个8拍

1～2拍：右脚向左前上步，同时向前踢左腿，右臂前摆，左臂后摆。3～4拍：左腿落下屈膝支撑，右腿后踢，左臂斜前摆，右臂斜后摆。5～6拍：右脚向右后一步，同时右臂经体前向外绕环，左脚并右脚半蹲，两臂下垂。7～8拍：右脚侧出，身体向右做侧波浪一次，两臂侧下举。

(6)第6个8拍

动作同第5个8拍，方向相反。

(7)第7个8拍

1～2拍：右腿向左腿收至两腿并立起踵，两臂经侧摆至上举，两掌心相对，头左转。3～4拍：左腿向左侧出一步，脚尖点地，两手臂小臂向内交叉绕环至左臂侧下举，右臂侧上举，向侧下旁腰。5～8拍：左腿向前迈步呈左弓步，右手臂向后、向前，左手臂向前、向后绕至右臂前举，左臂后举，抬头挺胸。

(8)第8个8拍

动作同第7个8拍动作，方向相反。

(9)第9个8拍

1～2拍：左腿向右腿收至屈膝半蹲，左手搭右肩。3～8拍：两腿原地直膝小碎步向左转体180°，左手臂缓缓打开至斜上举(掌心向外)。

(10)第10个8拍

动作同第9个8拍，方向相反。

(11)第11个8拍

1～8拍：右脚向左前上步，重心前移至右脚站立，左脚后点，同时左臂经体侧向前摆至前举，右臂置于体侧。

2.准备知识技能要求

了解形体训练时要注意的问题，身体的各部位名称，介绍人体常用方位的术语，头颈部的名称，头颈躯干、上肢、下肢的名称。

第四节 游泳

一、游泳运动的基本技术

（一）熟悉水性

熟悉水性是学习各种游泳姿势的一个重要练习，其目的是使初学者通过身体的感官感知水的浮力、压力和阻力等，逐步适应水的特性和环境，消除对水的恐惧，并掌握水中行走、呼吸、漂浮、滑行等的基本动作，为今后学习和掌握各种游泳技术打下良好的基础。熟悉水性练习中的呼吸和滑行是最为重要的两个方面。①

1.水中行走

一般在齐腰深的水中进行，做各种方向的行走、跳跃练习。开始时动作不宜过大，速度不宜过快，要保持身体协调，维持身体平衡，最好按练习方法依次进行。水中行走可以使初学者了解水环境中的浮力阻力等特性，以便在水中站立或行走时能维持身体平衡，消除对水的恐惧。

2.水中呼吸

呼吸练习是游泳教学的难点，也是熟悉水性阶段的关键内容，应贯穿整个练习的始终。该练习可使初学者基本掌握游泳的呼吸方法、呼吸过程、呼吸节奏，以适应头入水的刺激，消除怕水的心理。练习前深吸一口气，然后憋气，低头慢慢下蹲，将头部没入水中。停留片刻后抬起，同时用嘴和鼻子呼气后再吸气，这样就不易呛水。在水中可以通过水中憋气、水中呼气和韵律呼吸等方式练习呼吸。

3.水中漂浮

练习水中漂浮时，要尽量深吸气，在水中闭气的时间应尽量长，且保持身体放松。

(1)扶固定物团身漂浮练习

在水中两手扶住池边、水线或抓住同伴的手，先深吸一口气，然后把头

①柳太波．高校游泳教学中实施立德树人的途径探析[J]．文体用品与科技，2022(07)：181-183.

没入水中憋气，同时团身，使身体尽量放松，自然地漂浮于水中；呼气后，站立用嘴吸气。在此基础上，两人或多人手拉手可同时做团身漂浮练习。

(2)扶固定物展体漂浮练习

在水中两手扶住池边、水线或同伴的手，先吸气后把头没入水中憋气，同时团身，全身放松，使身体自然漂浮于水上，然后展开身体；呼气后，站立用嘴吸气。在此基础上，两人或多人手拉手可同时做团身再展体漂浮练习。

(3)抱膝漂浮练习

站立水中，深吸气后，下蹲憋气低头抱膝，大腿尽量靠近胸部，成低头抱膝团身姿势，身体要尽量放松，自然地漂浮在水中；呼气后，两臂前伸向下按水并抬头，同时两腿伸直向下踩，成站立姿势。

(4)展体漂浮练习

站立水中，深吸气后，下蹲憋气低头抱膝，放松漂浮于水中后，展开身体或两臂放松向前伸直，深吸气后身体前倒并低头，两脚轻轻蹬离水底，成俯卧姿势漂浮于水面，臂、腿自然分开，全身放松，身体尽量展开。呼气后，两臂前伸向下按水并抬头，同时两腿伸直向下踩，成站立姿势。

4.水中滑行

在水中滑行时，臂和腿自然伸直，身体放松呈流线型，要尽量延长闭气时间和滑行距离。

(1)同伴扶手滑行练习

手臂放松扶住同伴的手，没入水中憋气，身体展开漂浮在水面上，全身放松，同伴拉着练习者的手倒退走，使其体会滑行动作。在此练习基础上，可松开练习者的手，使之滑行漂浮，但应注意保护。

(2)蹬池壁滑行练习

背向池壁，双臂伸直并拢贴近双耳，或一手扶池边缘，一臂前伸，一脚站立，另一脚触抵池壁。深吸气后低头，上体前倾成俯卧，支撑腿迅速屈膝上提将脚贴在池壁上，臀部尽量提高并靠近池壁，双脚用力蹬壁，全身充分伸展、放松，成流线型向前滑行。在此基础上可做蹬池底滑行练习，体会在滑行中如何保持身体平衡。

(二)蛙泳

蛙泳技术由身体姿势、腿部动作、臂部动作、呼吸、动作配合5部分组成。

1. 身体姿势

身体基本是水平卧在水中，身体纵轴与前进方向成5°～10°，抬头时水齐下颏。

2. 腿部动作

腿部动作分收腿、翻脚、蹬夹水3个连续的动作。

（1）收腿和翻脚

在两腿完全伸直并稍沉时，屈髋和屈膝，同时两小腿向大腿后折叠与臀部靠拢，边分边收，两膝距离与肩同宽，大腿和躯干成130°～140°，当腿脚跟接近臀部时，两膝稍向里扣，脚尖向两侧外翻做翻脚动作。

（2）蹬夹水

蹬夹水当腿后蹬时，边后蹬边内夹，以蹬为主。蹬夹动作先伸髋，使髋、膝和踝关节相继伸直。

3. 臂部动作

（1）划水与抓水

开始时，手臂前伸内旋，掌心向外斜下方，两手分开向斜下方抓水。当手感到有压力时，便开始向侧、下、后内呈椭圆曲线划水。要求划水以肩为轴，动作连贯，肘部保持比手高的位置。

（2）收手与伸臂

划水结束，臂由内向前收，两手相对，最后掌心向下并臂前伸。当两手收至下颏前下方时，借收手弧形惯性向前伸肘，两手靠近，掌心向下。

4. 呼吸

呼吸要和臂的动作协调配合。划水结束时，抬头用鼻和口呼气，手臂划水时用口吸气，收手低头闭气，伸臂时徐徐呼气。

5. 动作配合

蛙泳在做动作周期时，一般采用一次呼吸、一次划水一次蹬腿动作配合。臂划水时抬头吸气，收手前伸时，收腿并进行蹬夹水。

6. 游泳练习

（1）陆上模仿练习

分为坐姿蹬水和卧姿蹬水，两者相差不大，区别在于一个是坐着，一个是卧着（趴着）。坐姿蹬水是：坐在池边，上体稍后仰，两手后撑，做收（腿）、翻（脚）、蹬（夹）停的动作。先按口令分解练习，再过渡到完整连贯的动作。

(2)水中练习

手扶池槽仰卧和俯卧姿势,同伴抓其脚,帮助体会翻脚、蹬腿动作。

(三)自由泳

自由泳是俯卧在水中,两腿上下交替打水,两臂轮流划水使身体向前游进的一种泳姿,因其动作像爬行,故又称为爬泳。自由泳动作结构比较合理、省力、阻力小,是四种竞技游泳中速度最快的游泳姿势。

1.身体姿势

身体平直俯卧水中,水齐前额,将头转向一侧吸气,游进中躯干围绕纵轴左右转动,身体纵轴与水平成3°~5°。头与身体的纵轴成35°~45°。

2.腿部动作

两腿自然伸直并拢,以髋为轴,由大腿带小腿做上下打水动作,两脚尖上下幅度为30~40厘米,大、小腿屈140°~160°。

3.臂部动作

自由泳的臂部动作是推动身体前进的主要动力。一个周期分为入水、抱水、划水、出水和空中移臂5个不可分割的阶段。

(1)入水

完成空中移臂后,手在控制下自然放松入水。入水时手指自然伸直并拢,臂内旋使肘关节抬高处于最高点,手掌向斜外下方,使手指首先触水,然后是小臂,最后是大臂自然插入水中。

(2)抱水

臂入水后,在积极向下方插入的过程中,手掌从向斜外下方转向斜内后方并开始屈腕、屈肘,肘高于手,以便能迅速过渡到较好的划水位置。抱水结束,手掌已经接近水,肘关节屈至150°,整个手臂像抱着一个大圆球,为划水做准备。

(3)划水

划水是发挥最大推进作用的主要阶段,其动作过程可分为拉水和推水两个部分。紧接抱水阶段进入拉水,这时要保持抬肘,并使大臂内旋,同时继续屈肘,使主要肌肉群在良好的工作条件下进入推水动作。拉水至肩的垂直平面后,即进入推水部分,这时肘的曲度约100°,大臂保持内旋姿势,带动小臂,用力向后推水,同时,使肩部后移,以加长有效的划水路线。向后推水有一个从屈臂到伸臂的加速过程,手掌从内向上、从下向上的动作路线，加速划至大腿旁。整个划水动作，手的轨迹始于肩前，继之到腹下，最后到大腿旁，呈s形。

(4)出水

划水结束时，掌心转向大腿，出水时小指向上，手臂放松，微屈肘。由上臂带动，肘部向外上方提拉，带前臂和手出水面，掌心转向后上方。出水动作必须迅速而不停顿，同时应柔和、放松。

(5)空中移臂

紧接出水不停顿地进入空中移臂，移臂时，肘高于手。

(6)两臂配合

自由泳时两臂划水发生的交叉位置有前交叉、中交叉和后交叉3种类型。前交叉是指一臂入水时，另一臂已前摆至肩前方与平面成30°左右。前交叉有利于初学者掌握自由泳动作和呼吸。中交叉是指一臂入水时，另一臂处在向内划水阶段与水平面成90°。后交叉是指一臂入水时，另一臂划至腹下，手与水平面成150°左右。

4.呼吸与动作配合(以头向右转为倒)

右臂，入水后闭气，划水时呼气，推水快结束时头向右侧转将余气呼出，并趁嘴露出水面时，立即张嘴吸气，当右肘提出水面至肩部，吸气结束，继而转头复原。总之，一般是两臂各划水一次，做完一次呼吸。

5.完整动作配合

一次完整的自由泳主要是腿、臂动作和呼吸的协调配合，一般采用两腿各打水3次(共6次)，两臂轮流各划1次水(共2次)，配合1次呼吸的完整动作，即6∶2∶1的配合。

(四)仰泳

1.身体姿势

游仰泳时，身体要自然伸展，仰卧在水面，头和肩部稍高，腰部和腿部保持水平，身体纵轴在水平面上构成的迎角约10°。

2.腿部动作

仰泳的腿部动作是由下压动作和上踢动作组成的。打水时，以髋关节为支点，由大腿发力，带动小腿和脚向上后方做鞭打踢水。向上踢水时，膝关节微屈135°~140°，踝关节伸展，脚向内转，动作有力。向下打水时，膝关节自然伸直，两脚跟上下最大距离为40~50厘米。

3.臂部动作

一个完整的手臂动作分为入水、抱水、划推水、出水和空中移臂等几个阶段。

（1）入水

臂入水时，臂部自然放松，入水点应在身体纵轴与肩的延长线之间，或在肩的延长线上。过宽和过窄都会影响速度。臂入水时应保持直臂，肘部不要弯曲，入水时小指向下，拇指向上，掌心向侧后方，手掌与小臂成150°～160°。

（2）抱水

臂入水后手掌向下、向侧移动，通过伸肩、屈肘、上臂内旋和屈腕的动作，配合身体的转动，使手掌和前臂对准水并有压力感。当完成抱水动作时，肘部微屈成150°～160°，手掌距水面30～40厘米，肩保持较高的位置。

（3）划推水

开始时前臂内旋，手掌上移，肘部下降，使屈肘程度加大，手掌和小臂要保持与前进方向垂直。当手掌划至肩侧时，屈臂程度最大，为90°～100°，手掌接近水面。

推水时，肘关节和大臂应逐渐向身体靠近，同时用力向脚的方向推水。当推水即将结束时，小臂内旋做加速转腕下压的动作，掌心由向后转向向下。推水结束时，手臂要伸直，手掌在大腿侧下方。

（4）出水

推水结束后，借助于手掌压水的反弹力迅速提臂出水。出水时要先压水后提肩，肩部露出水面后，由肩带动大臂、小臂和手依次出水。

（5）空中移臂

提臂出水后，手应迅速从大腿外侧垂直于水面移至肩前，当手臂移至肩上方时，手掌要内旋，使掌心向外翻转。

4.仰泳配合技术

仰泳两臂的配合是“连接式”的，即当一臂划水结束时，另一臂已入水并开始划水；一臂处于划水的中部，另一臂正处于移臂的一半。在整个臂的动作过程中，两臂几乎都处在完全相反的位置。

仰泳的呼吸相对来说比较简单，一般是两次划水一次呼吸。即一臂移臂时开始吸气。其他时间都在慢慢地呼气。在高速游进时也有一次划水一次呼吸的技术,但是呼吸不能过于频繁,否则会引起呼吸不充分,造成动作紊乱。臂腿配合是否合理,将影响整个动作的平衡和协调自然。臂在划水过程中,腿的上踢、下压动作要避免身体的过分转动,以保持身体的平衡和协调。

5.腿部动作练习

(1)陆上模仿学练方法

坐在池边、地上或凳上,做两腿的打水练习。

(2)水中练习

深吸气后,头和上体慢慢后仰。在同伴的帮助下做仰卧漂浮打腿练习;两臂在池水较浅的池底支撑或反扣池槽,做仰泳打水练习;蹬池壁或池底。仰卧做漂浮滑行打腿练习,两臂逐渐可由体侧过渡到前伸。

(3)重点提示

初学者可先练习直腿打水,过渡到屈腿鞭状打水;在练习仰卧滑行打水时,髋关节要展开,保持头部正常位置。

6.手臂动作学练方法

(1)陆上模仿练习

原地站立或仰卧凳上,模仿仰泳臂划水动作练习。先做单臂,后两臂配合练习,先体会直臂动作,再逐渐过渡到屈臂动作。

(2)水中练习

单手扶水线仰卧水中另一臂划水。先直臂再屈臂,划水路线要长;由同伴抱着腿或腿夹着浮板仰卧水中做臂划水练习;配合仰泳打水,做单臂划水练习,再过渡到两臂划水。

(3)重点提示

屈臂高肘高速划水是重点,两臂连接式是难点;练习时注意臂入水后的深抓水和屈臂抱水动作的正确完成,为屈臂划水创造条件,划水结束时臂不能在体侧停顿。

7.完整配合学练方法

(1)陆上模仿练习

仰卧在辅助台或凳上,做不停打腿动作与两臂交替划水配合的模仿练习。

(2)水中练习

仰卧滑行打腿,一臂放松体侧或肩前,另一臂做划水练习,打腿不要停;同上练习,加两臂划水练习;同上练习,加有节奏地呼吸配合练习;逐渐加长距离的改进技术的练习。

(3)重点提示

臂腿配合的节奏是重点,练习时要求臂划水,腿不要停,臂与呼吸要有节奏地配合;当脸部有水时,要用鼻均匀呼气,待脸部出水时再用口吸气,一定不要用鼻吸气。

二、游泳安全与救护

(一)游泳运动的安全与卫生知识

游泳是在水这种特殊环境中运动,对游泳者来说,应加强安全第一的教育,了解游泳的安全卫生知识,掌握科学的锻炼方法,防止发生意外事故。

1.游泳的安全措施

初学者怕呛水怕淹水的恐惧心理占第一位,如果不熟悉水性,很容易呛水或手忙脚乱、失去平衡,以致出现溺水危及生命。也有的人虽然掌握了一定的游泳技术,但因准备活动不充分、身体不适、不熟悉水性等而出现各种意外事故,所以参加游泳的人一定要结伴而行。进行游泳教学或开展群众性游泳活动时,必须把安全放在首位,认真考虑并落实安全措施,要经常讲,反复讲。引起人们的高度重视。

2.游泳的卫生知识

(1)游泳前要重视并做好准备活动

因为人的内脏器官有一定的“惰性”,从安静状态过渡到运动状态需要一定的时间,游泳的时间过长或水温过低可引起抽筋、四肢无力、动作不协调、关节活动不灵活等现象,所以游泳前要认真做好准备活动,促进血液循环,提高神经系统的兴奋性,加大关节的活动范围,有利于身体适应游泳活动的需要,防止肌肉痉挛和挫伤。

(2)参加游泳活动的时间应放在饭后半小时进行

饱腹游泳时,受冷水刺激后,胃肠的蠕动受到限制,容易引起胃痉挛、腹痛或呕吐。相反,空腹也不宜下水游泳。空腹游泳时能量消耗大,人体内血糖降低，不能及时提供足够的能量和维持正常体温的需要，会产生头昏、四肢无力等症状甚至会出现昏厥。因此，饱腹、空腹都不宜下水游泳。

(3)个人和公共卫生

在进行游泳锻炼时，必须强调个人卫生和公共卫生，养成良好的卫生习惯。在游泳运动前，要备好干净不透明的泳衣、泳裤、泳帽和泳镜。游泳时，要自觉维护公共卫生，不乱扔东西，不在池边或池中吃东西，不随处吐痰。上岸后应立即冲洗身体，注意清洗眼、耳和口腔。特别是在海滨游泳后，要用清洁的淡水洗净头发和全身。游泳后最好能用眼药水清洗眼睛，以防感染沙眼和结膜炎。

为了确保健康和安全，防止疾病传染，游泳者首先要进行身体检查。凡患有心脏病、高血压、肺炎、传染性肝炎、严重皮肤病、中耳炎、癫痫病以及有开放性伤口等病人，不宜参加游泳。因为参加游泳不仅容易加重病情，还容易发生意外，危及生命。此外，女性月经期间不适宜游泳。

(二)自我保护与自救

1.抽筋的原因和预防

(1)抽筋的原因

游泳时，抽筋的常见部位是小腿、手指、脚趾、大腿及胃部等。抽筋的原因主要是下水前没有做热身活动或热身活动不充分，身体各器官及肌肉组织没有活动开，下水后突然做剧烈的蹬水和划水动作。另外，由于水凉刺激肌肉突然收缩而出现抽筋。游泳时间长，过分疲劳及体力消耗过多，机体大量散热或精神紧张，游泳动作不协调等情况下也会出现抽筋现象。

(2)预防抽筋的方法

充分做好游泳前的热身活动，多活动容易抽筋的部位，也可以在大小腿、脚趾及腹部等部位进行适当的按摩与放松。

2.解除抽筋的方法

解除方法主要是拉长抽筋的肌肉，使收缩的肌肉伸展和松弛。

解除小腿和脚趾抽筋法。若水温过低或疲劳产生小腿或脚趾抽筋，则可使身体呈伸浮姿势或坐在池边，用抽筋肢体对侧的手将抽筋肢体的脚趾用力朝身体方向拉，使抽筋腿伸直，同时用同侧手掌压住抽筋腿的膝盖，帮助抽筋腿伸直。

3.解除手指抽筋法

手指抽筋时，应迅速握紧拳头，再用力伸直，反复多次，直至复原。

（三）不小心呛水或喝水的处理

喝水呛水是许多初学者常遇的现象。喝水的原因是水和空气同时进入鼻腔、咽管引起的一种刺激反应，也是初学者易犯的错误。不慎呛水时，必须镇静闭住气快速将头露出水面，及时调整呼吸，呛水很快就会得到缓解。避免喝水呛水的方法是学会正确的呼吸方法：头在水面上时应以嘴用力吸，因为嘴张开后比鼻孔大 20～30 倍，能在短时间内吸进大量空气；如果用鼻吸气，不但吸气少，而且容易呛水。在水下则以嘴鼻同时呼，并且当嘴鼻离开水的一刹那要用力，加速呼气，在吐气张嘴的同时可发出“嗅”或“啪”的声音。

（四）直接救护的基本方法

1.接近溺水者

应从后面靠近溺水者，快速抓住其手，扭转其身体背向自己以便拖带。

2.水中解脱

被溺水者从后面抱住腰部，分别用左、右手抓住溺水者的手指，用力向两侧掰开；若两臂同时被抱住，则用力张臂，身体下沉，解脱后抓住溺水者进行拖带；被溺水者从后面抱住颈部时，一手抓住其手腕，另一手托其肘部向上推开，然后转体背对溺水者，再做拖带；被溺水者从后面抱住腰背部时，可一手托其下颏，另一手抱其头后扭转其头部，即可解脱，再做拖带。

3.水中拖带

拖带溺水者宜采用侧泳或反蛙泳，并时刻注意使溺水者脸部露出水面。

（1）侧式拖带法

可托溺水者同侧肩腋部或托住溺水者后脑用侧泳拖带，也可一手斜抱溺水者上体拖带。

（2）反蛙泳拖带法

用一手或两手扶住溺水者，腿做反蛙泳动作使身体前进。

（五）耳朵进水的处理

游泳时，由于头部位置变化，耳朵有时进水属自然现象。清除耳内进水的方法有以下4种。①侧跳法:上体和头偏向耳内有水的一侧,同时用手往下拉耳廓,把耳朵外听拉直,配合同侧腿单足跳和向同侧用力甩头,即可将水震出。②压吸法:头和上体歪向耳朵有水的一侧耳口朝下,同侧掌心压紧耳廓再松开,即可吸出耳内积水。③引流法:上述方法无济于事时,则采用此法。将头和上体侧向无水耳朵的一侧,使有水耳朵的耳口向上,再将水灌进耳内,稍停,再用侧跳法或压吸法清除。④吸引法:结束游泳后,用棉棒伸入耳洞,吸出水,勤换几次,效果也很好。游泳后应及时淋浴,因为游泳池水中的消毒剂留在身上对皮肤有刺激。此外,再漱口,清洁口腔。

(六)岸上急救

1.保持呼吸道通畅

立即清除口、鼻内的泥沙、呕吐物等。松解衣领、纽扣、内衣、腰带、背带等,注意保暖。必要时将舌头用手巾、纱布包裹拉出,保持呼吸道通畅。

2.控水(倒水)

急救者一腿跪地,另一腿屈膝,将溺水者腹部横放在其大腿上,使其头下垂,接着按压溺水者背部,倒出胃内积水;急救者从后抱起溺水者的腰部,使其背向上,头向下,也能倒出水来;也可利用地面上的自然坡度,将头置于下坡处的位置,以及用小木凳、大石头、倒扣的铁锅等做垫高物来控水。

3.对呼吸已停止的溺水者,应立即进行人工呼吸

将溺水者仰卧放置,抢救者一手捏住溺水者的鼻孔,一手掰开溺水者的嘴,深吸一口气,迅速口对口吹气,反复进行,直到恢复呼吸。人工呼吸频率每分钟17~20次。

4.对呼吸心跳已经停止的溺水者,应立即进行人工呼吸和胸外心脏按压

急救者将手掌根部置于胸骨中段进行心脏按压,下压要慢,放松时要快,每分钟80~100次,与人工呼吸互相协调操作,其与人工呼吸操作之比为5:1,如一人施行,则心脏按压与人工呼吸之比为15:2。溺水者经现场急救处理,在呼吸心跳恢复后,应立即送往附近医院,在途中仍需不停地对溺水者做人工呼吸和心脏按压,以便于医生抢救。

第六章 体育与健康的安全保障

第一节 身心健康必要保障

一、体质与健康

高校学生作为中国社会中具有一定文化层次的群体，一向被认为是最活跃、最健康的群体之一。然而，随着现代社会生活的节奏越来越快，社会竞争的日益激烈，有些大学生开始感到不知所措，无所适从，产生了心理上的不适应。据统计，大学生中因心理健康问题退学的人数占整个退学人数的30%左右，而且这一数字每年都有所递增。由此可见，大学生的心理健康状况面临严重威胁，心理健康已直接关系到大学生能否全面发展和早日成才，所以有必要让大学生们掌握心理健康知识，且懂得如何去锻炼，使自己的心理达到健康。[①]

（一）体质与健康的概念

体质是人机体的质量，它是在遗传性和获得性的基础上表现出来的人体形态结构生理功能和心理因素的综合的、相对稳定的特征，是人的生命活动和劳动工作能力的物质基础。

人体的形态结构、生理功能、身体素质和运动能力（体能）、心理发育、对外界环境的适应能力是构成人体体质的五个重要因素。身体的形态结构是体质的物质基础，生理功能、体能和心理条件是体质的主、客观表现，对内外环境的适应能力是它们的综合反应。

体质的内容包括体格、体能和适应能力三部分。

体格是指生长、发育、体型、姿态、器官组织的结构（身体组成部分）等各项指标，是人体的形态和结构；体能包括生理功能（脉率、血压、肺活量

①龚涵睿．高校田径训练中健康安全保障的探讨[J]．太原城市职业技术学院学报，2015(01)：108-109.

等），身体素质（力量、速度、耐力、灵敏、柔韧）和基本活动能力（走、跑、投、跳、攀登、爬越、举起重物等），是人体各器官系统的功能和在肌肉活动中表现出来的能力；适应能力则包括对自然的适应能力（抵抗力等）和对社会环境的适应能力（个性意志判断）以及精神和身体对应激反应的适应能力，是指人体在适应自然环境和社会环境中所表现出来的综合能力。

健康不仅是疾病与体弱的匿迹，也是身心健康、社会幸福的完美状态。现代健康的概念应包含身体健康、心理健康、社会健康、道德健康四个方面的内容。身体健康是心理健康的基础，而心理健康又是身体健康的必要条件。没有心理健康，就没有身体健康的保证。心理活动对人体各器官、系统的活动起着重要作用，与人们的正常生活、发病原因、症状和康复密切相关。健康的心理可以维持和增进人的正常情绪，维护人的正常生理功能，增强防病、抗病能力，给治疗和康复以积极的影响，只有身心健康的人，才是完美的健康人。

（二）体质与健康的评价指标

体质的评价指标是评价体质强弱的综合指标，主要有以下几个方面：①身体形态发育水平，即体格、体型、姿势、营养状况以及身体组成成分等。②生理和生化功能水平，即机体的新陈代谢功能及各系统、器官的工作效能。③身体素质和运动能力水平，即身体在运动中表现出来的力量、速度、耐力、灵敏性、柔韧性等素质及走、跑、跳、投、攀等身体运动能力。④心理发展状态，包括个体感知能力、个体意志能力和个体判断能力。⑤适应能力，对外界环境条件的抗寒、抗热能力和对疾病的抵抗力。影响体质强弱的因素是多方面的，遗传性状对体质的发展提供了可能性和前提条件，而体质强弱的现实性，则有赖于后天环境，其中营养、卫生、教育以及身体锻炼等因素最为重要。有计划、有目的地进行身体锻炼，是增强体质最积极、最有效的手段。

根据健康的概念要制订出普遍适用的健康评价指标是比较困难的。不同年龄阶段、性别、地域差异很难用一个具体指标去衡量。一般健康指标也只能起参考作用。

身体健康。没有病，无需治疗；身体发育正常；有良好的食欲，夜间睡眠好；体态脸色好，有精神；能很好地进行日常活动，消除疲劳快。

精神健康。能与家庭成员、朋友、伙伴们协力合作；理解人生的意义，对生活充满希望;有正确的判断能力。

社会健康。具有良好的衣、食、住条件;社会和平,没有犯罪行为发生;死亡率低,人均寿命延长。

世界卫生组织提出健康的标准。有充沛的精力,能从容不迫地应付日常生活工作的压力而不感到紧张;处事乐观,态度积极,乐于承担责任;善于休息,睡眠良好;应变能力强,能适应外界环境的各种变化;能抵抗一般性感冒和传染病;体重得当,身体均匀,站立时头、肩、臂位置协调;眼睛明亮,反应敏锐,眼睑不发炎;头发有光泽,无头屑;牙齿清洁,无空洞,无病态,牙龈颜色正常,无出血症状;皮肤富有弹性,肌肉丰满,走路轻松。

(三)健康的价值

1.健康是学校教育的首要目标

体育具有提高学生健康水平的教育作用。如果学生经常因病缺课,因情绪障碍而滋生事端,或因营养不良而长期精神倦怠,即使采用再好的教学方法,他们也无法高效率地进行学习。只有健康的学生才能在学校获得良好的学习效果。

2.健康是人们奉献社会和享受生活的基础和前提条件

一个人只有拥有健康,才能优化自己在社会生活中的地位和作用,才能把自我价值最大限度地发挥出来,从而奉献社会。如果没有健康的身体和健康的心理就无法享有生活,享受幸福。

3.健康是社会发展的基本标志和潜在动力

人的健康受社会制度、经济状况、文化教育等多种社会因素的制约。在一个安定团结、人民安居乐业、经济快速发展、文化教育先进的社会环境中,人民的健康水平无疑会极大地提高。因此,健康是社会发展的基本标志。健康的体质是思想道德素质和科学文化素质的物质基础是培养高素质人才的基础。拥有健康、高素质的国民和专门人才是社会发展的潜在动力。

4.人民健康是社会发展目标中的基本目标

我们要树立正确的健康观念,就要把健康看成是人类的一项基本要求和权利,看成全社会、全民族的事业。从这个角度来讲,人民健康就成为社会发展目标中的基本目标。

（四）亚健康

1.亚健康的定义

亚健康是一种自感不爽，检查无病的，介于疾病与健康之间的一种身心状态，也称为第三健康状态、灰色健康、亚临床期、临床前期、前病期等。

亚健康的症状：食欲不振、疲乏无力，失眠多梦、烦躁、易发怒、健忘、胸闷、心悸、头疼、头晕、感觉迟钝、注意力不集中、记忆力下降、思维和想象能力降低、偏执、消极悲观、情绪低落、犹豫不决、容易沾染坏习惯等。

2.体育锻炼对治疗亚健康的作用

亚健康的根源是生活方式的不健康，采用传统的医疗手段去改变亚健康状态，其成效甚微。要想改变亚健康状态，必须根治各种因生活方式造成的社会疾病，而从事体育锻炼是最为有效的手段。因为体育运动能够调节并改善人们由于饮食、营养、体重、作息等方面长期不合理的积习所造成的生活方面的健康问题。所以解决人们身心健康问题的最好办法就是参与体育锻炼。

体育锻炼对生活方式的影响和作用主要表现在以下方面：①体育锻炼可以提高人的劳动素质，培养和造就全面发展的人格。②体育锻炼是保持人体功能，使体能处于最佳状态的有效手段，是人们消除身心疲劳、保障健康生活最积极的手段。③体育锻炼是戒除恶习，改善不良社会生活的有力措施。④体育锻炼可以满足人们的多种文化、精神和情感需求，改变人们的审美观念。⑤体育锻炼可以缓解现代生活节奏给人带来的紧张情绪，融洽人际关系，克服现代社会竞争所带来的精神压力。经常从事体育运动的人对生活节奏的改变有较强的适应性，具有较强的自制、快乐、坚忍、敏锐、自信、合群和从容不迫的心理调节能力。⑥体育锻炼充实了生活时间，各种休闲体育活动可以发散剩余精力，避免各种社会危险。⑦体育锻炼丰富了人们的社会交往，体育娱乐可以协调人的精神状态，缩短人和人之间的社会距离，促进家庭和睦。参加体育活动不仅可以增强人们之间的相互理解，促进人们相互交流与合作，还可以提高人对社会责任和道德价值观念的认识。⑧体育锻炼可以使人们掌握基本生活技能，提高人们的生活能力，从而提高生活质量。

亚健康是一个动态的状态，它或者向疾病状态转化，或者向健康状态转化。而健身运动恰恰是改善亚健康状态的一种最积极、最有效、最廉价的手段。

二、大学生心理健康标准

（一）能够从心理上正确认识自己，接纳自己

一个心理健康的大学生，应能够体验到自己存在的价值，既能了解自己又能正视自己，对自己的能力性格和优点能做出恰当、客观的评价，对自己不会提出苛刻、非分的期望与要求。同时，努力发展自身的潜能，即使对自己无法补救的缺陷，也能安然处之。一个心理不健康的人则缺乏自知之明，由于目标定得不切实际，容易过高或过低地估计自己，总是将自己陷于自傲、自卑的漩涡中，心理无法平衡。

（二）能较好地适应现实环境

心理健康的大学生能面对现实、接受现实，并能主动地适应现实、改造现实；对周围事物和环境能做出客观的认识和评价，并能与现实环境保持良好的接触；对生活学习和工作中的各种困难和挑战都能妥善处理。心理不健康的大学生往往以幻想代替现实，不敢面对现实，没有足够的勇气接受现实的挑战，总是抱怨自己“生不逢时”或责备社会环境对自己不公而怨天尤人，因而无法适应现实生活。

（三）具有和谐的人际关系

心理健康的大学生乐于与人交往，能认可别人存在的重要性和作用。能融于集体中，在与人相处时，积极的态度（如友善、同情、信任）总是多于消极的态度（如猜疑、嫉妒、敌视），因而在社会生活中有较强的适应能力和较充分的安全感。一个心理不健康的大学生，总是与周围的人格格不入，远离集体。

（四）具有较强的自我调节能力

能较好地协调与控制情绪。心理健康的学生情绪稳定，他们的愉快、乐观、开朗、满意等积极情绪总是占据优势，身心处于积极向上，充满希望的乐观状态；能适度地表达和控制自己的情绪，合理地宣泄不良情绪。如果经常笼罩于消极的情绪中，则是心理不健康的表现。

（五）具有合理的行为

心理健康的大学生，其行为方式与年龄特征和社会角色相一致，他们具备独立的生活能力和思考判断能力；心理健康的大学生，其行为具有理

智性和一贯性，他们能合理地控制自己的情绪、行为始终受到意识的控制。

第二节 科学合理的体育锻炼

一、科学健身教育的原则

科学健身的原则是体育锻炼过程中客观规律的反映，是人们在长期从事体育锻炼中成功经验的总结和概括，是科学健身过程中必须遵循的基本要求和指导思想。科学健身原则对锻炼者掌握体育健身知识技能，培养锻炼兴趣，选择符合自身条件的运动项目和锻炼内容，正确使用科学方法进行锻炼具有指导作用。

科学健身教育的原则包括七个方面：自觉积极性原则、全面锻炼身体原则、适宜运动负荷原则、因人而异原则、循序渐进原则、持之以恒原则、安全性原则。

（一）自觉积极性原则

科学健身可以促进体质的增强，但它是一个长期积累的过程，也是一个艰苦的过程。自觉积极性原则主要是指体育锻炼者必须有明确的锻炼目的，相信“生命在于运动”的科学道理，自觉积极地参加体育锻炼。科学健身是一个自我锻炼，自我完善，克服自身的惰性，战胜各种困难的过程。同时还要有一定的作息制度保证，把健身当作生活中不可缺少的一部分，才能奏效。怎样才能做到自觉积极性呢？①

1.要不断提高对科学健身重要意义的认识

把健身的目的与树立正确的锻炼动机联系起来，把体育健身当作学习、生活和工作的自觉需要，激发体育锻炼的主动性和自觉性，从而调动自身体育锻炼的积极性。

2.明确目的，培养兴趣

只有科学健身的目的明确才能有利于激发和发展自身对体育锻炼的

①李学文．体育教学与训练合理运动负荷研究：评《运动生物化学》[J]．塑料工业，2021，49(02)：173.

兴趣。兴趣是在需要的基础上，在生活实践中逐渐形成并发展起来的。当一个人对某项体育活动发生兴趣时，就会表现出极大的主动性和自觉性，做到身心统一，积极锻炼。

3.检验效果，增强信心

效果、信心和兴趣三者的关系是成正比的，效果越大，则信心越足；而信心越足，则兴趣越浓厚。因此，在健身过程中要定期检验体育锻炼的效果，一般可以运用运动技术成绩、身体运动素质、身体形态、生理指标等方面来检验。

（二）全面锻炼身体原则

全面锻炼身体原则是指在体育锻炼的过程中必须追求身心的全面发展，使身体、形态、机能、身体素质和基本活动技能以及心理素质等都得到协调发展。人体是一个有机的整体，是在大脑皮层调节控制下的统一整体，人体的各个部位、各器官系统的机能、各种身体素质和基本活动技能之间都是互相联系、互相制约的，全面锻炼身体就能相互促进因此必须注重全面的身体锻炼。

怎样才能做到全面锻炼身体呢？应该注意以下方面。①选择体育活动的内容和方法时，应根据自身的兴趣爱好、专业特点以及客观条件，选择多样锻炼身体的内容，尽量做到全面发展。②在每次体育锻炼过程中，要尽量做到既能提高身体素质又能发展身体各个部位和各种基本活动，努力掌握多种运动技能。③注意全身的活动，不要局限于部位。④在全面锻炼身体的同时加强专业实用性体育锻炼。

（三）适宜运动负荷原则

适宜运动负荷原则是指根据每个锻炼者的实际情况，合理地确定其运动负荷和强度。锻炼的效果大小，很大程度上取决于运动刺激的强度。弱的刺激不能引起机体机能的变化；过强的刺激，有碍于健康；只有适宜的负荷和强度，才能有利于能量的恢复和超量补偿。适宜的负荷是相对的、可变的、渐进的、有节奏的，要根据锻炼者个体的具体情况来确定。怎样才能做到合理的运动负荷呢？

1.要正确处理量和强度的关系

针对自身的健康状况以及体育活动的项目特点安排好量和强度。量和强度之间一般是成反比关系，运动强度大只能维持较短的运动时间，强度适当才能维持较长的运动时间。利用量和强度之间的关系把运动控制在最佳有氧训练状态。

2.要善于运用负荷、控制负荷

运动负荷应由小到大，逐渐提高。刚开始从事体育锻炼或中断体育锻炼后恢复锻炼时，强度宜小，时间宜短，密度要适当，随着身体的适应而逐渐加大负荷，最好不要超越最佳有氧训练状态。

3.休息与运动要合理交替

身体机能的提高不仅取决于练习的时间长短和紧张程度，而且还取决于适宜的休息。适当休息有利于下一次练习处于良好状态，预防练习引起的不良反应。休息的方式有积极性休息和消极性休息，人们通常把两种方式结合起来，一般以积极性休息为主。

（四）因人而异原则

体育锻炼应从实际出发，根据每个人的具体情况及客观条件来确定锻炼的内容、负荷和方法手段等。身体锻炼要想取得理想的效果，必须要有真实的负荷。体育锻炼的负荷一定要因人而异，锻炼者应根据自己的年龄、性别，健康状况等实际情况掌握好运动负荷。

（五）循序渐进原则

循序渐进原则是指体育锻炼必须遵循人体自然发展，机动负荷，在渐进的基础上提高锻炼水平。不少体育健身爱好者在开始进行体育锻炼时，兴趣很高，活动量也很大，但坚持了几天，就失去锻炼的热情。产生这种现象的原因之一就是没有遵守循序渐进原则。由于开始阶段活动量大，机体无法很快适应，疲劳反应过大，锻炼者受不了“苦”而放弃健身，所以应了解锻炼效果的产生并非一蹴而就，而是呈螺旋上升之态。因此在安排运动负荷时应注意由小到大逐步提高，其原则是“提高—适应—再提高—再适应”。

（六）持之以恒原则

持之以恒原则是指体育锻炼必须经常性进行，使之成为日常生活中的重要内容，应坚持进行长期的，不间断的锻炼。众所周知，“生命在于运动，运动贵在坚持”。体育锻炼对人体各器官系统给予刺激，每次刺激都会促进体内异化作用的加强,加快体内物质的合成,从而使机体内部的物质得以补充、增加和积累。这种积累可使机体结构和机能产生新的适应,体质就会不断增强,动作技能形成的条件反射也会不断得到强化。因此,体育锻炼贵在坚持,不能设想在短时间内取得显著效果,必须有长久的积累。

(七)安全性原则

安全性原则是指在从事任何形式的体育锻炼时,都应该注意安全,尽可能避免因锻炼本身造成的运动损伤和伤害事故。这就要求合理安排体育健身计划,符合运动规律和人体发展规律,尤其要从个人实际情况出发。常见的事故原因:锻炼初始阶段活动量过大,导致身体不适应而造成运动损伤。体育活动单一而致身体片面发展,也可能发生伤害事故。所以务必将安全放在体育锻炼的重要位置,否则体育锻炼与健身的目的背道而驰。

二、科学健身教育的方法

科学健身方法是根据人体发展规律,运用各种身体练习和自然因素来发展身体的途径和方式。科学健身方法是贯彻科学健身原则,达到体育健身目的的桥梁。在运用过程中,应从实际出发,灵活运用,要注意它们可以相互补充,交替结合,但应有主有从。

(一)重复锻炼法

重复锻炼法是指按动作结构顺序以及相对固定条件多次反复进行某项身体练习。重复次数的多少不同对身体的作用就不同。重复次数越多,身体对运动反应的负荷量越大。如果重复次数不断增加,可能使身体承受的负荷达到极点,乃至破坏有机体的正常状态,造成伤害。运用重复锻炼法要制订好重复次数和间歇的时间,避免负荷过大,过早出现疲劳或不正常的生理反应。

(二)间歇锻炼法

间歇锻炼法是指进行重复锻炼时两次之间有合理的休息,是提高体育健身效果的一种常用的方法。人们认为体质增强的过程是在运动中实现的。其实,体质内部增强过程主要是在间歇中实现的,是在休息过程中取得了超量恢复。若是离开在休息中取得的超量恢复,则运动就变成对增强体质毫无意义的事情，甚至起不了作用。间歇对增强体质的作用并不亚于运动本身。间歇锻炼时，间歇时间的长短主要以负荷的有效价值范围为准。一般来说，负荷接近上限时，间歇时间应长些，以防止负荷继续上升，造成体力消耗过量；接近下限时，可连续进行，间歇时间应短，密度应大，后次锻炼应在前次锻炼的效果未减退时进行。倘若间歇过长，在效果消失后再进行，就失去意义。

（三）循环锻炼法

循环锻炼法是指选定若干个练习手段，按照一定的顺序，次数、节奏及要求进行循环练习的方法。循环法所布置的各个练习点，内容要慎重搭配，动作应是已经掌握的，简单易行的，并应规定好练习的次数、规格和要求。由于各练习的动作器械不同，花样翻新，交替进行，可激发兴趣、减缓疲劳、提高密度，有显著的健身价值。

（四）连续锻炼法

连续锻炼法从增强体质的良好效果出发，需要间歇就停一会儿，需要连续就接二连三地进行下去，所以不能仅讲究间歇，还要讲究连续。连续、间歇、重复都是在同一锻炼过程中实现的。连续、间歇，重复等因素各有其特有的作用，连续的作用在于持续负荷量不下降，维持在一定的水平上，使身体充分地受到运动的作用。

连续锻炼时间的长短，同样要根据负荷价值有效范围来确定，通常认为在140次/分钟左右心率下连续锻炼20～30分钟，可使机体的各个部位都长时间地获得充分的血液和氧的供应，因而能有效地发展有氧代谢能力。实践中，用于连续锻炼的主要是那些比较容易，并已为锻炼者熟悉的动作，如跑步、游泳等。

（五）变换锻炼法

变换锻炼法指在体育锻炼的过程中，变换锻炼的环境、内容、条件、节奏等，以提高锻炼效果的一种方法，此法可以有效地调节生理负荷，提高兴奋性，强化锻炼意向，克服疲劳和厌倦情绪，以达到提高锻炼效果的目的。变换锻炼法有两种形式，一种是连续变换，另一种是间歇变换，运用连续和间歇变换法，应选择安排好变换的条件和间歇后的运动负荷。

第三节　体育运动的首要前提

一、体育锻炼的运动保健

(一)体育锻炼的卫生要求

1.定期进行体格检查

为了了解体育锻炼对增强体质的作用,了解运动中身体健康和机能的变化状况,检查锻炼的方法是否正确,运动量是否适宜等,应定期进行体格检查,从而进一步修订体育锻炼计划和改进锻炼方法。

2.运动前要做好准备活动

(1)做好准备活动的作用

提高中枢神经系统的兴奋性,有利于调节中枢神经系统与肌肉活动有关的各器官系统间的联系,使机体发挥最佳工作效率。所以准备活动可缩短机体进入工作状态的时间,使运动者尽快达到最佳运动水平;可预先克服人体各器官系统机能活动的生理惰性,使其尽快适应肌肉活动的需要;提高全身能量物质代谢水平。准备活动使体温和肌肉温度升高,提高体内酶的活性,有利于肌肉中血流量增加,使肌肉获得更多的氧。同时减少肌肉的黏滞性,扩展肌肉活动的幅度,提高肌肉,韧带的力量弹性和柔韧性,提高关节灵活性,以减少运动中肌肉、关节和韧带发生拉伤、扭伤等伤害事故;提高心理上的适应性。准备活动吸引和诱导运动者集中注意力,减少外界环境干扰和自身情绪影响,从而发挥主观能动性,提高运动效率。[①]

(2)准备活动的要求

准备活动的内容有一般性和专门性两种,其内容顺序和时间因人、因地、因运动项目不同而异。一般是先进行一般性的准备活动,若参加竞赛可根据运动项目的特点,进行专门性准备活动。一般准备活动夏天约15分钟,冬天约25分钟。准备活动应有一定的密度和强度,心率在130～160次/分钟方能收到预期效果,但也不能过分消耗体力。一般活动应达到身

①宋天亮,汪政霖.关于体育运动中准备活动和拉伸的思考[J].内江科技,2018,39(02):115+112.

体发热微出汗，呼吸加深、加快，心跳加强，主要关节感到灵活，身体感到轻松有力，兴奋性提高为宜。

3.运动结束时要做整理活动

(1)整理活动的作用

有助于人体机能尽快恢复常态。由运动引起的一系列生理、心理变化需要有一个逐步放松恢复的过程，整理活动可促进这一过程的转化；有助于偿还氧债。整理活动是一个轻松、活泼、柔和的放松过程，有助于肌肉的血液畅通，排出二氧化碳，消耗乳酸等代谢产物，以达到偿还氧债、调节机能、减轻肌肉酸痛、消除疲劳的效果。

(2)整理活动的要求

整理活动应着重于全身性放松，尽量采用轻松、活泼、柔和的练习，活动量逐渐减少，节奏逐步减慢，以促使呼吸频率和心率下降。如在长跑到达终点后，再慢跑一段，或边走边做深呼吸运动或放松徒手操。特别是在紧张剧烈的运动之后，一定要进行全身放松活动，以免身体受到损伤。整理活动后，还要注意使身体保暖，以防身体着凉，引起感冒。整理活动应与结束时的运动相衔接，其内容有调整呼吸运动和自然放松、走步、慢跑、徒手放松练习、简单的舞蹈动作、自我按摩和相互按摩等。

4.饭后不宜剧烈运动

人在饭后不宜立即进行剧烈运动，这是因为人在进食后需要加强胃肠蠕动和消化腺体的分泌活动，以利于胃肠对食物的消化和吸收。饭后血液大量进入消化系统，循环血量增加，如果饭后立即运动，消化系统的血液就会被重新调剂到运动系统中去，从而使胃肠工作能力下降，对食物消化吸收不利，久而久之会使胃肠功能紊乱。消化系统是受迷走神经控制的，当人体进行运动时，交感神经兴奋，而迷走神经却抑制，于是消化系统处于暂时休息状态，小血管关闭，血流量减少，胃肠蠕动变慢。如果进一步缺血，可能造成消化道管壁平滑肌痉挛，引起肠胃疼痛。由于剧烈运动，人体需要大量的氧气，肺通气量增加，这时膈肌的活动幅度加大。腹腔由于食物在胃内积存，如再剧烈运动，会造成呼吸困难，同时也影响心脏的正常工作。人体运动时需要从肝脏调动大量血液参加循环，此时肝脏的血液减少，而饭后在肠胃消化吸收的物质大多需要肝脏进行分解和再加工，进食后肝脏的血量必定增加，以满足代谢的需要，这时进行剧烈运动，要从肝脏中调剂血液，会影响肝脏的正常功能。饭后立即进行剧烈运动会引起呕吐和运动中的腹痛。进食后食物经过胃需要一段时间才能到达肠道，剧烈运动使胃受到震动、颠簸，易发生痉挛性收缩，造成食物逆行，同时肠系膜受到牵拉，刺激内脏感受器引起腹痛。因此，饭后不宜做剧烈运动。剧烈运动应在饭后1~2小时后进行，如在运动中出现呕吐或腹痛，应降低运动强度或暂时停止运动。

5.运动时饮水要适量

水是人体的重要组成部分，它参与体内物质代谢体温调节等生理过程。机体内的水分保持正常，才能保证身体健康。饮水要适量，过多或过少都对器官的正常功能有影响从而导致运动成绩降低。饮水过多，会增加消化器官的负担，大量的水进入血液，也加重了心脏的工作负担。饮水过少，使机体缺水，影响正常的生理机能，会出现口唇发干，全身无力，精神萎靡，容易疲乏等现象。一般人的每天需水量约2500毫升(含食物中的水分)，每次以150~200毫升为宜，每次间隔15分钟以上。在排汗多的情况下应配制一些淡盐水(浓度为0.25%~0.5%)饮用，以补充损失的盐分。待机体平静后，可多饮用些水，以加速体液的恢复。

(二)运动场地器材的卫生要求

1.运动场地的卫生要求

在室内进行体操练习时要仔细检查调整器械的连结部分，助跑道表面及弹跳板是否光滑或有铁钉露出，海绵垫要有弹性且平展，杠面要平稳清洁。室内要采光明亮，无尘、无空气污染且通风良好。在游泳时应选择水质好的游泳池或水质好、无草、无漩涡的天然河流、湖泊等，以防被传染皮肤、眼睛、鼻腔和口腔等疾病或发生危险。在室外进行田径运动时要选择无凹凸、沟坎和碎石杂物的跑道，选择无砖头、石块、木棍、竹片、铁钉等杂物的沙坑，沙坑应掘松耙平。进行球类运动时应选择平坦、结实、无碎石且场地不过硬、过滑的球场。在练习健美运动时要选择平坦、环境清洁、空气流通，没有干扰的场地进行，一方面可以避免事故的发生，另一方面可集中注意力，使心情舒畅，有利于锻炼。

2.运动器械的卫生要求

进行运动时使用的各种器械要符合卫生要求和技术要求。如使用的钉鞋要合脚，不能过大或过小，钉子要牢固地稳定在鞋底。不能使用断钉、缺钉或钉子歪斜的钉鞋。标枪的杆部无裂口,栏架的压砣视栏的高度要摆放在适当的位置等。又如单、双杠杠面除保证平整外,还应经常将杠面的碳酸镁粉积物用砂纸磨除,各种海绵包垫要经常打扫除尘,并保持平展。又如使用的篮、排、足等球,应保持一定的圆度和表面光洁,皮块裂开的球不能用。

3.衣着要适合运动的需要

体育锻炼者对服装的选择应是衣料透气,疏松多孔,便于散热,便于吸收和蒸发汗液,要柔软轻松,否则会因多次重复摩擦而损伤肌肤。运动服大小要合适,夏天宜穿浅色单薄服装,可戴白色凉帽;冬天则应穿保暖服装,根据情况可戴手套和帽子。鞋袜大小要合脚,并富有弹性和透气,穿着要舒适,运动时切勿穿凉鞋、皮鞋或赤脚。硬、滑或过松的鞋袜会造成运动损伤。不合脚的鞋袜易引起脚部疾患,如鸡眼、汗足、脚趾变形等。

(三)女生体育卫生

1.女生身体发育的特点

女生进入青春期的时间一般比男生早两年,结束也早两年。11~12岁女生的多数指标超过男生。13岁后,男生开始迅速发育,其身高、体重、肌肉力量和运动能力等都超过同龄女生。此后,女生除骨盆较宽、坐高和大腿围较大,皮下脂肪较多,体重占身高比例较大外,其余多项形态、机能指标均落后于同龄男生。这种性别差异在18岁以后更加突出。在体形方面,女生肩胸部较窄,上臂肌肉力量弱。女生体型为上窄下宽,不宜承受较大重力。但骨盆较宽,躯干相对较长,下肢短,所以女生重心较低,稳定性高,有利于保持平衡,对进行艺术体操、高低杠、平衡木、自由体操、滑冰、花样滑冰等要求下肢支撑平衡能力较高的运动项目有利。由于女生下肢短、步幅小、易出现疲劳,对跳跃及速度的发挥不利。女生全身脂肪约占体重的28%(男生约占18%),女生皮下脂肪较多,且多集中在臀部和下肢,使体态显得丰满,并且有较好的保温作用,有利于进行游泳,滑冰和滑雪等运动。女生皮下脂肪虽厚,但下腹部对寒冷刺激很敏感,故在寒冷季节锻炼及月经期要注意下腹部的保暖。女生在青春发育期间,每月均有一次月经,同时伴有局部和全身性变化。在进行体育锻炼时,应注意区别对待和向她们介绍女生的生理卫生知识,使其提高锻炼的自觉性与科学性。

2. 女生体育卫生要求

(1)女生的一般体育卫生要求

大学体育教学课,男女生应分组教学,体育锻炼标准女生低于男生。由于女生肌肉力量较差,因而使用的运动器械如铁饼、标枪、铅球等要比男生轻。因女生心肺功能较差,故运动量较小。女生肩窄臂力弱,做悬垂、支撑、摆动动作较困难,应注意发展上肢力量。从高处落下时,地面要铺一定厚度的有弹性的垫子,以免身体受到过分震动,影响骨盆的正常发育。多做些仰卧起坐、踢腿等练习,以增强腹肌和盆底肌的力量,避免在跑、跳练习中因剧烈的震动而引起盆腔脏器的正常位置及骨盆的正常发育。

根据女生的体型、心理、生理等特点,如身体重心低、平衡能力强、柔韧性好等特点,适宜进行艺术体操、平衡木、高低杠、自由体操、健美操、滑冰、花样滑冰,轮滑等项目。又如女生肩窄,体内脂肪贮存较多,优点是阻力小、浮力好、耐冷,热能供给较为充足,故在长距离游泳项目方面占优势。因之,应在有条件的地区和季节上游泳课,游泳项目的开展对女生心肺功能的提高又有很大的促进作用。另外,在体育教学与运动训练中,应注意有目的、有步骤地加强肩带肌、腰背肌,腹肌和盆底肌的力量练习。平时要启发和引导她们参加体育锻炼的自觉性和积极性,通过体育活动,不仅可以提高她们的身体素质,还可以促进身体正常发育和机体能力的提高,并对她们今后参加工作,体育运动成绩的提高均有很大帮助。

(2)女生月经期的体育卫生要求

女生月经属正常的生理现象。应鼓励她们在月经期参加一些力所能及的体育活动,像散步、郊游等,可调节大脑皮层的兴奋与抑制过程,改善盆腔的血液循环,并可使腹肌和盆底肌轻度收缩与放松,有利于月经排出,减轻腹部不适感。但是,月经期子宫内膜脱落、出血、加之生殖器官抗菌力弱可能会导致感染,全身神经、体液方面也有较大的变化,故应注意下述体育卫生要求。

适当减少运动量和运动时间,特别是月经初潮的女生,由于她们的月经周期尚不稳定,要循序渐进,区别对待,逐步养成经期锻炼的习惯。特别是月经第一、二天内应减少运动量和运动时间。月经期要避免过冷、过热的刺激,如冷水浴和阳光下暴晒等,特别是下腹部不要着凉,以免导致卵巢功能失调而引起月经紊乱和痛经的发生；月经期不宜游泳。以免病菌侵入内生殖器官引起炎症；月经期不宜从事剧烈运动，尤其是震动强烈、腹压过大的运动和后蹬跑、高抬腿跑、跳跃、打球、投篮动作和力量性练习等，以免子宫异位和经血过多；有痛经和月经紊乱的女生，月经期应暂停体育活动。

二、运动损伤的预防及处理

运动损伤是指在体育运动过程中所发生的各种损伤。运动损伤与运动项目、教授内容、技术动作、练习水平、技能基础、教学环境与条件等因素有关。运动损伤会直接影响学生的身心健康和学习，因此，我们应采取有效的安全措施，避免运动损伤的发生。

（一）运动损伤的原因

1.思想麻痹大意

在参加体育活动时，没有做好充分的思想准备，不知道许多运动损伤通过积极的预防完全能避免，运动前不执行各种安全措施，盲目或冒失地进行体育锻炼而导致伤害事故的发生。

2.准备活动安排不当

准备活动安排不当有几种情况：运动前缺乏必要的准备活动或准备活动不充分，神经系统和内脏器官没有充分调动起来，身体协调性低，肌肉温度没有提高，韧带伸展性和关节活动范围小而致伤；准备活动量过大，造成机体疲劳，从而对动作控制能力降低而引起受伤；准备活动内容安排不妥，与运动项目的基本内容相脱节；准备活动做好后，离专项运动时间过长，失去了准备活动的作用。

3.身体机能状态和心理状态低下

身体疲劳，睡眠或休息不好，患病受伤或伤病初愈，在身体机能相对低下时容易发生运动损伤；在心情不良、情绪低下、过于紧张或兴奋等心理状态时，更容易造成伤害事故。

4.技术上的缺点和错误

违反身体的结构机能特点，以及运动时的力学原理，盲目做某个自己尚未掌握的动作或错误动作。

5.教学组织不当

不遵守教学原则,未严格划分运动场地设施,对学生要求不严格,使其随意穿越运动区域时,容易发生运动损伤。

6.运动环境不好

运动场地不平,跑道太硬;运动器材质量不好,安装不牢固,又缺乏保护措施;运动时的服装及鞋子不符合要求;气候条件不良;噪声等。

7.动作粗野或违反规则

每个运动项目都有相应的规则,如果在比赛中不遵守规则或在训练中相互逗闹,做出幅度较大的粗野动作,容易造成自身和他人的损伤。

(二)运动损伤的预防

1.必须对运动损伤有正确的认识

加强教育目标的教育,更好地掌握健康教育的基础知识,掌握科学锻炼身体的知识与方法,更好地完成教学目标。同时,对运动损伤的意义有一个正确的认识,在教学活动中培养良好的组织纪律性,树立和形成高尚的体育道德风尚。

2.合理安排练习内容,加强教学认识

在教学与活动前,要合理安排教学内容,分析其难点与重点,对容易发生损伤的技术动作做到事先有准备,措施要到位。要遵循体育教学的原则,做到因人而异,负荷适当。

3.做好准备活动

准备活动的目的是通过各种练习进一步提高中枢神经系统的兴奋性,使它达到适宜水平,加强各器官系统的活力,克服自主神经的惰性,为正式练习做好机能上的准备。如果不做准备活动或做得不充分,就容易发生运动损伤。因此在任何练习前要认真做准备活动,改善肌肉、韧带的弹性和活动幅度,将机体调整到最佳竞技状态。

4.加强易受伤部位的训练

加强对易伤部位和相对薄弱部位的练习,提高其机能,是预防运动损伤的积极措施。

5.合理地运用技术动作

技术动作运用得不好是引起运动损伤的主要因素之一。如在提杠铃或俯身搬运重物时应将身体重心尽量靠近重物,屈髋屈膝,挺胸直腰,用腿部肌肉发力，如果身体远离重物直接弯腰上提重物，就会因腰背负担过重而使腹背筋膜、肌肉或韧带受到创伤。

6.在适宜的环境条件下运动

高温潮湿容易产生疲劳和中暑，或因大量出汗，影响体内水盐代谢而发生抽筋或虚脱；低温潮湿，容易引起冻伤；也可因肌肉僵硬，弹性、耐力降低，动作协调性差而发生肌肉韧带损伤；在大雾时，光线不足，能见度低，影响视力，神经反应迟钝，兴奋性降低，也可成为损伤的原因。严禁带病或体检不合格者参加运动，伤病后要在医生的建议下进行运动。场地设施不合格不能进行运动，尤其是在器械上进行运动，更要随时检查器械，禁止穿不合适的服装进行运动。

7.加强保护与自我保护

在做动作比较复杂、多变、难度大、空中动作多的体操运动时，应注意同伴间的保护与帮助，特别要加强和提高自我保护的能力。在户外进行体操锻炼容易发生伤害事故；在对抗性较强的体育运动项目中，也容易发生损伤事故。因此，必须加强自我保护工作。如从器械上下落双脚着地时不能直腿下落，要屈膝缓冲，以防扭伤膝关节；手触地时，一定不能直臂撑地，以防骨折或脱臼；踢足球时，防止与对手两膝相撞，以避免腿骨折或韧带撕裂。

8.加强心理品质教育及医务监督

在教学过程中，教师应重视加强对学生心理品质的教育和培养，帮助学生克服恐惧畏难情绪，排除紧张的心理障碍，树立克服困难的信心。对参加体育锻炼的人，应定期进行体格检查，以观察了解体育锻炼后的身体反应以及功能变化。对患有各种慢性疾病的人，应根据医生的意见进行体育活动。在运动过程中，要建立健全自我监督制度，随时注意自己身体功能状况的变化，若有不良反应时，应及时调整运动负荷。

三、运动保健与医务监督

运动是影响人体健康的重要因素，适宜的运动可以改善人体各器官系统的功能状况，增强机体的适应能力和体质，从面增进健康。

（一）适宜运动对健康的作用

生命在于运动，健康必需锻炼。人体在运动过程中，机体将产生一系列适应性变化，但这一变化的结果可以健身防病，也可以危害健康，其关键是在运动过程中掌握适度。有人把这个适度的范围称为“价值阈”，上限为安全界限，下限为显效界限。

不同年龄，不同性别，不同体质的人运动强度应有一定的差别，但有一个大致的范围和一定的规律。例如，美国运动医学会近年来提出，保健运动适宜运动负荷为个人最大负荷的60%左右，活动时间控制在20～60分钟。我国健身运动常用的运动强度公式为：180－年龄=运动时的心率。

在达到适宜心率后要在此基础上至少持续10分钟才能显效。运动健身时应选择有氧代谢的运动项目，并坚持长期锻炼，每周至少3次，方可达到较好的锻炼效果。

1.对运动系统的影响

运动时，由于体内新陈代谢加强，血液循环加快，血流增加，运动器官就可以获得充足的营养物质。促进青少年的骨骼、肌肉的发育，使骨的生长加强，皮质增厚，骨小梁增粗，并排列整齐，骨骼长得更长、更粗、更坚固；能使关节囊、韧带增厚，增加其弹性和伸展性，加大关节活动幅度，提高关节的灵活性；使肌肉中蛋白质等营养物质增加，使肌纤维增粗，肌肉横断面增大，肌肉变粗壮结实，收缩力量加强，在神经系统的调节下，肌肉的工作更加准确、协调、有力，而且灵活、迅速、耐久，工作效率明显提高。

2.对血液循环系统的影响

经常参加适宜的运动，可使心肌发达、心动徐缓、心功能增强。力量素质的锻炼，特别有利于心肌壁厚度的增加；耐力素质的锻炼，特别有利于心腔容积加大。经过良好的锻炼心脏有更大的潜力来适应大运动负荷的需要，运动后，恢复也较快。

3.对呼吸系统的影响

人体在运动时，肌肉在活动过程中需要消耗大量的养料和氧气，同时产生很多二氧化碳，这就要求呼吸器官加倍工作，以排出二氧化碳。呼吸系统能得到改善，首先是呼吸肌发达，胸围和呼吸差增大，肺活量增大，呼吸深度加深。可以提高换气效率，又能使呼吸器官得到较长时间的休息，因此运动时不至因为紧张的活动而发生气喘，并且能适应剧烈运动的需要。

4.对神经系统的影响

运动时,在神经系统的调节下,需要动员人体各种功能来完成动作,而身体的各种活动,又反过来使神经系统得到锻炼。因此经常从事体育锻炼的人,神经系统的功能会逐步得到提高,神经系统的兴奋性和灵活性得到改善,从而对外界刺激的反应更准确迅速,对体内各器官的活动调节更协调。

(二)人体缺乏运动的危害

通过有规律、不间断、合理的运动,能维持人体良好的功能状态,精力充沛地从事学习和工作,达到健康长寿的目的。缺乏运动或运动不足的人会给健康带来一定的不良影响,具体有体力下降,肌肉无力,还可能不同程度地影响生理功能状态,是造成疾病的潜在因素。其危害是一个慢性积累的过程,到了一定时期或年龄阶段容易发病,疾病发展到一定程度会形成不可逆的病理变化,最终会造成人的早病、早衰、早亡。

四、运动医务监督

(一)运动中的腹痛

1.原因

引起运动中腹痛的原因,从总体来看,分为原因不明但与锻炼有关的运动性腹痛、腹腔内疾病和腹腔外疾病。运动性腹痛往往与下列因素有关。①缺乏锻炼或运动水平低。②准备活动不充分。③身体情况不佳、疲劳、精神紧张。④运动呼吸节奏不好,速度太快,运动前食量过多或饥饿状态下参加剧烈运动等。

2.处理

对于因腹内或腹外疾病所致的腹痛,主要根据原发疾病进行相应的治疗(药物、理疗、局部封闭等);对于仅在运动时加快速度后才会出现腹痛的人,首先要加强全面身体素质锻炼;运动中出现腹痛后,可适当减慢速度,并做深呼吸,调整呼吸与动作的节奏;必要时用手按压疼痛部位,弯腰跑一段距离一般疼痛即可消失;如仍然疼痛,应暂时停止运动,遵照医嘱口服阿托品、颠茄等解除痉挛的药物。针刺或点掐足三里、内关、三阴交等穴位,进行腹部热敷。如无效应请医生处理。

3.预防

遵守体育锻炼的科学原则:要循序渐进地增加运动量,加强全面身体锻炼,提高机能水平。在锻炼时要调整好动作与呼吸节奏,合理地分配运动速度;运动前要做好充分的准备活动,冬天参加长跑或自行车锻炼时,不要在未做充分准备活动前就脱掉运动外套;合理安排膳食,剧烈运动前不要吃得过饱,不大量饮水,特别不要吃冷饮,不吃平时不习惯吃的食物,不要在饥饿状态下参加锻炼,餐后一个半小时后才能参加运动。

(二)肌肉痉挛

1.原因

①在寒冷的环境里运动:肌肉受冷空气的刺激,兴奋性突然增高,使肌肉发生强直收缩;②电解质丢失过多:运动中大量排汗,特别是长时间的剧烈运动或高温季节运动时大量排汗,造成电解质过低,引起肌肉兴奋性增高,发生肌肉痉挛;③肌肉连续过快收缩而放松不够:在做剧烈运动过程中,肌肉连续过快地收缩,而放松的时间太短,以致肌肉收缩与放松的协调性紊乱,引起肌肉痉挛;④疲劳:身体疲劳也直接影响肌肉的生理功能,疲劳的肌肉往往血液循环和能量代谢有改变,使内环境发生改变,导致痉挛产生。因而,身体疲劳时,特别是局部肌肉疲劳时再进行剧烈运动或做一些突发性地用力动作,就容易发生肌肉痉挛。

2.处理

向痉挛肌肉收缩相反的方向牵引痉挛的肌肉,使肌肉拉长,一般都可以使其缓解;在痉挛肌肉部位做按摩,手法以揉捏、重力按压为主,并注意保暖;热疗(如热水浸泡局部热敷)也有一定疗效;严重的肌肉痉挛有时需采用麻醉才能缓解。

3.预防

加强体育锻炼,提高身体的耐寒力和耐久力;运动前必须认真做好准备活动,对容易发生痉挛的肌肉可事先做适当按摩;冬季运动要注意保暖;夏季运动时,尤其是进行剧烈运动或长时间运动时,要注意电解质的补充和维生素B_1的摄入;疲劳和饥饿时不宜进行剧烈运动;游泳下水前要用冷水冲淋全身,使身体对寒冷有所适应。水温太低时,游泳时间不宜过长。

（三）运动性中暑

1.原因

（1）中暑

环境高温是致病原因。室温过高，超过35℃；炉窑等热源强辐射下从事一定时间的锻炼或劳动；炎夏烈日下暴晒等，如无足够的防暑降温措施，都可能发生中暑。即使气温不很高，但湿度较高和通风不良，在这种环境下从事锻炼或体力劳动，也可发生中暑。中暑的诱因有：疲劳、肥胖、饮酒、饥饿、脱水、失盐、穿着不透风、发热、甲亢、糖尿病、心血管疾病、汗腺缺乏及服用阿托品等抑制汗腺分泌的药物等。

（2）运动性中暑

运动性中暑是由于体温调节系统在运动时超载或衰竭所致。机体在运动时产生大量热，除其中约1/4用于完成机械功外，其余均以热的形式储存或散发。当产热或储热超过散热时就会出现体温调节系统的超载，可伴随大量出汗。运动时间维持较长时，直肠温度升高甚至虚脱。衰竭是由于丘脑下部体温调节或周围性反应功能紊乱所致，使心脏充血和心搏击量减少，心率加快。当直肠温度升高后，皮肤和内脏小动脉扩张，引起血压下降。运动性中暑时直肠温度可达40～42℃。

2.处理

（1）场地急救

要保持呼吸道通畅，测量血压、脉搏、直肠温度，点滴输液，严重者要及时送往医院抢救。

（2）一般处理

热衰竭和热痉挛患者应转移到通风阴凉处休息。热痉挛患者口服温盐水或含盐饮料，静脉注射生理盐水，或服用十滴水或藿香正气水，可迅速好转。有循环衰竭者由静脉补给生理盐水和氯化钾，一般患者在30分钟至数小时内即可恢复。

（3）物理降温

用4～11℃凉水擦拭皮肤，使皮肤血管收缩加速血液循环，加用风扇吹风，在头部、腋窝、腹股沟放置冰袋以降温。

3.预防

夏天炎热，安排好锻炼时间，避免在一天中最热的时间段进行锻炼；安排好炎热天气锻炼的营养和饮水，注意补充食物中的蛋白质，额外增加维生 B_1、维生素 B_2、维生素C供给量。组织合理的水盐供应；对不耐热个体要加强预防措施。

（四）挫伤

1.原因

挫伤又称撞伤，是钝性外力直接作用于人体某部而引起的一种急性闭合性损伤，如运动中相互冲撞，被踢打或身体碰撞在器械上，都可发生局部和深层组织的挫伤。最常见的挫伤部位是大腿与小腿的前部，头和胸，腹部的挫伤也非常少见。

2.处理

伤后24～48小时内，局部冷敷，加压包扎，抬高伤肢并休息；受伤24～48小时后，肿胀已基本消退，可拆除包扎进行温热疗法，包括各种理疗和按摩；伤后恢复期时，逐渐增加抗阻力练习和参加一些非碰撞性练习，并配合按摩和理疗等，直至关节活动功能恢复正常。

（五）肌肉拉伤

1.原因

①主动用力拉伤：肌肉做主动的剧烈收缩时，其收缩力超过了肌肉本身的承担能力所致。主动用力拉伤是在肌纤维缩短时发生，多为原动肌和协同肌受伤；②被动拉伤：肌肉受力牵引时超过了肌肉本身的伸展限度所致。在做压腿、劈腿练习时，如果用力过猛，也可使被拉长的肌肉发生拉伤。

2.处理

肌肉微细损伤或少量肌纤维断裂时，立即冷敷，加压包扎并抬高伤肢，注意局部休息，疼痛较轻者可口服镇静止痛剂（遵照医嘱）。24小时后可外敷中药、痛点药物注射，理疗或按摩等。

3.预防

在剧烈运动前要充分做好准备活动；平时要结合运动项目的特点，加强易伤肌肉的力量和柔韧性练习；锻炼中要注意观察肌肉反应，如肌肉硬度、韧性和疲劳程度等，若出现肌肉僵硬或疲劳时，可进行按摩并减少运动强度；注意锻炼环境的温度，湿度和运动场地情况。治愈后再参加锻炼时，要注意循序渐进，以防再伤。

（六）自我监督

1.主观感觉

（1）运动心情

运动心情是反映锻炼者有没有健身欲望的指标。锻炼者身体机能正常时，精神饱满，体力充沛，渴望锻炼。如果健康状况不佳，就出现心情不佳、厌烦锻炼的征象。

（2）自我感觉

自我感觉是反映运动中或运动后，除运动性疲劳以外其他的不正常感觉。如异常的疲劳，感到恶心甚至呕吐、头晕，以及身体某些部位疼痛等。

（3）睡眠

睡眠状况是反映神经系统功能状态的指标。当锻炼负荷过大，超过了机体的负担能力时，首先会反映在神经系统方面，早期主要表现为睡眠模式的改变，好的睡眠状态是入睡快，醒后精力充沛。如果入睡迟、夜间易醒、失眠，睡醒后仍感疲劳，就需要进行调整。

（4）食欲

食欲是反映中枢神经系统是否疲劳的较敏感的指标之一。参加体育运动时能量消耗大，所以运动后食欲良好，想进食，食量大。如果运动后不想进食，食量减少，并在一定时期内不能恢复食欲，并没有其他因素影响时，则表明中枢神经系统已疲劳。

2.客观检查

（1）脉搏

测脉搏时除注意频率外，还应注意节律，测晨脉对了解身体机能变化有重要意义。若每分钟晨脉比过去减少或明显改变，节律齐，表明身体机能反应良好，有潜力。若每分钟比过去增加多12次以上，表明机能反应不良，可能与疲劳未消除或存在感染有关。如果发现脉搏节律不齐或有停跳现象，可能是心脏机能异常征象，应采用心电图等方法做进一步检查。

（2）体重

在运动期间，体重出现“进行性下降”现象，并伴有其他异常征象（睡眠失常、情绪变化等）时，可能是早期过度训练的综合征。

五、自我锻炼计划(运动处方)的制订

(一)运动处方的概念

对从事体育锻炼的健康人或病人,根据医学检查资料,按其健康、体力以及心血管功能状况,结合生活环境条件和运动爱好等个体特点,用处方的形式规定适当的运动种类、时间及频率,并指出运动中的注意事项,以便进行有计划的经常性锻炼,达到健身或治病的目的。制订运动处方前,必须询问锻炼者的病史或运动史,进行体格检查和必要的实验室检查,特别是心肺功能检查,从而确定适宜的锻炼内容和运动负荷(强度、数量、次数、时间及要求等),使机体在一定时期内获得适量的锻炼。经过一段时间的锻炼后,再根据机体功能提高或改善的状况,重新制定出新的运动处方,以达到强健身体、疗疾康复的目的。

(二)制订运动处方的原则

1.区别对待原则

由于每个人的年龄、性别和体力以及身体健康状况不同,因此在制订运动处方时,必须注意区别对待,特别是体力差别应作为最重要的考虑内容。

2.全面平衡原则

为了全面发展身体机能,在制订运动处方时,必须要考虑运动处方锻炼内容、锻炼方法和对不同身体部位的锻炼效果等。针对锻炼目标和身体的薄弱部位,有针对性地实施健身运动处方的内容和方法,从而获得身心的全面发展。

3.循序渐进原则

人体生理机能的提高是一个渐进的过程。如果仅用一种健身运动处方数月或长年不变地进行健身运动,只能起到维持原有身体机能水平的效果,不可能逐步有效地提高健康水平和增强体质。如果突然进行一次大强度、长时间和多重复的锻炼则有可能导致身体机能失调,使身体受到伤害,更谈不上增强体质。

4.安全性原则

按运动处方进行锻炼活动,应保证在安全的范围内进行,若超出安全的界限,则可能发生危险。在制订和实施运动处方时,应严格遵循各项规

定和要求，以确保安全。安全性原则应包括三个方面的内容：其一，负荷量度在安全范围内。其二，锻炼过程中，身体活动幅度、技术动作的难易程度应在安全可控的范围内。其三，锻炼场所器材的安全保证。

（三）运动处方的特点和作用

1.运动处方的特点

运动处方，最大的特点是因人而异，针对性强，能对锻炼者提出具体的运动负荷量和运动方式，从而保证身体锻炼的科学性、安全性和有效性。

2.运动处方的作用

有助于保证锻炼的科学性和系统性，克服日常锻炼中经常存在的“一曝十寒”的弊端；同时，便于对整个身体锻炼过程进行反馈调节；有助于增进身体健康，提高身体机能。一般来说，人们参加运动处方锻炼，是为改善自身身体状况，提高健康水平，预防疾病，特别是防止现代“文明病”的侵袭；另一方面，进行运动处方锻炼，能有效地提高身体机能，如提高机体的肌肉耐力、肌肉力量、爆发力、灵敏性、平衡性和柔韧性等，又能有效地提高身体运动能力。运动处方能治疗疾病和使机体康复，许多慢性病患者，常常把运动处方作为治疗疾病和康复疗法的一种手段，严格地按照运动处方进行锻炼，因此可大大提高运动中的安全性，尽可能减少意外事故的发生，有效地提高机体对疾病的抵抗力，达到治疗疾病的效果。

（四）运动处方的种类

1.按阻力形式分类

运动处方中，常见的运动形式包括克服阻力性的肌肉运动（无氧运动、有氧运动）和调理内脏功能的心肺功能运动（无氧运动、有氧运动和混合式运动）两大类，人们日常生活中的所有活动都是克服阻力的过程。

2.按运动处方的功能分类

按运动处方的功能分类包括:①锻炼性运动处方：主要用于提高身体机能，适合于青少年身体锻炼，要求有针对性地提高身体运动能力。这种运动处方往往带有全面锻炼的性质，并在某些方面有所侧重。②预防性运动处方：主要用于中老年人健身防病，人过中年以后，身体机能就开始衰退，特别是心血管系统的衰退对人的影响更为明显，因此，中老年人的运动处方常常采用持续时间稍长的有氧耐力锻炼方案，以延缓和推迟机体的老化过程。③治疗性运动处方:主要用于某些疾病或外伤的治疗和康复,它使医疗体育更加定量化和更具针对性,如减肥锻炼和心血管疾病的康复锻炼。这种处方常与其他治疗和康复措施结合起来进行。

3.按所锻炼的器官系统分类

内脏器官体疗锻炼运动处方:以提高心肺功能为主,用于冠心病、高血压、糖尿病、肥胖症等内脏器官疾病的防治和康复;运动器官体疗锻炼运动处方:以改善肢体功能为主,用于因各种原因引起的运动器官功能障碍以及畸形的矫正等。

(五)运动处方的制订和实施流程

1.了解锻炼者的基础情况

包括锻炼者的姓名、性别、年龄、职业、疾病史、过去和现在的身体锻炼状况以及食欲、睡眠和常用药品等。

2.健康诊断

这是对锻炼者健康程度的判断,是制订运动处方的重要依据之一,可采用直接的医学检查,也可索取锻炼者近期的身体检查证明,在进行健康诊断时,要排除体育运动的禁忌证。

3.运动负荷试验

主要是对锻炼者身体机能的运动承受能力的检测和评定,一般要进行安静状态和在定量负荷状态下的生理机能测试,主要测试指标包括安静时心率、血压,运动时的最大摄氧量等。定量负荷有两种,最大负荷和次最大负荷。一般说来,前者更合乎要求,但危险性较大,特别是对中老年人和某些疾病患者更是如此,因此,常采用后者。

4.体力测定

主要是对锻炼者的身体素质状况进行检测和评定,内容包括锻炼者的身体各部分的力量、速度、耐力、灵敏、柔韧等,为了便于评价,常要将该受试群体的较大样本指标进行数理统计,建立数学模型,然后将该受试者的指标与数学模型加以对照,以确定其各项指标的水平和优劣。

5.制订运动处方

根据上述检测和评定的结果和身体锻炼的原则、方法,为锻炼者提供包括锻炼内容、强度、时间等在内的锻炼方案。

6.实施锻炼方案

即按照运动处方的要求进行锻炼。锻炼一个时期以后，应再进行身体健康检查。运动负荷和体力测定：一方面，用以评价运动处方锻炼的效果，另一方面，也可以用以提供反馈信息，修改和制订出新的运动处方方案，调节锻炼过程，从而保证整个身体锻炼过程与个体的身体状况相适应。

（六）运动处方的要素

一个完整的运动处方方案，其基本要素有4个，即运动项目、运动强度运动时间和运动频度。

1.运动项目

在运动处方中，为锻炼者提供最合适的运动项目关系到锻炼的有效性和持久性。选择运动项目要考虑运动的目的是健身的还是治疗的；要考虑运动条件，如场地器材、闲暇时间、气候等；还要结合体育兴趣爱好等。适用于一般健康者和慢性病锻炼者的运动项目，可以分为5类：①耐力性锻炼项目：如步行、长跑、骑自行车、长距离游泳、登山远足等，从生理机制上看属于有氧代谢运动。②力量性锻炼项目：如练拉力器、哑铃杠铃、实心球，以及克服自身体重的练习（如引体向上）、多功能练习器等，这类练习在性质上往往与改善体形练习、健美运动练习相匹配。③放松性锻炼项目：如步行、旅行、按摩、打太极拳等。④一般健身性锻炼项目：如各种球类运动、游戏、广播体操、徒手或器械体操、八段锦等，属于非特异性锻炼项目。⑤专门性体操锻炼项目：如为不同锻炼者或比赛参加者设计的医疗体操、矫正体操、健（身）美操等。

2.运动强度

运动强度是运动时的剧烈程度，是衡量运动量的重要指标之一，可用每分钟的心率次数来表示大小。一般认为学生心率120次/分钟以下为小强度，120～150次/分钟为中强度，150～180次/分钟或180次/分钟以上为大强度。测量运动强度的简单办法是：测量运动后10秒脉搏次数乘以6，就是1分钟的运动强度。

适宜运动强度范围，可用靶心率来控制：以本人最高心率的70%～85%的强度作为标准。靶心率=（220−年龄）×（70%～85%）。如20岁的靶心率是140～170（次/分钟）。②最适宜运动心率，计算公式：最大心率=220−年龄；心率储备=最大心率−安静心率；最适宜运动心率=心率储备×75%+安静心率。如某大学生20岁，安静心率70（次/分钟），他的最大心率为220−20=200（次/分钟），心率储备为200−70=130（次/分钟），最适宜运动心率为130×75%+70=167.5（次/分钟）。

3.运动时间

运动时间是指一次锻炼的持续时间。运动时间的长短，与个人体质、医学检查情况以及运动强度紧密相关。强度大，时间应稍短，强度小，时间应稍长。有的研究认为，运动时间阈值应不少于3分钟，最长运动时间一般不超过60分钟；有的研究认为，每次进行20～60分钟的耐力性运动是比较适宜的；从运动生理学的角度来说，5分钟是全身耐力运动所需的最短时间，60分钟是坚持正常工作的最大限度时间。库珀认为，持续5分钟即可收到效果，如果心率在150次/分钟以下时，就需要5分钟以上才有效果。有氧锻炼一般在30分钟左右就可以达到较好的效果。

4.运动频度

运动频度指每周的锻炼次数。关于运动频度，日本的池上晴夫研究表明，1周运动1次，肌肉酸痛和疲劳每次发生，运动后1～3天身体不适，效果不蓄积；1周运动2次，酸痛和疲劳减轻，效果有点蓄积，不明显；1周运动3次，无酸痛和疲劳；效果蓄积明显；1周运动4～5次，效果更加明显。可见，1周运动3次以上，效果才明显。

第四节　科学锻炼与营养健康

一、参加体育锻炼的营养保健

（一）不同运动项目的营养特点

在大学生经常进行的体育锻炼活动中，因各个项目代谢特点不同而对营养有着不同的需求特点。

1.跑步类项目的营养特点

（1）短跑

短跑是体育竞赛活动经常设立的一个项目。它是以速度素质为基础的无氧代谢供能为特点的体育竞赛活动，工作时间短并且强度大，要求有较好的爆发力。在膳食中要有丰富的动物蛋白质，以增大肌肉体积，提高肌肉质量，蛋白质的摄入量每日每千克体重3.0克左右。另外，要求在膳食中增加磷和糖的含量，为脑组织提供营养，改善神经控制和增强神经传递，动员更多的运动单位参加收缩。还要求在膳食中增加矿物质，如钙、镁、铁及维生素B_1的含量，以改善肌肉收缩质量。①

（2）长跑

长跑是以有氧耐力素质为基础，以有氧代谢供能为特点，要求有较高的心肺功能及全身的抗疲劳工作能力的体育竞赛活动。长跑虽强度较小但时间较长，体力消耗较大，要求膳食中有全面的营养成分，增加机体能源物质的贮备，在丰富的维生素、矿物质成分中，突出铁、钙、磷、钠、维生素C、维生素B_1和维生素E的含量，有利于提高有氧耐力。

2.体操类项目的营养特点

大学生喜爱的健美操以及在一些学校体育活动中开展的竞技体操和艺术体操，技巧动作复杂而多样，要求有较强的力量与速度以及良好的灵巧性与协调性，对神经系统有较高的要求。其营养特点是：高蛋白质、高热量、低脂肪，应突出铁、钙、磷的含量及维生素B_1、维生素C的含量。需引起注意的是，参加此类项目有时为比赛必须控制体重，但不能过分控制饮食，避免造成营养不良。

3.球类项目的营养特点

球类项目对力量、速度、耐力、灵敏、柔韧等素质有较高的要求。食物中要含丰富的蛋白质、糖以及维生素B_1、维生素C、维生素E、维生素A。球的体积越小，所摄入食物中维生素A的含量应越高。足球活动时间较长且在室外活动，矿物质、水分丢失较多，应及时补充。

4.游泳项目的营养特点

游泳项目在水中进行，机体散热较多较快，冬泳更是如此。游泳锻炼要求一定的力量与耐力素质，要求在膳食中含有丰富的蛋白质、糖和适量脂肪。在水温较低时出于抗寒冷需要，可再增加脂肪摄入，维生素以B_1、维生素C、维生素E为主，同时增加碘的含量，以适应低温环境甲状腺激素分泌增多的需要。

①蔡晓波．大学体育理论教程[M]．南京：南京东南大学出版社，2017.

(二)体育锻炼时营养摄取的要求

饮食对于运动表现非常重要,足够而均衡的饮食可使表现更趋完美。经常参加健身运动的人,如果缺乏营养保证,消耗得不到补充,机体处于“亏损”状态,则运动后疲劳不能及时消除,所以在运动以后可以通过合理的营养膳食来补充消耗的能量和营养物质。饮食应注意以下内容。

1.常规饮食

对大多数喜爱运动的人来说,常规饮食应包括:60%～70%的糖类,12%左右的蛋白质,以及18%～28%的脂肪。一般来说,健身运动者和其他人一样应该严格控制脂肪,尤其是饱和脂肪酸。健身运动者每千克体重需要蛋白质1.0克,高出正常人0.8克每千克体重,健康的饮食容易达到此要求,不用再补充蛋白质补剂。爱好运动的人消耗的热量常高于正常人。所以饮食中需要补充额外的热量,糖类是最佳的能量来源。

2.应多补充蔬菜、水果

每天至少食用新鲜蔬菜500克,品种最好有2～3种,以新鲜深色蔬菜为佳。植物油根据菜肴的情况使用烹调油,全天可用20～30克。

3.进行健身运动,特别是剧烈运动时的营养摄取

人体依靠大量出汗达到机体散热的作用,同时导致大量的水分和电解质经由汗水流失,所以,运动后及时补充水分和电解质非常重要。一般来说,健身运动后补充的饮料都为糖盐水,也可饮用菜汁、果汁、咸菜汤等。补充水分的方式是少量多次为宜,不宜一次饮用大量水。

4.运动后饮食安排的要求

忌立即进食,至少休息1小时;食物要细软,易于消化,忌暴饮暴食或过饥过饱;要有规律,每餐基本做到定时定量,一日三餐为宜,如有必要可加餐一次。

二、体育锻炼后应了解的事宜

(一)运动后肌肉酸痛

不少同学有过这样的体会,在一次活动量较大的锻炼后,或是隔了较长时间未锻炼,又开始锻炼之后,常常会出现肌肉酸痛。这种酸痛一般发生在运动结束后较长时间或1～2天后。从事不同的体育运动项目,在个人身上表现的酸痛症状差异也很大。

1.肌肉酸痛产生的原因

肌肉酸痛是由于机体能量物质消耗过多,或是隔了较长时间未锻炼而刚恢复锻炼时,肌肉对负荷及收缩放松活动未完全适应,会引起局部肌纤维及结缔组织的细微损伤,以及部分肌纤维产生痉挛所致。由于这种肌纤维细微损伤及痉挛是局部的,因而就整块肌肉而言,仍能完成运动功能,但存在肌肉酸痛感。酸痛后,经过肌肉内局部细微结构的修复,肌肉组织会变得比以前强壮,以后再经历同样的负荷就不易发生酸痛现象了。

2.怎样预防消除肌肉酸痛

预防肌肉酸痛的发生应注意以下几点:①根据不同体质、不同健康状况科学地安排锻炼负荷,负荷不要过大,也不宜过猛。②锻炼时,尽量避免长时间集中练习身体某一部位,以免局部肌肉负担过重。③准备活动中,注意把即将练习时负荷重的局部肌肉活动得更充分些,可有效地预防损伤。④整理活动除进行一般性放松练习外,还应注意肌肉的伸展牵拉练习,可预防局部肌肉痉挛,从而避免酸痛的发生。

(二)消除疲劳的措施

疲劳是一种生理现象,只要不是因疾病所造成的疲劳,都不影响身体健康,对参加锻炼的人来说,达到一定程度时,人体就会产生工作能力暂时下降的现象,也就是说出现了疲劳。运动生理学认为,疲劳对人体来讲是一种保护性机制,同时,疲劳又是一种量的标志,所以“没有疲劳就没有锻炼”的说法是有道理的。但是,如果在锻炼中过早产生疲劳,就会影响运动能力。人如果经常处于疲劳状态,前一次疲劳还没有消除,而新的疲劳又产生了,这样就可能产生累积,久而久之会造成过度疲劳,那可能就是一种病理状态,反而对人体健康不利。因此,在锻炼后应采取一些积极措施,尽快消除疲劳,使机体出现超量恢复,从而不断提高锻炼能力和身体健康水平。

1.疲劳的自觉症状

疲劳后出现各种症状,但在个人身上表现出来的疲劳症状个体差异很大。有的头部沉重、头昏眼花、眩晕、全身乏力;有的动作迟钝、注意力和精力不集中、呼吸困难、心情不好、脚步沉重;有的口舌发干、发黏、出冷汗、心悸、恶心甚至呕吐;有的出现肌肉痉挛或疼痛、眼睛疲劳视线模糊等。

2.疲劳的客观体征

动作僵硬，不协调，运动积极性下降，步伐紊乱，判断力和反应速度下降，运动单调化，动作失误增多，在运动过程中发生肌肉痉挛，力量不足，斗志下降等。

3.消除疲劳的措施

消除疲劳措施多种多样，现介绍常用的医学恢复手段和心理学恢复手段。

（1）睡眠

保证充足的睡眠时间是消除运动性疲劳最好的方法之一。休息是消除疲劳的必要手段。休息的方式，除了睡眠以外，还可采用一些积极性休息手段，如散步、听音乐等，亦可转换一种方式进行体力活动，较之单纯性的安静休息，更有积极意义。

（2）按摩

按摩是消除疲劳的重要手段之一。按摩能加速血液和淋巴循环，消除疲劳，提高身体机能水平，还有防治运动损伤的作用。常用的按摩手法是手按摩，当然，有条件的还可以借用机械进行按摩等。

（3）物理疗法

物理疗法主要采用沐浴和局部热敷的方法。沐浴能促进血液循环，放松肌肉，加快代谢产物的消除，有助于消除疲劳。最简单的方法是用温水浴，水温以40℃左右为宜。局部热敷能减少肌肉中酸性代谢产物的堆积，消除肌肉僵硬、紧张以及酸痛，热敷的水温度以47℃～48℃为宜。

（4）心理恢复法

心理恢复法的恢复手段包括心理调整、自我暗示和放松练习等手段。心理恢复法能减轻压力，达到放松肌肉、消除疲劳的目的。

（5）营养与药物

营养是恢复过程的物质基础，合理的营养补充，有助于加快疲劳的消除和体力恢复。应补充足够的蛋白质、维生素、无机盐和水。药物恢复可采用氨基酸，维生素C、维生素B_2、维生素B_6等。

第七章 体育教育评价

第一节 体育教学评价概述

一、体育教学评价概念

要弄清体育教学评价的概念，首先要了解什么是评价。评价是主体（评价者）依据一定的尺度对客体（被评价对象）的状态、意义作出判断的认识活动。对教学评价的概念，国内外专家学者的认识并不统一。

美国学者布卢姆在《教育评价》中认为："评价乃是系统收集证据以确定学习者实际上是否发生了某种变化，确定学生个体变化的数量或程度。"

李秉德在其主编的《教学论》一书中指出："教学评价是对教育结果进行的价值判断。"又说，"教学评价，就是通过各种测量，系统地收集证据，从而对学生通过教学发生的行为变化予以确定。教学评价的对象是学生的学习过程及其结果，评价者是任课教师。"但是，教学评价与教学测量不同，如期中、期末考试属于教学测量，而考试之后对教学效果做的判断则属于教学评价。以上观点各有侧重，我们可以从中归纳教学评价的几个特征。

教学评价是建立在事实判断基础上的价值判断活动，是主观性与客观性相统一的认识活动。人们从事教学评价的目的，是要按照自己的意愿对教学活动进行正确导向，所以人们十分注重对教学过程、教学结果作出价值判断。①

教学评价是对教学过程及其结果的动态的评价。教学评价的根本目的是，使一切教学活动都为教学目的服务，因此，教学评价不单是教学过

①赵健，金龙泉，李金鹏. 大学生体育教育评价体系的构建[J]. 科教导刊（中旬刊），2017(29):33-34.

程评价,也不仅是对结果的评价,而是两者的统一,即在评价过程中,要看这一过程是否有利于达到预定的目的,能否取得良好的效果。在评价结果时,则要考虑取得这一结果的手段、方式和过程。

教学评价必须以教学目标和教学原理为依据。教学目标是教学活动的出发点和归宿,集中体现了教学主体的价值观念,因此也是衡量教学活动成效的基本依据。

教学评价是为教学决策服务的。这是价值判断的归宿,因此,教学评价是完整教学过程的一个重要组成部分。

综上所述,一般认为:体育教学评价即根据体育教学目标,运用一切可行的评价方法,对体育教学过程及效果进行测量,并给予价值判断的过程。

二、体育教学评价的作用和意义

(一)体育教学评价的作用

体育教学评价是对体育教学过程、教学结果进行客观衡量和科学判定的系统过程,它具有以下作用。

1.诊断作用

通过体育教学评价,体育教师可以了解学生在某阶段掌握知识技能和技术的情况,以及存在的问题,分析造成学生学习不利(或有利)的原因,从而设计适合学生的教学方案。通过评价,体育教师还可以了解自己制定的教学目标是否合理,教学方法、手段运用是否得当,教学重点、难点是否突出,从而有利于分析原因,有利于确定教学对策和改进方法措施。

2.反馈作用

从信息论的角度来看,教学过程是一个信息输入、变换、输出、反馈和调节的过程。其中,反馈和调节环节实际上也就是评价的过程。肯定的评价一般对学生的学习起鼓励作用,通过肯定的评价,会使学生的心理得到满足,从而提高其学习的积极性。否定的评价往往会使学生产生焦虑,而适度的焦虑则可成为学生努力学习的动因。“当紧张和焦虑的程度处于中等水平时,学习进展最好。而有关学习进步的反馈数据应当有助于保持这种适当的紧张”。恰如其分的鼓励性的反馈评价将发挥强化动机的作用。

3.导向作用

体育教学评价的内容和评价标准，往往影响学生学习的方向、内容、重点和学习力量的分配。体育教师所确定的教学目标、教学重点也会受到教学评价的制约。如果教学评价的标准和内容能全面反映体育教学大纲的要求，能体现学生全面发展的方向，那么，教学评价所发挥的导向作用就是积极的、有益的。否则，就有可能使体育教学工作偏离方向。例如，教学评价如果对形式评价权重过大，就会导致教师追求教学的形式上的东西，即所谓的“花架子”而误入歧途。

4.激励作用

现代心理学研究表明，人类行为的反馈信息不仅能强化原有的动机，也能引发新的需要，激发新的动机。科学合理的教学评价，可以调动体育教师教学工作的积极性，激励学生充分发挥体育学习的内部动因。对教师来讲，客观适时的教学评价，如评选优质课、教学能手等，可使其明确体育教学工作中的努力方向；对学生来讲，教师的表扬与奖励、同学间的竞赛、体育成绩的评定等，可以激发学生的学习动机，从而提高学习积极性。

（二）体育教学评价的意义

1.有利于实现教学过程的科学化和最优化，促进教学目标更好实现

教学过程的科学化，是指遵循教学规律设计教学。定期对教学情况进行检查和评价，能够揭示哪些做法符合规律，哪些做法违背规律，教学是否达到预期目标，达到的程度如何。按教学过程最优化的原则规范教学过程，有利于调整教学过程，促进教学过程科学化和最优化。

2.有利于调动教和学的积极性，促进教学改革

教学评价能使师生双方及时了解自己工作和学习的效果，并引导其主动进行自我评价，强化学习动机，及时发现问题，改进教学工作，从而在教学思想、教学内容、教学方法、教学技术手段及教师素质等方面革新教学工作。

（三）体育教学评价的原则

1.方向性原则

方向性原则是指通过评价内容和标准的制定、评价过程的侧重、评价结果的评定等，推动教学活动贯彻我国的教育方针，满足社会需要，保持

良性发展的方向。

2.客观性原则

客观性原则是指评价者要以真实的资料为基础，对教学活动过程和成果作出客观的价值判断。

3.激励性原则

激励性原则是指教学评价应促使评价对象形成继续努力或在以后的工作中改善不足之处，提高活动效果的动机或期望。

4.科学性原则

在体育教学评价过程中，应运用科学的方法和技术去评价客观事实。

5.全面性原则

全面性原则是指要对评价对象的各个方面进行全面的评价，不应特别突出某一方面。

6.一致性原则

一致性原则是指进行体育教学评价时，必须标准一致才能比较、甄别，改进体育教学工作。

7.可行性原则

可行性原则是指体育教学评价的设计与组织，是切实可行的，各项指标是现实条件基本达到的。

第二节　评价标准与方法

一、体育教学评价标准

评价标准是对所评价对象的功效的数量和质量进行价值判断的准则和尺度。体育教学评价标准是评价体育教学实际达到指标的程度（或情况）的具体要求。评价标准的制定是否恰当，对评价工作的效果具有很大的影响，关系到整个体育教学评价工作的科学性与方向性。

（一）制定体育教学评价标准的依据

制定教学评价标准是一个比较复杂的过程。首先要明确制定标准的依据，通常制定体育教学评价标准的依据主要有下述几个方面：一要考虑国家经济和社会发展对体育教学的要求，具体体现在《课程标准》中对人才的标准和体育教学所做的规定；二要以相关的教育学科知识为基础，只有掌握了教学的本质，教学原则、规律、方法等理论，遵循教育发展规律和人的心理活动规律，才能制定出科学的评价标准，才能更好地指导体育教学实践；三要从评价对象的实际出发，实事求是，考虑其总体的状态和水平，才能使评价对象总体在标准的引导和激励下，朝着目标的方向发展，才能促进评价对象总体水平的提高；四要符合评价主体的目的性和需要。①

（二）制定体育教学评价标准的原则

教学评价标准的制定，首先必须在一定的原则指导下进行，以确保教学评价标准的科学性、客观性、有效性和可操作性。

1. 科学性原则

制定教学评价的标准，首先要科学地揭示教学评价指标的内涵和本质，各指标的标准要与教学目标及评价目标相一致。

2. 可行性原则

制定的评价标准要求在内容和形式上尽可能地简洁明了、通俗易懂、便于操作，使评价者和评价对象都能接受。

3. 协调性原则

制定的教学评价标准必须是一个完整的体系，并且体系的结构要合理，要有完整的层次性，各层次之间具有相关性。完整性、层次性、相关性要求教学评价标准体系必须具有内在逻辑上的协调一致性。

（三）体育教学评价标准的结构

体育教学评价标准的结构是指评价标准的构成体系，包括组成部分和层次。评价标准的结构是否合理，是能否对评价对象做出全面评价的关键所在。体育教学评价标准一般由以下三部分组成。包括素质标准、效能标准和职责标准。

二、体育教学评价方法

在体育教学评价过程中，人们都在运用一定的评价方法对事物进行衡

①韩晔．新健康标准下体育教学评价体系构建[J]．黑龙江高教研究，2016(02)：139-141.

量和判断，离开了评价方法，教学评价就无法进行，评价就失去了意义。体育教学评价方法是在具体的教学评价中，可以进行操作的手段和程序，具有很大的应用性。评价方法的确定要依据教学评价的目的、任务，以及评价对象的性质、特点。评价目的、任务，以及评价对象的多样性，也决定了教学评价方法的多样性。评价人员应对各种方法的要领、特点、功能有所了解，以便准确地选择和创造性地运用这些方法。

体育教学评价方法根据分类可以列出以下几种。按照评价的功能及用途可把体育教学评价的方法分为：诊断性评价、形成性评价和终结性评价；按照参与评价主体的关系，可把体育教学评价的方法分为：自我评价和外部评价；根据评价所运用的标准不同，可把体育教学评价的方法分为：绝对评价、相对评价和个体内差异评价；按照评价对象的复杂程度可把体育教学评价的方法分为：单项评价和综合评价；按照评价的性质可把体育教学评价的方法分为：定性评价和定量评价。

第三节 评价内容与组织

一、体育教学评价内容与指标体系

（一）体育教学评价的内容

如何构建体育教学评价的内容，既是当前教学评价理论探讨与研究的重点问题，也是教学评价实践工作中迫切需要解决的问题。[①]体育教学评价的对象，既包括学生，也包括教师。既是对学生体育学习能力和学习成绩作出评价的过程，也是对体育教师的教学能力和教学效果进行评价的过程。教学效果既有学生对掌握体育知识、技能、技术等认知和技能领域的，也包括学生的体育态度、习惯、兴趣、意志、品德及个性发展等情感领域的。对教师的评价，既要对教师的素养、教学技能进行评价，也要对体育教学的各个环节，尤其是课堂教学质量进行评价，因为学生的学习效果是直接由课堂教学质量决定的。体育教学评价内容的大体构架包括以下

①陈凯，赵德宝．当前体育教学评价存在的问题及对策分析[J]．辽宁工业大学学报（社会科学版），2015，17（01）：136-138.

内容。

体育教师素质情况的评价:具体来说,教师的素质主要包括政治素质、知识结构素质、能力结构素质、教学工作素质、心理素质和教师可持续发展素质等。

体育教师教学工作情况评价:教师的工作情况评价是全面衡量教师工作的重要手段,一般可分为教学工作量评价和教学成绩评价。体育教师的教学工作量,包括备课、上课、课外活动辅导和运动队训练等。教师教学工作成绩的评价,包括课堂教学质量,教学改革成果,教学经验总结或教学研究论文,学生学习质量(考核成绩的及格率、优秀率、平均成绩)等几方面。

学生的评价:教学评价首先考虑的问题是,从教学的基本目标和教学过程中的各种目标出发,对学生的现状及到达目标的程度进行考查。因此,体育教学评价的首要任务之一是对教学主体——学生的评价,包括学业的评价、学力的评价、品德评价与个性评价。

(二)体育教学评价的指标体系

《教育大辞典》中对评价指标体系是这样定义的:“评价指标体系是由一系列反映被评价对象目标的、相互联系的指标构成的有机整体。反映被评价对象在实现目标过程中,各个方面的相互依存关系。”体育教学评价指标体系是对体育教学质量要求的具体规定,它是整个教学评价工作的基础和依据。教学评价指标体系的建立关系着评价是否客观,是否切合实际。关系着评价是否能顺利进行,是否能做出科学、准确的价值判断。关系着评价是否能发挥其作用。它是教学评价工作成败的关键,也是体育教学评价工作中难度最大的一道工序。

教学评价指标体系的结构包括框架、指标、标准、量化符号;构建体育教学评价指标体系应注意的问题包括信度、效度。

二、体育教学评价组织

体育教学评价组织是指为完成体育教学评价任务、实现评价目的,选拔一定数量的评价人员,组成结构合理、权责分明、精干有效的评价机构。评价人员是评价活动的具体实施者,教学评价的质量在很大程度上取决于评价的工作质量。因此,选择评价人员应慎重:评价人员应具有与教学评价内容有关的知识水平和专业背景。评价人员应具备正直、公平、原则性强、仔细认真、尊重他人等优良品质。评价人员除了应具备扎实的评价理论基础知识和丰富的评价工作经验外，还应对体育教学工作的方方面面都有所了解，具有宽广的知识面。这样，才能避免固执己见和认识片面，从而减少工作中的偏差。

三、体育教学评价实施

进行体育教学评价，一般按以下五个步骤实施。①确定体育教学评价的目的；②成立评价小组或评价机构；③制定体育教学评价的标准和指标体系；④收集体育教学评价的信息；⑤判断体育教学评价的结果。

第四节　评价实践及发展趋势

一、体育教学评价的实践探索

教学评价在我国虽然起步较晚，但是发展很快，教学评价的理论和方法在我国得到了广泛运用。随着教育改革的不断深入，教学过程的科学调节被更加重视。体育教学评价作为一种有效的调节手段，在体育教学活动中的作用越来越重要。但是在体育教学评价的实践活动中，由于对教学评价的认识局限所致，也产生了一系列的问题。

在实践活动中，过于注重评价的鉴定作用而忽视了评价的诊断作用，认为评价就是为排序提供依据。给教师排序，来确定教师的工作成绩；给学生排序，来证明其学习成效。这种视“评价”为“鉴定”的做法，给教师和学生造成了极大的压力，带来了负面影响。

教学评价作为一种价值判断活动，是建立在事实判断基础上的价值判断，并且它更注重的是价值判断。我国目前的教学评价，由于评价的手段单一，使得我们只能或更多依赖于事实判断，比较多地关注于事物的表象，这在一定程度上影响了评价结果的科学性。[①]

教学评价是一种不可或缺的教育行为，必须发挥它的教育功能。所谓

①王蓉．普通高校体育教学评价模型的构建与实证研究[D]．昆明：云南师范大学，2016.

评价的教育功能，是指通过教学评价，激发学生的学习积极性，提高教学质量，促进学生个性的全面发展。为此，教学评价中对结果的处理应朝着可能达到、积极的方向引导，所有教学评价，归根结底，必须指向学生自我评价能力的培养。

还有人在分析传统体育课成绩评定存在问题的基础上，提出了成绩评定应包括健康、“三基”、爱好及特长评价三个部分，进而建立了以标准分为基础，能表达学生体质和爱好及特长的学生体育成绩综合评定方法，对科学有效地评定学生成绩进行了探讨。

二、体育教学评价的研究动态

发展性教学评价是形成性教学评价的深化和发展。1990年前后，英国对发展性教学评价开展了广泛的实验与研究，取得了良好的社会效益。它由形成性教学评价发展而来。但是，比原始意义上的形成性评价更加强调以人为本的发展思想。原始意义上的形成性评价强调对工作的改进，而发展性教学评价强调对评价对象人格的尊重，强调人的发展。

（一）当前我国体育教学评价的发展趋势

1.评价主体互动化

现代教学评价强调将完整的有血、有肉、有感情、有个性的人当作自己的评价对象，并通过评价努力促使受教育者个性的充分发展，注重质的分析，将所有对学生个性发展有意义的东西作为评价的对象。

2.从终结性评价走向过程性与终结性相结合的评价

体育教学评价将从单一的终结性评价向过程性评价，和过程性评价与终结性评价相结合的方向发展，强调过程性评价。

3.注重个体评价

体育教学评价注重个体评价，淡化一般标准评价，即将强调个人的进步程度来评价学生体育学习，而不是传统的标准。

4.评价内容多元化

评价内容向多元化评价发展，包括认知、技术、技能和情感（或社会性）三方面内容，而不是单一的技术、技能达标考评或健康测验，情感和态度的评价将受到各国的普遍重视。

5.评价方法上仍然是定量与定性相结合

在评价方法上要始终坚持定量与定性相结合的原则,过分追求其中一种评价方法,终将使评价结果失去意义,影响人的发展。

6.考核评价体系多维化、多元化、综合化

考核评价体系应该由锻炼习惯评价,日常体育行为评价,体育技术、技能评价,基础知识评价与体质状况评价构成。

(二)当前体育教学评价研究的基本方略

1.要树立正确的教学评价思想观念

教学评价思想观念是教学评价改革实践和理论研究的灵魂,思想上差之毫厘,行动上就会失之千里。

2.要客观地看待教学评价的管理功能

所谓管理功能是指用教学评价鉴定质量、区别优劣、选拔淘汰。根据我国的国情,教学评价的管理功能,是不可缺少的,关键在于,教学评价的管理功能,必须建立在科学客观的统计与测量的基础上。

3.要充分发挥教学评价的教育功能

所谓评价的教育功能,是指通过教学评价,激发学生的学习积极性,提高教学质量,促进学生个性的全面发展。

4.要坚持理论联系实际,积极开展教学评价的改革实验研究

开展体育教学评价的改革实验研究,是发展我国体育教学评价的根本,我们不能只停留在介绍、借鉴、吸收国外的教学评价理论上,而应在评价理论的指导下,积极开展教学评价的改革实验研究,从中总结并形成富有中国特色的具有建设性的体育教学评价理论。

总之,体育教学评价将朝着标准参照性、多样性、综合性、过程评价与终结评价、定性与定量、自我评价与集体评价、五分制等级评价的方向发展。

参考文献

REFERENCES

[1]艾安丽.高校体育理论"对分课堂"教学模式新探：以《体育与健康学科知识与教学能力》为例[J].体育科技文献通报，2019，27(12)：9-11.

[2]蔡晓波.大学体育理论教程[M].南京：南京东南大学出版社：2017.

[3]陈凯，赵德宝.当前体育教学评价存在的问题及对策分析[J].辽宁工业大学学报(社会科学版)，2015，17(01)：136-138.

[4]党林秀，董翠香，方千华.理解式球类教学模式培养体育与健康学科核心素养的理论探析[J].首都体育学院学报，2020，32(05)：454-460.

[5]范江江，王宝庆.建设体育强国背景下我国学校体育与健康课程改革研究[J].青少年体育，2021(08)：78-80.

[6]龚涵睿.高校田径训练中健康安全保障的探讨[J].太原城市职业技术学院学报，2015(01)：108-109.

[7]韩飞.网球教学中的体育教学方法选择及应用分析[J].当代体育科技，2016，6(14)：34+36.

[8]韩晔.新健康标准下体育教学评价体系构建[J].黑龙江高教研究，2016(02)：139-141.

[9]黄杰，马冬花.论制订体育单元教学计划的基本方法和步骤[J].运动，2015(18)：112-113.

[10]金俊.体育教学方法及教学技能探究[M].北京：研究出版社，2020.

[11]《健美操运动教程》编写组，马鸿韬.健美操运动教程[M].北京：北京体育大学出版社：2013.

[12]李学文.体育教学与训练合理运动负荷研究：评《运动生物化学》

[J].塑料工业,2021,49(02):173.

[13]凌军,张振华.论体育教学原则的现代重建[J].安徽师范大学学报(自然科学版),2017,40(01):99-102.

[14]柳太波.高校游泳教学中实施立德树人的途径探析[J].文体用品与科技,2022(07):181-183.

[15]宋博.创新体育教学方法,提高人才培养质量:评《新时期体育教育理论与实践新探》[J].山西财经大学学报,2021,43(11):133.

[16]宋天亮,汪政霖.关于体育运动中准备活动和拉伸的思考[J].内江科技,2018,39(02):115+112.

[17]苏新雨,姜宏斌.基于目标评价视域对普通高校体育与健康课程基本目标的解读及思考[J].体育科技文献通报,2018,26(12):166-168.

[18]王蓉.普通高校体育教学评价模型的构建与实证研究[D].昆明:云南师范大学,2016.

[19]王苑.论高校足球运动训练中的体能训练[J].田径,2022(05):34-35.

[20]杨航.论体育教学方法的改革发展方向[J].当代教育实践与教学研究,2016(02):192+195.

[21]张灵莉.体育与健康教学方法探析[J].西部素质教育,2017,3(02):211.

[22]赵保丽,董慧娟,秦志明.新理念下的体育与健康课程教学特点分析[J].教学与管理,2009(24):103-104.

[23]赵健,金龙泉,李金鹏.大学生体育教育评价体系的构建[J].科教导刊(中旬刊),2017(29):33-34.

[24]朱婷.浅谈青少年田径运动的体能训练[J].文体用品与科技,2022(09):25-27.

[25]邹继磊.基于运动迁移规律下体育教育专业体操普修课技术动作教学设计[D].聊城:聊城大学,2020.